100
CHILDREN'S BOOKS
that inspire our world

世界で
読み継がれる

子どもの本
100

コリン・ソルター［著］

金原瑞人
安納令奈［訳］

原書房

目　次

●はじめに──010

001　『がちょうおばさんの話』(1697年)────────016

002　『グリム童話集』(1812–1857年)────────019

003　『アンデルセン童話集』(1835–1872年)────────022

004　『エドワード・リアのナンセンス詩集成』(1846年)────025

005　『不思議の国のアリス』(1865年)────────028

006　『若草物語』(1868年)────────031

007　『すてきなケティ』(1872年)と〈ケティ〉シリーズ────034

008　『トム・ソーヤーの冒険』(1876年)────────037

009　『黒馬物語』(1877年)────────040

010　『アルプスの少女ハイジ』(1881年)────────043

011　『宝島』(1883年)────────046

012　『ゾウの鼻が長いわけ　キプリングのなぜなぜ話』(1902年)────049

013　『ピーターラビットのおはなし』(1902年)────────052

014　『鉄道きょうだい』(1906年)────────055

015　『赤毛のアン』(1908年)────────058

016　『たのしい川べ』(1908年)────────061

017　『ピーター・パンとウェンディ』(1911年)────────064

018　『秘密の花園』(1911年)────────067

019　『ジャスト・ウィリアム』(1922年)────────070

020　『ビロードのうさぎ』(1922年)────────073

021　『クマのプーさん』(1926年)────────076

022　『エーミールと探偵たち』(1928年)────────079

023　〈タンタンの冒険〉シリーズ(1929–1976年)────────082

024　『ツバメ号とアマゾン号』と〈ツバメ号とアマゾン号〉シリーズ(1930年)──085

025　『ぞうのババール』(1931年)と〈ぞうのババール〉シリーズ────088

026　『ラクダ飛行部隊がやってくる』(1932年)と〈ビグルス〉シリーズ────091

027 『風にのってきたメアリー・ポピンズ』(1934年) と
    〈メアリー・ポピンズ〉シリーズ ——————————————————094

028 『バレエシューズ』(1936年) ——————————————————097

029 『チムとゆうかんなせんちょうさん』(1936年) と〈チム〉シリーズ———100

030 『ホビットの冒険』(1937年) ——————————————————103

031 『げんきなマドレーヌ』(1939年) ————————————————106

032 『マイク・マリガンとスチーム・ショベル』(1939年) ——————109

033 〈フェイマス・ファイブ〉シリーズ (1942–1963年) ————————112

034 『星の王子さま』(1943年) ——————————————————115

035 『長くつ下のピッピ』(1945年) ————————————————118

036 『機関車トーマス』(1946年) ——————————————————121

037 『おやすみなさいおつきさま』(1947年) ————————————124

038 『アンネの日記』(1947年) ——————————————————127

039 『たのしいムーミン一家』(1948年) と〈ムーミン〉シリーズ————130

040 『カサンドラの城』(1949年) ——————————————————133

041 『ライオンと魔女』(1950年) ——————————————————136

042 『シャーロットのおくりもの』(1952年) ————————————139

043 『床下の小人たち』(1952年) と〈小人の冒険〉シリーズ—————142

044 『ちいさなうさこちゃん』(1955年) と〈うさこちゃんの絵本〉シリーズ——145

045 『虫とけものと家族たち』(1956年) ——————————————148

046 『赤い風船』(1957年) ————————————————————151

047 『くまのパディントン』(1958年) と〈パディントン〉シリーズ (1958年) ———154

048 『みどりいろした たまごとハム』(1960年) ——————————157

049 『マイロのふしぎな冒険』(1961年) ——————————————160

050 『ウィロビー・チェースのおおかみ』(1962年) ————————163

051 『ぼくと原始人ステッグ』(1963年) ——————————————166

052 『かいじゅうたちのいるところ』(1963年) ——————————169

053 『チョコレート工場の秘密』(1964年) —————————————172

054 『おちゃのじかんにきたとら』(1968年) ——————————————————— 175

055 『ウォンブル大かつやく』(1968年)と〈ウォンブル〉シリーズ ——————— 178

056 『みんないらにら、なにしてる?』(1968年) —————————————————— 181

057 『はらぺこ あおむし』(1969年) ——————————————————————————— 184

058 『神さま、わたしマーガレットです』(1970年) ——————————————————— 187

059 『ふたりはともだち』(1970年)と〈がまくんとかえるくん〉シリーズ —— 190

060 『ミスター・ティックル(コチョコチョくん)』(1971年) ——————————— 193

061 『メグとモグ』(1972年)と〈メグとモグ〉シリーズ —————————————— 196

062 『ウォーターシップ・ダウンのウサギたち』(1972年) ——————————— 199

063 『帰ってきたキャリー』(1973年) —————————————————————————— 202

064 『ちょうちょうの舞踏会とバッタの宴会』(1973年) ————————————— 205

065 〈大魔法使いクレストマンシー〉シリーズ(1977–2006年) ——————— 208

066 『ぼくのワンちゃん』(1977年) ——————————————————————————— 211

067 『スノーマン』(1978年) ——————————————————————————————— 214

068 『おばけやしき』(1979年) ————————————————————————————— 217

069 『いまは だめ』(1980年) —————————————————————————————— 220

070 『コロちゃんはどこ?』(1980年) —————————————————————————— 223

071 『戦火の馬』(1982年) ——————————————————————————————— 226

072 『子ブタ シープピッグ』(1983年) ————————————————————————— 229

073 〈スイート・ヴァレー・ハイ〉シリーズ(1984–1998年) ——————————— 232

074 『ゆかいな ゆうびんやさん おとぎかいどう 自転車にのって』(1986年)と
〈ゆかいな ゆうびんやさん〉シリーズ ————————————————————— 235

075 『リーマスじいやの話 完全版』(1987年) ———————————————————— 238

076 『うんちしたのはだれよ!』(1989年) —————————————————————— 241

077 『トラッカーズ』(1989年) —————————————————————————————— 244

078 『きょうは みんなで クマがりだ』(1989年) —————————————————— 247

079 『おとぎばなしはだいきらい』(1991年)と
〈トレイシー・ビーカー物語〉シリーズ —————————————————————— 250

080 〈グースバンプス〉シリーズ(1992–1997年) ————————————— 253

081 〈ホリブル・ヒストリーズ〉シリーズ(1993–2013年) ————————— 256

082 『キッパーのくまちゃんさがし』(1994年)と〈キッパー〉シリーズ ———— 259

083 〈ライラの冒険〉3部作(1995–2000年) ————————————————— 262

084 〈ハリー・ポッター〉シリーズ(1997–2007年) —————————————— 265

085 『穴 HOLES』(1998年) ——————————————————————————— 268

086 『肩甲骨は翼のなごり』(1998年) ——————————————————————— 271

087 〈世にも不幸なできごと〉シリーズ(1999–2006年) ————————— 274

088 『ゴーゴー・ジョージア』(1999年)と〈ゴーゴー・ジョージア〉シリーズ —— 277

089 『もりでいちばんつよいのは?』(1999年) ——————————————— 280

090 『ストームブレイカー』(2000年) —————————————————————— 283

091 〈アルテミス・ファウル〉シリーズ(2001年) —————————————— 286

092 『夢の彼方への旅』(2001年) ————————————————————————— 289

093 『コラインとボタンの魔女』(2002年) —————————————————— 292

094 〈ヒックとドラゴン〉シリーズ(2003年) ————————————————— 295

095 『夜中に犬に起こった奇妙な事件』(2003年) ————————————— 298

096 『まいごのペンギン』(2005年) ——————————————————————— 301

097 『グレッグのダメ日記』(2007年)と〈グレッグのダメ日記〉シリーズ —— 304

098 『ハンガー・ゲーム』(2008年) ——————————————————————— 307

099 『大好き! クサイさん』(2009年) —————————————————————— 310

100 『怪物はささやく』(2011年) ————————————————————————— 313

● まだまだある名作50冊 —— 316

訳者あとがき —— 322

主な邦訳書・関連書 —— 326

索引 —— 347

謝辞 —— 361

HARRY
POTTER
and the Prisoner of Azkaban

J.K.ROWLING

Winner of the 1999 Whitbread Children's Book of the Year

J・K・ローリングの〈ハリー・ポッター〉シリーズは、空前のベストセラー。
全世界発行部数はこれまでに、5億部を超える。
なかでも第1作目の『ハリー・ポッターと賢者の石』は世界中で1億2000万部以上売れた。
ちなみに、アントワーヌ・ド・サン＝テグジュペリの『星の王子さま』の
現在までの販売部数は、1億4000万部といわれている。

はじめに

本書ではこれから、あらゆる年齢の子どものための、選りすぐりの作品とイラストを紹介する。ただしこれは、驚くほど範囲が広い。2歳児とティーンエイジャー、乳幼児とヤングアダルトとでは、ずいぶんと開きがある。しかし児童文学はどれだけ年齢層が幅広くても、すべての読者の願いにこたえてくれる。本の階段をのぼっていくように、一段のぼるたびに視界が開け、世界が少しずつみえてくる。

子どものために書かれた本が出版され始めたのは、18世紀の半ばから後半にかけてのこと。この頃ヨーロッパで盛んだった啓蒙思想によって子どもの教育制度が一般に広まると、幼年期は成人期とは違う、人間としての重要な成長ステージだと、大人たちがみなすようになった。まず子どもの本として作られたのは、素朴なイラストのABCや数字の絵本、そして、お行儀やマナーを教えるしつけ本だ。童謡や昔話のような言い伝えはすでに、活字として印刷され始めていたものの、はじめから子どものために書かれたものは初期の頃にはみられなかった。ところが、消費文化が広まり、新しいジャンルの児童文学が登場すると、出版業界は子どものための本や定期刊行物、雑誌を作ることに興味を持つようになった。

それから現在までのわずか数世紀で、児童書の世界は様変わりした。現代の児童書は、ユーモアや楽しさを前面に出し、読み書きの力を伸ばそうとしている。〈コロちゃん〉や、〈キッパー〉シリーズのような絵本を親が子どもに読み聞かせ、親子で読書を楽しむようになった。今や作家は、本そのものの作りに目をつけ、見開きでダイカット加工（型抜き）にするなど工夫を凝らしている。また、怖そうで楽しいジャン・ピエンコフスキーの絵本『おばけやしき』のような、折りこみや想像力に富む飛び出すしかけを考案し、さらに音や手触り、光の点滅で、五感を刺激する体験を生み出した。ページごとに手触りのちがう本や、ボタンを押すと録音音声がきこえる物語も普通にみるようになった。

何かをしたらこうなる、という軽い教訓は、今でも多くの児童書の根底に流れている。たとえば〈友だちにはやさしく〉、〈力を合わせよう〉、〈おもちゃはひとりじめしない〉といったことを、シャリー・ヒューズ作『ぼくのワンちゃん』に登場する姉のベラが弟のデイブと遊びな

がら覚えたように。成長すると、子どもが抱える葛藤はかなり複雑になる。ヤングアダルト（YA）小説になると登場人物や状況について道徳的な価値観がゆらぎ、善悪の境目はあいまいになってくる。

こんにちでは、子どもには体験を自分のものとし、理解する能力があると考えられている。マイケル・モーパーゴの『戦火の馬』のような作品が証明したのは、架空の恐ろしい話であっても少年少女はちゃんと読んで理解できることだった。また、子どもの本のなかには、古い作品を現代の読者向けに書き換えたものもある。エニード・ブライトンの『The Magic Faraway Tree 大きな魔法の木』では、登場人物のジョー（Jo）、ベス（Bess）、ファニー（Fannie）、そのいとこディック（Dick）の名前を最近多い、Joe、Beth、Frannie、Rick に変えてある。そのうえ、悪さをした子どもに寮母スラップが体罰を加える場面はすべて、寮母スナップが子どもを怒鳴って叱る場面に書き換えられている［英語の「slap」には「平手打ちをする」という意味がある］。

昔ながらの奇想天外な大冒険は、いつの時代でも人気だ。古くは海賊が暴れ回るロバート・ルイス・スティーヴンソンの『宝島』、最近ではちびっこジェームズ・ボンドが活躍するアンソニー・ホロヴィッツの『ストームブレイカー』がある。現代の傾向でひとつ特徴的なのは、子ども向けのファンタジーシリーズの人気だ。2世紀ほど前なら、妖精や民話に登場する怪物など、空想の産物が散りば

クェンティン・ブレイクは長年、ロアルド・ダールの作品のイラストを手がけている。ただし、コンビを組むようになるのはダールの小説家キャリアの後半からだ。

められたファンタスティックな作品はあったものの、ファンタジーというひとつのジャンルが確立されていたわけではなかった。20世紀になると、J・R・R・トールキン（『ホビットの冒険』）や、C・S・ルイス（『ライオンと魔女』）が現実とは違う世界を描いた。これらは以前よりも大胆な空想の世界だったが、そこに登場するのは昔ながらの魔法使いやホビット族、それに、人間の言葉を話すライオン、アスランだった。ところが20世紀もあと10年で終わろうというときに、今までにない世界を舞台にしたファンタジーが続々と現れた。たとえば、シリーズ物ではダ

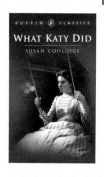

スーザン・クーリッジ作『すてきなケティ』のような児童書の古典的名作になると、長い年月の間に表紙がさまざまなタッチで描き変えられる。ただしどの表紙も「ブランコに乗った少女」というモチーフは定番で変わらない。

イアナ・ウィン・ジョーンズの〈クレストマンシー〉、スーザン・コリンズの〈ハンガー・ゲーム〉、オーエン・コルファーの〈アルテミス・ファウル〉、そしてもちろん、J・K・ローリングの〈ハリー・ポッター〉などだ。

現代は、まさしく映像化全盛期だ。CG画像を使えば、映画やテレビシリーズの空想世界を限りなく現実に近い立体映像で作り上げることができる。しかしこのすばらしいハイテク技術をいざ駆使してみた結果、空想の余地が激減した。本を読んでから映画化された作品をみたことがあるだろうか？　映画では、小説を読んでワクワクした場面がカットされていることが多い。

　児童書を必ずベストセラーにする公式はない。ただし、定番の「お約束」やキャラクターはある。乳幼児向けの本では、ぬいぐるみなどのおもちゃがよく登場する。A・A・ミルンの『クマのプーさん』のように擬人化される場合もあれば、マージェリィ・ウィリアムズの『ビロードのうさぎ』のように本物のウサギの例もある。クマとウサギはひっぱりだこだ。マイケル・ボンドの〈パディントン〉、それに、ディック・ブルーナの〈うさこちゃんの絵本〉シリーズは、はずせない。イヌもよく登場する。しかも、ネコよりはるかに人気だ。架空の生き物もまた、想像力をかきたてる。たとえば、ジュリア・ドナルドソンの「グラファロ」、モーリス・センダックの「かいじゅうたち」、それに、デイヴィッド・アーモンドの「スケリグ」。それからオリヴァー・ジェファーズの『まいごのペンギン』を読んでもらえればわかるが、ペンギンが出てくる話なら、それほどひどいことは起こらない。

　人間の登場人物についていえば、主人公はだんぜん子どもがいい。作家たちはこれまでなるべく、作品中に子どもの親を登場させないよう工夫してきた。その

ために、養子や親との死別、子育ての放棄(ネグレクト)、病気、海外旅行などをストーリーに盛りこんだ。児童文学には、親のない子が山ほど登場する。

　物語の主人公をなぜ、そこまでしてひとりにするのか？　親の役割を果たす登場キャラクターがいないというお約束の設定にすれば、物語に登場する子どもは自分でなんとかやっていかざるを得なくなる。自分の知恵と機転を使って、ピンチを脱出するしかなくなるからだ。エヴァ・イボットソンの『夢の彼方への旅』は、そういった作品のひとつで、本書で選んだ100の作品にはほかにも、孤児が登場する物語は数多くある。エーリヒ・ケストナーの『エーミールと探偵たち』に登場するエーミールは、頼まれた用事を

しくじり、ベルリンにきてたったひとりで事件を解決しなければならなくなる。ニーナ・ボーデンの『帰ってきたキャリー』のキャリーは児童文学でよくある、第二次世界大戦中に親元を離れて疎開をした子どもの話だ。レモニー・スニケットの小説〈世にも不幸なできごと〉シリーズに登場する子どもたちは、複雑な経緯で両親を亡くしている。

　物語のなかの子どもは、現実世界を生きる子どもに、人生における本物の試練、たとえば、初めての学校生活、新しい家、祖父母の死、暗闇、といった未知の世界をどうすれば乗り越えられるかを、身をもって示す。ジェフ・キニーの〈グレッグのダメ日記〉シリーズのダメ少年グレッグや、ジャクリーン・ウィルソ

2018年5月、イギリスの文学フェスティバル「ヘイ・フェスティバル」で自らの作品『おちゃのじかんにきたとら』を朗読する、ジュディス・カー。このときカーは94歳。本書には90代でも現役の作家やイラストレーターが大勢登場する。長生きの秘訣は、ベストセラーを出し続けることらしい。

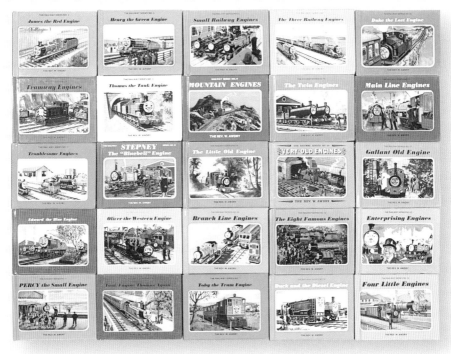

ウィルバート・オードリーは〈汽車の絵本〉シリーズを26巻まで続けた。ストーリーの種が尽きてようやく、シリーズの終了を決めた。

ンのシリーズ小説に登場するトレイシー・ビーカーをみれば、これから大人になる少年少女の頭を占めるとりとめもない悩みを、作家がとてもよく理解していることがわかる。ジュディ・ブルームの数々の作品、それにルイーズ・レニソンによるシリーズの強烈なヒロイン、ジョージア・ニコルソンは、ティーンエイジの少女の気持ちを見事に、しかもしばしば、読者がいたたまれなくなるほど深く掘り下げている。

さて、本書『世界で読み継がれる子どもの本100』ではどのように本を選んだのか？　それは簡単でもなければすぐに決まったわけでもなかった。賛辞（あるいはクレーム）はすべて、パヴィリオンブックス社のスタッフにお伝えいただきたい。子どもの頃に読んだ本のリストを作ったのは彼らだから。この数か月、わたしはしきりに友人や家族に「お気に入りの児童書は？」とたずねていた。そうきいたのも、すでにわたしたちが作っていた書名リストに共感してもらいたい、という希望や期待があったからだ。ところがたまに、すっかり忘れていた名作のタイトルをだれかにいわれ、驚かされることもあった。わたしの担当編集者はある日、夜中に冷や汗をかいて目が覚め、こうつ

ぶやいた。「ピーター・パン！」。かくして、J・M・バリーの『ピーター・パンとウェンディ』を割りこませるべく、リストに手を入れねばならなくなった。この作品は最初戯曲として書かれ、舞台劇が成功すると童話として書き直され、1911年にこのタイトルで出版された。パヴィリオンブックス社の建物のある道をはさんだ向かいには、イギリス最古の小児病院グレート・オーモンド・ストリート小児病院がある。この病院に、ピーター・パンが登場する全作品の著作権が遺贈されたという事実があるだけに、この作品を入れ忘れていたらひたすら恐縮するしかなかったと思う。

ここで紹介した100冊のうち、50冊については文句なしに賛成かもしれないし、残り50冊にはいいたいことが山ほどあるかもしれない。しかし100冊のひとつひとつがだれかのお気に入りであり、そのどれもが、今でも大人が子どもに与えている多くの本に大きな影響を与えてきたことはまちがいない。リストの中になつかしい、大切な作品をみつけたら、喜んでほしい。初めて知る作品や作家をみつけたら、ぜひ、読んでみてほしい。児童書の前ではだれもが、永遠の子どもなのだから。

コリン・ソルター
2020年春

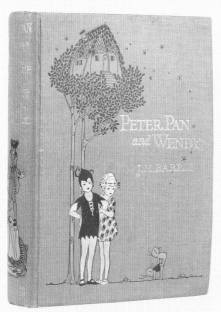

J・M・バリーの作品は、初版では『ピーターとウェンディ』というタイトルで発表されたが、後に『ピーター・パンとウェンディ』と変更された。

アン・ファインには数々の作品がある。本書巻末では、残念ながら100冊の選には入れられなかったが、それに勝るとも劣らない名作50冊を紹介している。

『がちょうおばさんの話』

Tales of Mother Goose(1697)

シャルル・ペロー

Chales Perrault(1628–1703)

シャルル・ペローが昔から言い伝えられてきた話に当世風のひねりを加えて、よみがえらせたのは17世紀のこと。ペローが道を切り開いたおかげで、18世紀のグリム兄弟が収集した昔話、19世紀のハンス・クリスチャン・アンデルセンの童話は、人々に親しまれやすくなっていた。

ルイ14世の時代。ペローはいくつかのフランス王立アカデミーの創設にあたり、中心的人物として活躍した。「王立アカデミー」とはフランスの学術団体で、その目的はさまざまな分野の学問で優秀な人材を育てることにある。1661年、ペローは絵画アカデミーの再編成に

たずさわり、王を神格化する視覚芸術の指導にあたった。1663年には、古典研究を専攻する碑文・文芸アカデミーの一等書記官も務めている。

とはいえ、ペローの文学界への貢献で有名なのは、そういった高尚な学問ではなく、どちらかといえば大衆的な民話集だ。ペローが再び命を吹きこみ、1697年に発表したその民話集は『*Histories or Tales from Past Times, with Morals* 過ぎし日の物語または昔話集・教訓つき』、あるいは『*Tales of Mother Goose* がちょうおばさんの話』という名で世に知られる。ここに収録された8編の出典については

1671年に、ペローは栄誉あるアカデミー・フランセーズ会員に選ばれる。絶対王政の時代に設立されたこの王立学術団体の目的はもともと、フランス語をだれにでも理解できるように規則を整え、洗練させることにあった。その意味で、ペローが貢献した書物は2冊ある。『*La Peinture* 絵画』は、ルイ14世が最も気に入っていたお抱えの画家シャルル・ルブランに捧げられている。また、1670年に発表した著作は王の愛人に捧げられている。

いまだに意見が分かれるが、ペローがこうした作品を当世風に味つけし、自分の作品として生まれ変わらせたのはまちがいない。ここには「眠れる森の美女」、「赤ずきん」、「青ひげ」、「長ぐつをはいた猫」、「シンデレラ」などが収録されている。

　どの作品にもペローは自分がまさに生きていた時代の宮廷の人々の言葉遣いを用いた。たとえば舞台をルイ14世が建造したヴェルサイユ宮殿のようなイメージに置き換え、韻を踏んだ教訓で話をしめくくった。この短編集はたちまち人気を集め、発表後3年で3回も版を重ねた。英語版の初版が世に出たのは1729年。現存する唯一のこの初版本は、ハーヴァード大学ホートン図書館に収蔵されている。

　ペローはルイ14世のお気に入りだったので、宮廷で好きなことをいえる立場を利用し、昔話へのこだわりをとことんつきつめた。たとえば王の許しを得て、39の噴水を作らせた。ヴェルサイユ宮殿庭園の迷路にしつらえたその噴水はどれも、イソップの寓話に登場するキャラクターにちなんでおり、吹き出す水で登場する人間や動物が話をする様子を表現し

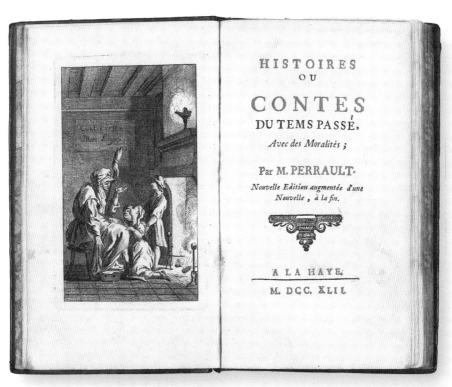

初期の版の口絵。ここには副題である『Contes de ma mère l'Oye
(Tales of Mother Goose がちょうおばさんの話)』の文字はみあたらない。

たという徹底ぶり。そのうえ1677年には、この迷路のガイドブックまで書いている。

そこまで古代ギリシャ時代の寓話作家イソップを崇拝していたのに、「新旧論争」といわれる熱い文化論争でペローは近代派の先頭に立った。そこではおもに「近代の作品は古代ギリシャ・ローマの古典文学よりも優れているのか」というテーマで意見を戦わせ、近代派の優秀さを率先して訴えた。おそらく、国王のご機嫌もとっていたのだろう。ルイ14世のこの時代こそ芸術の黄金時代であるのは、みてのとおりだといいきった。その王のもとでアカデミーを立ち上げた立役者はほかならぬ、ペロー本人だったのだ。

『がちょうおばさんの話』で伝えられる物語の根底には、非常にキリスト教的な道徳感がある。これはたとえば、「悪」や男女の役割についての古い考え方からもうかがえる。女性は受け身で、人間が「原罪」を負うことになったのはイヴのせいと書かれている。「眠れる森の美女」で女の子は好奇心に負けた罰として、眠らされてしまう。めでたく結婚しても、王子の母親は子どもを食べる人食いだ。少女は「赤ずきん」のように、危害を加えようとする男におそわれやすい。ところが少年は、「長ぐつをはいた猫」のように、英雄的な戦士になれと励まされる。「青ひげ」はめとった妻を次々に殺すが、話の最後で結婚した妻だけは殺しそびれる。

『がちょうおばさんの話』は、近代以降のおとぎ話に影響を与えた。そのなかのいくつかの話をグリム兄弟が改作し、それがのちにハンス・クリスチャン・アンデルセンにも影響を与える。彼らはいずれも、児童文学の巨匠といっていい。この4人が築いた子どもの本の語りの基盤は時を超え、21世紀の現代にも受け継がれている。

『グリム童話集』

Grimm's Fairy Tales(1812–1857)

ヤーコブ・グリム、ヴィルヘルム・グリム

Jacob(1785–1863), Wilhelm(1786–1859) Grimm

普遍的なテーマ——それは、生と死、善と悪、愛と欲、そして見返りを求めぬ心。人々が物語を語り継ぐようになると、こうした人としてのありようがさまざまに描かれた。このような民話は時代や国境を超え、心の琴線にふれる。子どもでも大人でも、わけへだてなく。

「グリム兄弟」として知られるヤーコブとヴィルヘルムの少年時代は、苦労の連続だった。ふたりはそろってドイツ中央部にある大学都市カッセルに住み、法律を勉強し、司法官だった父親のように法律家を目指した。しかし、幼い頃に父親と祖父、母親を次々に亡くしていたため、長男と次男であるヤーコブとヴィルヘルムは、大勢いた弟や妹を養わなければならなかった。

ヤーコブとヴィルヘルムは学者として研究に励み、家族の生活のためにできるだけのことをした。法律学を研究していたはずが、ふたりはドイツ文学に深く傾倒していくのだが、これは法律学の教授フリードリッヒ・フォン・サヴィニーの影響だ。祖国ドイツでは、グリム兄弟といえば民話の収集家としての功績だけではなく、歴史に残る大辞典『*Deutsches Wörterbuch* グリム・ドイツ語辞典』を手がけたことでも知られている。とはい

え、ふたりがたずさわったのはFの項目にある「frucht(フルーツ)」という単語までで、そこから先の作業は後世の学者に引き継がれ、約100年後、1961年にようやく完成する。

ヤーコブとヴィルヘルムをのちに有名にする民話集めが始まったきっかけは、出版社の依頼だった。1812年の初版には86話を収録。1857年に出た第7版では211話に増えていた。おとぎ話ではないものもあれば、救いのないほど残酷な話もあった。だから、「The Girl Without Hands 手をなくした少女」や、「Death's Messengers しにがみのおつかいたち」、人食いの登場する「ヘンゼルとグレーテル」などをかわいらしくアニメ化したディズニー作品のようなものはないのだ。

グリム兄弟が民話を集めたのは子どものためではなく、学問的興味からだ。産業革命の発展によってこうした民話が人々の記憶から消えてしまうことを恐

れ、それをなんとか残そうと、民話のアンソロジーを作ったのだ。このときふたりがとった方法はその後、民話研究の基盤となる。また、国家の伝統にはその国民性が反映されるという仮説を、身をもって証明しようとしていた。ちょうどその頃「ドイツ民族らしさ」への意識が高まるなか、中央ヨーロッパにあるドイツ語を話す39の君主国によるドイツ連邦が1815年に成立する。グリム兄弟の童話集の初版が出たわずか3年後のことだ。

こうした民族主義は、思わぬ結果を招くことがある。この童話集は最初、多くの欧州諸国に広まっていたロマン主義的なナショナリズムと連動した。イギリス人は、ヴィクトリア女王時代のドイツ的なものすべてを歓迎した[これはヴィクトリア女王の夫だったアルバート公がドイツ人であったため]こともあり、この童話集はいちはやくドイツ語から英語に訳された。ところがその後、アドルフ・ヒトラーがいわゆる「アーリア人の優位性の体現」を

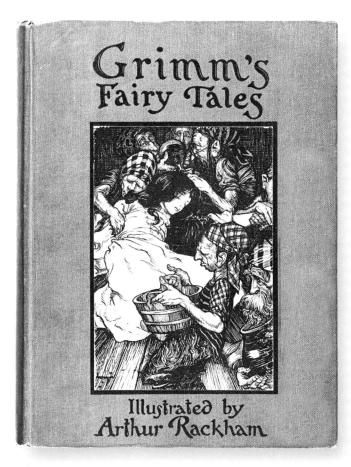

イギリスの挿絵画家、アーサー・ラッカムは、『グリム童話集』や、『ガリヴァー旅行記』（いずれも1900年）のペンで描いた挿画で人気挿絵画家の仲間入りをした。

盲信していたため、第二次世界大戦後、連合国占領下のドイツでは出版が禁じられる。

　児童文学の本格的な幕開けは、19世紀になってからで、それまでは、幼い子ども向けに書かれた作品はほとんどなかった。残酷な話は削り、不適切な箇所は修正してみて、親たちは『グリム童話集』の大きな特徴に気づく——幼い子どもに生きる教訓を教えられるではないか。こうしてこの本は、世界中の子どもの本棚には欠かせない作品になった。

　ドイツ語の初版から、この本には挿画がふんだんに使われている。そしてまた、ここに収録された物語は、第一線で活躍するアーティストの創作意欲をかきたてた。アーサー・ラッカムや、デザインの世界に新風を吹きこんだアーツ・アンド・クラフツ運動の担い手ウォルター・クレーンのふたりはとても印象的な挿画を描いている。ウォルト・ディズ

ニーがグリム兄弟の物語に興味を持ったのはそもそも、絵と文章を一体化させる昔ながらのやり方に注目したことが始まりだ。ディズニー初の長編映画であり世界初の長編カラーアニメ映画『白雪姫』（1937年）は、グリム兄弟の物語をもとにしている。その後も『プリンセスと魔法のキス』（2009年）やおとぎ話「ラプンツェル」が原作の『塔の上のラプンツェル』（2010年）といったグリム作品もディズニーはアニメ化している。グリム兄弟は「シンデレラ」、「眠れる森の美女」、「おやゆびこぞう」などが登場する話も集めたがこれらは、古いフランスの民話の文献から掘り起こした話だ。

❖ **グリム兄弟のおとぎ話として有名な作品**
『ラプンツェル』、『こびととくつや』、『白雪姫』、『ヘンゼルとグレーテル』、『おやゆびこぞう』、『がちょう番の女』、『眠れる森の美女（いばら姫）』。

『アンデルセン童話集』
Fairy Tales(1835–1872)

ハンス・クリスチャン・アンデルセン
Hans Christian Andersen(1805–1875)

デンマークの童話作家ハンス・クリスチャン・アンデルセン(デンマーク語ではハンス・クレスチャン・アナスン)は、初めのうちは、民話を単に脚色するだけだったが、のちに、創作童話を作り始めた。そういった自作の物語は、アンデルセンが語り継いだ物語と同じように、今でも世代を超えて世界中で親しまれている。

若きアンデルセンは、ドイツのグリム兄弟と同じく、民話を脚色することから始めた。だが、グリム兄弟よりも文学的な志向が強く、その興味は民話にとどまらなかった。アンデルセンは童話作家として有名だが、小説家、詩人でもあった。汎スカンジナヴィア主義[19

世紀中頃からスウェーデン王室を中心にデンマーク、ノルウェーに起こった「三国統合」を主張する運動]の信奉者であった彼の作詞した国歌が、人気を集めたこともあった。各地を旅して旅行記も書き、そのなかで、それぞれの土地の観察とともに、旅行記におけるフィクションの役割や、このジャンルでの作家としての自分の役割についての哲学的な一節を記している。旅行紀のなかには民話の入っているものもあった。

　アンデルセンは貧しい家の子として生まれた。母親は字が読めなかったが、父親は『千夜一夜物語』(アラビアンナイト)を幼い息子によく読んできかせた(父親は、自分はデンマーク貴族の血を引いているというおとぎ話のようなことを信じていた)。アンデルセンが11歳のときに父親が亡くなると、生活費や学費を自分で稼がなければならなくなり、織工や仕立屋のところで

働いた。おそらく、「裸の王さま」はこのときの経験から発想を得て書かれたのだろう。

1833年、国王からの外遊資金などを得て、アンデルセンはヨーロッパ旅行に出発し、各地を旅しながら民話を収集したり、短編小説を書いたりした。ローマ滞在中に、自身の体験に基づく、半自伝的小説『即興詩人』(1835年)を書き始める。この作品が反響を呼び、1836年、1837年にさらに2作の小説を発表して、執筆に専念するようになった。『即興詩人』刊行と同じ年に、初の童話集も出版され、この童話集には今では世界中で愛されてい

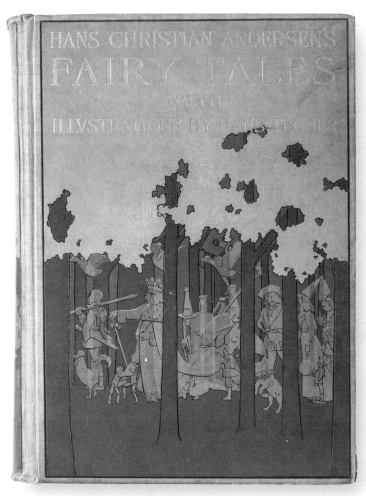

アンデルセンと同時代のデンマーク人ハンス・タイナーが
挿画を手がけたアンデルセン童話集の国際版(1900年)。

る「裸の王さま」、「エンドウマメの上に寝たお姫さま」、「親指姫」、「人魚姫」が収録されていたが、当初の売れ行きはあまりよくなかった。

だが、アンデルセンは童話を書き続けた。そして1845年、それまでの努力が報われる。『人魚姫』が英語に翻訳され、「ベントリーズ・ミセラニー」というイギリスで人気の月刊の文芸誌に掲載されたのだ。このおかげで、アンデルセンの物語が英語圏に紹介され、1847年、アンデルセンはイギリスを訪れ、その期間にあこがれの存在であったチャールズ・ディケンズを紹介してもらう機会を得る。「敬愛してやまないイギリスの作家とじかに会い、話ができてとても幸せだ」とアンデルセンは書き残している。

アンデルセンとディケンズは、ふたりとも社会の貧しく目立たない人々を書いていたので、お互いに尊敬の念を抱いて

ヴィクトリア朝後期からエドワード朝初期にかけて、挿画をふんだんに入れた名著の豪華版が数多く出版された。フランス人のエドモン・デュラックの挿画による本(1911年)

いた。だが、2度目の訪問のとき、アンデルセンはディケンズの家に長居して嫌がられ、滞在して5週間目に出ていってくれといわれた。それ以来、ディケンズがアンデルセンからの手紙に返事をすることはなかった。

人付き合いが下手なアンデルセンが、ディケンズからの返事が届かなくなった理由を理解することはなかった。多くの女性に夢中になったが、生涯、結婚することはなかった。好意を抱いた女性のなかには、スウェーデン人オペラ歌手のイェンニー・リンドがおり、アンデルセンはリンドにプロポーズし、またリンドに触発されて『ナイチンゲール』を書いた。この作品の出版のあと、リンドは「スウェーデンのナイチンゲール」と呼ばれるようになったといわれている。友人たちの証言によると、臨終のとき、アンデルセンの胸の上には、若かりし頃の片思いの相手リーボル・ボイトからの手紙が握られていたという。アンデルセンの人生には童話のようなハッピーエンドは多くなかったかもしれないが、彼が紡ぎだした童話は人々のなかに生き続けている。

❖ハンス・クリスチャン・アンデルセンの主な作品

『裸の王さま』、『エンドウマメの上に寝たお姫さま』、『親指姫』、『人魚姫』、『がまんづよいスズの兵隊』、『野の白鳥』、『ナイチンゲール』、『みにくいアヒルの子』、『雪の女王』、『マッチ売りの少女』

『エドワード・リアの ナンセンス詩集成』

The Complete Nonsense of Edward Lear(1846)

エドワード・リア

Edward Lear(1812–1888)

エドワード・リアが詩人として愛してやまなかったのは、言葉の純粋な美しさだった。その言葉が実在しようとしまいと関係ない。言葉の音、形式、構造——こうした要素は、リアにとって単なる言葉の意味よりも重要だった。そこで、リアはとびきり愉快でナンセンスな詩を英語で書き上げた。

『*T*he Complete Nonsense of Edward Lear エドワード・リアのナンセンス詩集成』は、リアの存命中に出版された『ナンセンスの絵本』(1846年)と『*Nonsense Songs, Stories, Botany and Alphabets* ナンセンスの歌・物語・植物学・アルファベット』(1871年)などを収録した作品集だ。前者にはリアの有名なリメリック(五行戯詩)が集められ、後者にはリアの作品の中で最もよく知られている「The Owl and the Pussycat フクロウくんとネコちゃん」の詩が収められている。

ナンセンス詩は、愉快で子どもっぽい。物心ついた子どもなら、その面白さに思わず笑い出してしまうことだろう。それは、大人も同じだ。リアの詩は、平凡でかわりばえのない毎日に、これ以上ないほどの刺激を与えてくれる。

おひげを伸ばしたおじいさん
「それみろ、やっぱりこりゃいかん！
フクロウ2羽とメンドリ1羽、
ヒバリ4羽にミソサザイが1羽
ひげに住みつきもう知らん！」

リメリックと呼ばれるこの五行詩を生み出したのはリアではない。この詩型

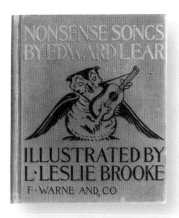

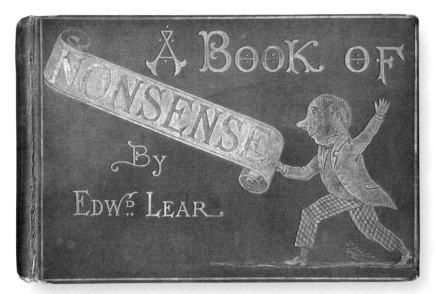

『ナンセンスの絵本』の改訂版。オリジナル版は、「デリー・ダウン・デリー」というペンネームで出版された。

は、18世紀にはすでにあった。しかし、それを世に広めたのはまちがいなくリアで、さらにいえば、この詩を洗練して親しみやすいものにしたのもリアだ。リメリックには卑猥なおちがつきもので、下品な詩が多い。しかしリアの作品はどれも、親にとってはありがたいことに、家族みんなで楽しめる内容になっている。

これほどたくさんの人々に喜びを与えたにもかかわらず、リア自身は苦悩に満ちた人生を送った。リアは子だくさんの家庭に、21人中20番目として生まれた。育ててくれた姉のアンは、リアより21歳も年上だった。リアは死ぬまで病気に苦しめられた。とくに、てんかんや喘息、そして頻繁に起こるうつ病の症状に悩まされ続けた。病気のせいで室内に閉じこもることの多かったリアは、さまざまな

分野で人並外れた才能を発揮した。たとえば、リアは優れた風景画家であって、ヨーロッパを旅行した経験をいくつもの旅行記として挿画付きで出版している。そして、この時代を代表する鳥類画家のひとりとしても有名で、さらには音楽の才能にも恵まれ、何種類もの楽器を演奏することもできた。自分の詩(「The Owl and the Pussycat フクロウくんとネコちゃん」など)や、アルフレッド・テニスンなどのほかの詩人の詩に合わせて曲をつけていた。それでも、リアはさびしい私生活を送り、生涯結婚することもなかった。

リアはナンセンスな詩を実際に使われている言葉で書くだけでは満足せず、新しい言葉を造り出してしまうことがよくあった。「The Owl and the Pussycat フクロウくんとネコちゃん」には、おそら

くリアの造語で一番よく知られている「the runcible spoon（先割れスプーン）」が出てくる。この造語「ランシブル（runcible）」は、このスプーンを表すのになんともぴったりで、どうしてもっと早く考えつかなかったのだろうかと思わされるほどしっくりくる形容詞だ。この言葉は現在では、いくつかの著名な辞書にも掲載されている。残念なことに、今ではリアが意図していたよりもきっちりと定義されてしまっている。『The Penguin English Dictionary ペンギン英語辞典』では、「湾曲した三又の先端をもつ、先の尖ったフォーク」と説明されている。これではもはや、ナンセンスとはいえない。一方で現在、リアのリメリックに影響を受けて始まったプロジェクトがある。これは、『OEDILF』というだれでも編集可能なオンライン辞書で、「『オックスフォード英語辞典』に載っているすべての単語をリメリックで定義しなおそう（The Oxford English Dictionary In Limerick Form）」とする一大プロジェクトだ。これはまちがいなく、ナンセンスといえるだろう。

❖ エドワード・リアの作品

『Journal of a Landscape Painter in Greece and Albania 風景画家のギリシャ・アルバニア紀行』（1851年）、『Tortoises, Terrapins, and Turtles トートイズ、テラピンズ、タートルズ』（1872年）、『Nonsense Botany ナンセンスの植物学』（1888年）、『Tennyson's Poems, illustrated by Lear テニスン詩集 挿画エドワード・リア』（1889年）、『カングル・ワングルのぼうし』（1876年）。

There was a Young Lady of Sweden, who went by the slow train to Weedon ;
When they cried, " Weedon Station !" she made no observation,
But thought she should go back to Sweden.

「リメリック」と呼ばれるユーモラスな五行詩を世に広めたのはたしかにリアだが、この詩型の生みの親はリアではない。リメリックの最初の本として知られているのは、『The History of Sixteen Wonderful Old Women すばらしき16人の老女の歴史』（1820年）。

『不思議の国のアリス』

Alice's Adventures in Wonderland(1865)

ルイス・キャロル

Lewis Carroll(1832–1898)

『不思議の国のアリス』と呼ばれ、親しまれているこの作品は、後世まで多大な影響を与えた不朽の児童文学のひとつ。その奇想天外な展開は、ファンタジーを理屈や常識の枠から解放した。また、ジョン・テニエルの描いた人物や動物には、ひと目みると忘れられない魅力がある。

この本はもともとルイス・キャロルが、幼いアリス・リデルとその姉妹に作ってきかせた物語。イギリス・オックスフォードにあるアイシス川でボートに乗っていたときに生まれたこの作品を、学者はたいがい文字通り「ナンセンス文学」に分類する。ナンセンスはそもそも、条理と不条理を織り交ぜ、筋の通った考えをひっくり返す昔の詩や童謡の伝統を受け継いだジャンルだ。だから、こういったほうが正確かもしれない。これは、想像力をはばたかせて作り上げられた世界で、ここではだれもがしそうにないことをしたり、あり得ないことも起こる。キャロルはつじつまを合わせるのをやめ、時間と空間を自在にあやつり、多感なリデル三姉妹を喜ばせた。冒頭からいきなりアリスがウサギ穴に落ちるという、あり得ないことも起こるこの物語では、なんでもありなのだ。

アリスが地下の不思議の国で次々に出会うキャラクターはどれも、強烈だ。それというのも、やることなすこと、あまりにでたらめだからだ。その多くはあまりに有名になって、現代の英語の慣用句として使われているくらいだ。たとえば、「ちこくだ！　ちこくだ！」といって登場する、懐中時計がトレードマークの「3月ウサギ」、お茶会を開く「いかれ帽子屋」、ティーポットに押しこまれる「ハリネズミ」(ヤマネ)、トランプの兵隊をしたがえしょっちゅう大声で「首をはねよ！」と叫ぶ「ハートの女王」、不気味な笑いを残して姿を消す「チェシャ猫」など。

主人公の少女アリスは「不思議の国」を旅しながらこうしたキャラクターに出会うが、アリスの体が極端に伸び縮みするため、次々にやっかいな騒ぎを引き起こす。そうなるのはその直前に「わたしをお飲み」と書かれた小瓶の液体や、「わたしをお食べ」と干しぶどうで文字を並べたケーキや、キノコを食べたり飲んだり

The Hatter opened his eyes very wide on

"Well then," the Cat went on, "you see a dog growls when it's angry, and wags its tail when it's pleased. Now *I* growl when I'm pleased, and wag my tail when I'm angry. Therefore I'm mad."

"*I* call it purring, not growling," said Alice.

"Call it what you like,"

ルイス・キャロルこと、チャールス・ラトウッジ・ドジソンはそもそも、子どもの本を書くつもりはなかった。オックスフォードからボートでの遠足に出かけ、幼いリデル三姉妹にその場できかせた話を次女のアリス・リデルにせがまれて文章にし、そのあといくつかスケッチを添えただけだったのだ。小説家のヘンリー・キングズリーがリデル家を訪れたときにこの本をみつけ、出版すべきだと家の人に勧めた。驚いたキャロルは作家のジョージ・マクドナルドに意見をきいた。また、友人のロビンソン・ダックワースは、風刺漫画雑誌「パンチ」の漫画を描いていたジョン・テニエルに挿画を依頼したらどうかとアドバイスする。このテニエルの絵が、その後のアリスやいかれ帽子屋のイメージを決定づけた。

したからだ。このキノコの片方をかじると体が縮み、もう片方をかじると首だけがヘビのように伸びる。最後の裁判所の場面では、アリスは何もしていないのに体がとてつもなく大きくなる。

ものがゆがんでみえ、イモムシがキノコの上に腰かけ水タバコをくゆらせるからといって、キャロルが幻覚剤の常用者であるとはいいきれない。こんなうわさが流れたのは、幻覚剤の使用者が増えた1960年代、つまりキャロルの死後かなりたってからだ（アメリカのロックバンド、ジェファーソン・エアプレーンの曲「ホワイト・ラビット」もそのうわさをあおった）。また、キャロルがアリス・リデルをとくにかわいがっていたことを、うさんくさく思う人もいた。これも、キャロルのたくましすぎる想像力（それに、自分でも気にしていた吃音障害）を考えたら、彼が子どもとしか付きあえなかった可能性は大いにある。子どもの想像力はまだ、大人の常識に縛られていないのだから。

『不思議の国のアリス』の続編、『鏡の国のアリス』（1871年）では、アリスが暖炉の鏡を通り抜けると、チェスの国がある。そこには、イギリスに昔から伝わる童謡のキャラクター、たとえば、「トゥィードルダムとトゥィードルディー」、「ハンプティ・ダンプティ」、「赤の女王」、「白の女王」などが住んでいる。『鏡の国のアリス』で有名なのは、キャロルが創作したナンセンス詩「ジャバウォック」や「セイウチと大工」だ。

ルイス・キャロルのシュールな世界は世代を超え、挿絵画家を魅了した。キャロルみずからが手書きした『アリス』の草稿には随所に、自筆のスケッチがみられる。初版本でジョン・テニエルが後世に残る挿画を発表したあとも、この作品に挑戦する挿絵画家が続々と現れた。そうそうたるメンバーだ――アーサー・ラッカム（1907年）、『ゴーメンガースト』の作者マーヴィン・ピーク（1946年）、ラルフ・ステッドマン（1967年）、シュールレアリズムの巨匠サルヴァドール・ダリ（1969年）、マックス・エルンスト（1970年）、ビートルズのアルバム『サージェント・ペパーズ・ロンリー・ハーツ・クラブ・バンド』を手がけたピーター・ブレイク（1970年）、〈ムーミン〉のトーヴェ・ヤンソン（1977年）、ヘレン・オクセンバリー（1999年）。

❖ルイス・キャロルの作品

『鏡の国のアリス』（1871年）、『スナーク狩り』（1876年）、『シルヴィーとブルーノ』（1895年）。

『若草物語』

Little Women（1868）

ルイザ・メイ・オルコット

Louisa May Alcott（1832–1888）

4人姉妹の成長を描くルイザ・メイ・オルコットの名作は、若い女性——思春期から大人になろうとしている少女たち——の物語をという出版社の依頼で書かれた。しかし、たとえ読者が少年でも、この本から学べることはあるはずだ。

『若草物語』は、アメリカのマサチューセッツ州を舞台に、マーチ家の4人姉妹——メグ、ジョー、ベス、エイミー——が、大人の世界の労働と愛と死を知っていく様子をつづっている。印象深く描かれた女性の登場人物たちは、児童文学としてはリアリスティックで、画期的だった。

物語の4姉妹は、オルコット自身と3人の姉妹アンナ、リジー、メイをモデルにしている。ルイザはジョーと同じく次女で、おてんば娘だった。そしてジョーは物語の主人公だ。美しいメグは、ルイザの姉アンナと同じように姉妹で最初に結婚する。ベスはリジーと同様に病弱で、家族に悲劇をもたらす。メイと彼女をモデルにしたエイミーは、共に芸術家になるという夢を抱いている。

現実の家族も物語の家族もオーチャード・ハウスと呼ばれる家で暮らした。どちらの家族もかなり貧しかったが、マーチ家の父親は従軍牧師という名誉ある仕事をしている。オルコット家は食べ物に事欠くことが多かったが、それは父親の力不足によるものだった。オルコット氏は厳格な完璧主義者で、哲学者の友人ラルフ・ウォルドー・エマーソンとヘンリー・デイヴィッド・ソローの思想をもとにした実験的な学校とコミュニティを作ろうとしては、幾度となく挫折している。

エマーソンとソローはルイザ・オルコットに文章を書くよう勧めた。父親は職がなく、おてんばなルイザに否定的で、家族への配慮も足りなかったことから、娘たちと母親の間に女同士の絆が生まれた。対照的に、『若草物語』のベア教授は、オルコットにとって理想の父親像だった。ジョーに愛情を注ぎ、作家になる夢を支援するベア教授は、ルイザの父親がみせることのなかったやさしさと女性的側面を感じさせる。

はじめ、オルコットは出版社の依頼に前向きではなかった。身内の姉妹のこと以外ほとんど知らない自分には、少女のため、あるいは少女についての作品は書けないと感じていたからだ。それに、子どもに関しては女の子より男の子が好きだったし、書くなら短編がよかった。オルコットの主な収入源は新聞で、日常生活のできごとを寄稿して原稿料を得ていた。

小説は以前にも書いたことがあった。ほとんどが原稿料稼ぎのためにA・M・バーナードのペンネームで書いた続き物のゴシック小説で、『*Pauline's Passion and Punishment* ポーリーンの情熱と罰』（1863年）、『*Behind a Mask, or A Woman's*

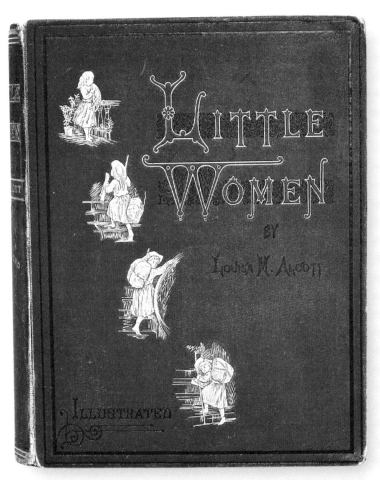

児童書のなかには、『不思議の国のアリス』のように時間をかけて人気を得ていった作品もあるが、
『若草物語』は発売と同時に評判となり、1868年に出版された初版2000部はその年のうちに完売した。

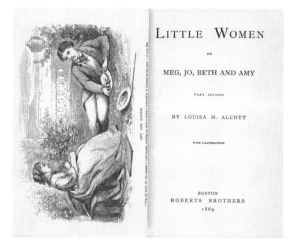

Power 仮面の下、あるいは女の力』(1866
年)などだ。しかしそのあとに書いた『A
Modern Mephistopheles, or The Fatal Love
Chase 現代のメフィストフェレス、ある
いは愛と死の追跡』は採用されなかった
ため、自分には小説は向いていないと思
い始めていたのかもしれない。『若草物
語』が完成しても、オルコットも出版社
もそのできに自信が持てなかったが、試
しに若い読者に読んでもらったところ、
評判がよかったため、出版に踏み切った。

　作品はすぐに人気を博し、オルコット
家はようやく貧困から抜け出すことがで
きた。マーチ家の姉妹のリアルさが読者
を夢中にさせ、姉妹のことをもっと知り
たいという声があがるまでになった。
ファンはオルコットに宛てた手紙で
「ジョー」、あるいは「ミス・マーチ」と語
りかけ、オルコットもまた登場人物にな
りきって返事を書いた。

　『若草物語』の出版後間もなく続編の

『続若草物語』(1869年)が出版された。さ
らに2冊、マーチ家の姉妹の物語『小さき
人々』(1871年)と『ジョーの少年たち』
(1886)が出された。ジョーとはちがい、
情熱的なフェミニストだったルイザは、
息子も娘も持たず、生涯結婚もしなかっ
た。

　しかし、女同士の固い友情の大切さを
描いたオルコットの作品は、現代の読者
にとっても重要な意味を持っている。そ
して古典的名作となり、数多くの映画や
舞台にもなっている。

❖ルイザ・メイ・オルコットの児童書

『8人のいとこ』(1875年)、『Rose in Bloom:
A Sequel to Eight Cousins バラの花咲くこ
ろ——続8人のいとこ』(1876年)、『ライ
ラックの花の下』(1878年)、『Jack and Jill:
A Village Story ジャックとジル——村の
物語』(1880年)。

『すてきなケティ』と〈ケティ〉シリーズ

What Katy Did(1872) and series

スーザン・クーリッジ

Susan Coolidge(1835–1905)

『すてきなケティ』は、それまで少女向けに書かれていた物語の型を破った作品といえる。ヴィクトリア朝時代においては、女の子は母の小さき助手であれ、または父の幼き家政婦であれ、ときびしくしつけるのが普通だった。言いつけに逆らってばかりいたケティは、「苦しみの学校」で学び、成長していく。

おてんば娘のケティ・カーは、有名になって立派なことをして、きれいになるのを夢見ている。そして、「みんなのお手本になるような、いい人になりたい」と願っているが、持って生まれた気質を考えるとその道のりは遠く、叔母イジーにしかられてばかりいる。叔母イジーは、亡き母と忙しい医者の父に代わって、ケティと妹弟たちのめんどうをみてくれている。もし、ケティが叔母の言いつけを守っていれば、留め金が壊れたブランコから落ちて怪我をし、脚を動かせなくなるようなことにはならなかっただろう。

ベッドに寝たきりになってしまったケティは、かんしゃくを起こして家族を拒む。だが、従姉のヘレンがきて教えてくれる。わたしも病気で歩けないけれど「苦しみの学校」でたくさんのことを学んでいるの、あなたもつらいでしょうけど明るく振る舞い、精いっぱい努力するのよ、と。ケティはがまんすること、希望を持つことを思い出し、叔母イジーの突然の死のあとは、叔母の代わりに家事を仕切るようになる。

ケティには続編の『すてきなケティの寮生活』(1873年)、『すてきなケティのすてきな旅行』(1886年)でも会うことができる。また、ケティ以外のカー家の人々をおもに描いた、『すてきなケティのすてきな妹』(1888年)と『*In the High Valley* ハイヴァレーにて』(1890年)の2冊がある。

クーリッジは、カー家の子どもたちを、自分やきょうだいになぞらえて描いた。独立心が人一倍強く頑固なケティは、クーリッジ自身がモデルだ。ケティ

の従姉のヘレンは、クーリッジの終生の友であり、旅行仲間であり、作家、活動家であるヘレン・ハント・ジャクソンの名前をもらっている。ふたりは南北戦争中、看護師をしていたときに知り合った。

1870年、父親が亡くなった直後、初の短編小説が「ハート・アンド・ホーム」誌に掲載され、その2年後に『すてきなケ

表紙に描かれるケティ・カーは、刊行以来、何度も描き直されている。
この1903年版のポール・ハーディによって描かれた絵には、
1890年代に文芸誌「ハーパーズ」の表紙を手がけていた
エドワード・ペンフィールドのスタイルの影響が大きくみられる。

ティ』が出版された。クーリッジの小説の主人公たちの多くは片親がいない。ケティには母親がおらず、『*Eyebright* アイブライト』(1879年)の主人公イザベラ・ブライト (Isabella Bright)——アイブライト (Eyebright)はアイブライト (I. Bright)とかけていて、イザベラのニックネームでもある——は、母親の死だけでなく、父親の失業、失望、荒れ放題の農場への立ち退きといった苦難にも立ち向かわなければならない。クーリッジは『*Eyebright* アイブライト』のプロットを『*A Little Country Girl* 幼き田舎娘』(1885年)で逆転させ、田舎に住む孤児が、アメリカの東海岸の裕福な家に送られる話を書いている。孤児の田舎娘は、裕福な親類に田舎の健全な価値観を教え、親類からは洗練された都会の良さを学ぶ。クーリッジの最後の小説『*Rule of Three* 3の法則』(1904

スポーツをするケティ(1920年代)。

年)では、妻を亡くした父親のために家事を切り盛りする三姉妹が、父親の再婚と継母を受け入れようと奮闘する姿を描く。

父親の死後、クーリッジは家族とともにヨーロッパを2年間周遊した。そのとき訪れた場所が、『すてきなケティのすてきな旅行』や、『*Guernsey Lily* ガーンジー島のリリー』(1880年)の舞台になっている。リリーは『*Eyebright* アイブライト』のイザベラのように、必要に迫られて住み慣れた故郷から、なじみのない場所へいって新しい暮らしを始めることを余儀なくされる。母親の健康回復のために、イングランドからチャネル諸島へ移るのだ。

クーリッジは、〈若草物語〉シリーズの著者ルイザ・メイ・オルコットと同じ出版社から作品を出している。そしてオルコットはクーリッジの初めての小説でもある短編小説集『*The New Year's Bargain* 新年の取り引き』(1871年)の編集を担当した。オルコットと同じくクーリッジもまた、主人公が実際の人生の試練に立ち向かう、より現実に即した物語を求める若い読者の新たな要求を満足させた。『すてきなケティ』が今でも読まれているのは、この作品から執筆された当時の様子が垣間見られるのと、欠点も含めクーリッジ自身の性格を反映した頑固な主人公に読者が共感を覚えるからだろう。

『トム・ソーヤーの冒険』

Adventures of Tom Sawyer (1876)

マーク・トウェイン

Mark Twain (1835–1910)

マーク・トウェインは人生の後半を、ベストセラー作家として生きた。その
きっかけを作ったのが、雄大なミシシッピ川で繰り広げられる少年トム・
ソーヤーの冒険物語だ。子ども時代の体験をもとに書かれたこの作品は、
作者自身と同じように世に認められるまで時間がかかった。

トウェインの名がアメリカ中に知れ渡ったのは、1865年のこと。この年に、短編小説「ジム・スマイリーの跳び蛙」がニューヨークの新聞「サタデー・プレス」紙に掲載された。それがほかの新聞や雑誌に次々と転載され、またたくまにトウェインは有名人の仲間入りをした。その後の数年間は、小説ではなく、旅行記で着実に人気を集めていった。トウェインの観察眼を通したアメリカやヨーロッパ旅行中の描写は、皮肉たっぷりで痛快だ。

そんな旅のひとつで、トウェインはチャーリー・ラングドンという男に出会い、その姉であるオリヴィアを紹介された。トウェインはオリヴィアと1870年に結婚。ニューヨーク州のバッファローで新聞の編集者として少しの間働いたのち、コネチカット州のハートフォードに移り住んだ。この地で、トウェインは生涯で最も実り多い時期を迎えることにな

る。評判のよい旅行記の執筆も続けてはいたが、この頃になるとその合間に『王子と乞食』(1881年)や『まぬけのウィルソン』(1894年)などの小説を執筆し始めていた。

最初の長編小説の評判はよくなかった。トウェインはある日、近所の友人チャールズ・ダドレー・ウォーナーとこんなことを考えた。ふたりで組めばきっと、自分たちの妻が読んでいるロマンス小説より面白いものが書けるにちがいないと。こうしてふたりで書いたのが、小説『金メッキ時代』(1873年)だった。この作品は(批評家にいわせれば)共著にしたことで、わかりにくいちぐはぐな文章になってしまった。そこでトウェインは、次の小説をひとりで書くことにした。それが、『トム・ソーヤーの冒険』だ。

旅行記と同じように、トウェインは作品のなかで自身の体験をつづった。この作品の舞台であるセント・ピーターズバーグという架空の町は幼少期を過ごし

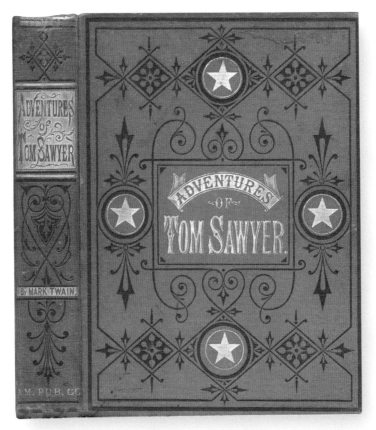

アメリカン・パブリッシング・カンパニーから出版された『トム・ソーヤーの冒険』の初版。

たミズーリ州のハンニバルがモデルで、ソーヤーの冒険の多くは自身の子どもの頃の思い出がもとになっている。『トム・ソーヤーの冒険』は、トウェインが大人の世界を子どもの視点から描いているからこそ、若い読者にとって生き生きとした物語に感じられる。物語の冒頭、ソーヤーは学校をずる休みしたおしおきとして、おばに塀を白いペンキで塗りなおすよういいつけられる。ソーヤーがほかの少年たちをいいくるめ、まんまとその仕事をさせてしまうこの場面は、アメリカの児童文学作品のなかでもとびきり愛されているエピソードだ。

本作に登場する、トムのガールフレンドのベッキー・サッチャーや、いたずら仲間のハックルベリー・フィン、そして悪党インジャン・ジョーもみな、この物語とともに人々に親しまれている。ベッキーはトウェインの幼い頃の友人、ローラ・ホーキンスがモデルだ。ジョーのモデルとなったジョー・ダグラスという人

物は、実生活では102歳まで生きた。トムとハックの冒険には、隠された金貨や迷路のような洞窟も出てくれば、幼馴染や残忍な大人も出てくる。

この作品は、タイプライターで書かれた世界初の小説といわれている。トウェインは印刷機に夢中だった。若い頃に印刷工として、兄の新聞「ハンニバル・ジャーナル」紙の発行を手伝うことになったのがきっかけで興味を持つようになったのだ。そこで、トウェインは莫大なお金を考えなしに最新の機械に投資することがよくあった。そのひとつが、ペイジの自動植字機だ。ところが、ライノタイプという活字の鋳造から植字までを一台で行える鋳植機の発明によって植字機が時代遅れとなり、30万ドルもの大金を無駄にした。

『トム・ソーヤーの冒険』ではアメリカの田舎の無邪気な子ども時代を描いたトウェインだったが、奴隷制度という現実をめぐり『ハックルベリー・フィンの冒険』以降の作品では大人の世界にも踏みこんでいった。脱走した奴隷のジムと、ジムを密告すべきかどうか心の中で葛藤するハックの描写は、19世紀のアメリカ社会において大きな議論を巻き起こした。不適切な表現が多いとして、この作品は20世紀でも21世紀でも各地で子どもの本のリストから除外されていた。しかし、アーネスト・ヘミングウェイはこの作品に感銘を受け、トウェインを「アメリカ文学界のリンカーン大統領」と称した。

トウェインはのちにふたたびトム・ソーヤーを主人公にした続編『*Tom Sawyer Abroad* トム・ソーヤーの外国旅行』（1894年）と『トム・ソーヤーの探偵』（1896年）を出版した。しかし、方言や俗語を使い、ミズーリ州特有のリアルな言葉で書かれた最初のふたつの作品ほど、読者に衝撃を与えることはなかった。

❖ マーク・トウェインの児童書
『王子と乞食』（1881年）、『ハックルベリー・フィンの冒険』（イギリスでは1884年、アメリカでは1885年）、『アーサー王宮廷のヤンキー』（1889年）。

トゥルー・W・ウィリアムズの口絵では、主人公トムが魚釣りをしている。トムの悪友、ハックルベリー・フィンにはモデルがいる。それはトム・ブランケンシップという名の少年で、ミズーリ州のハンニバルに住む飲んだくれの息子。家は貧しく、学校にいく余裕がなかった。自伝の中でトウェインはこの少年について、「このあたりでただひとり――どの少年や大人の男よりも――真の意味で他人に縛られることなく自由に生きていた。だからこそ、いつも穏やかで幸せそうにみえ、みんなからうらやましがられていた」と書いている。

『黒馬物語』

Black Beauty（1877）

アンナ・シュウエル

Anna Sewell（1820–1878）

『黒馬物語』は児童書としてベストセラーとなったが、アンナ・シュウエルは自身の唯一の著作であるこの本を子ども向けに書いたわけではなかった。人間は人にも動物にもいかに残酷であるかを描き出すことに熱意を駆り立てられたのである。

シュウエルの人生を形作ったのは、クエーカー信仰と家族の不安定な経済状況、そして14歳のときに負った怪我だった。アンナは転んで両足首をくじいたのだが、治療が適切ではなかったせいで歩行が困難になり、生涯完全に回復することはなかった。それ以来、シュウエルは徒歩よりも馬車で移動することが

"The moon had just risen above the hedge, and by its light I could see Smith lying a few yards beyond me."—*Page* 121.

BLACK BEAUTY:

HIS GROOMS AND COMPANIONS.

THE AUTOBIOGRAPHY OF A HORSE.

Translated from the Original Equine,

BY

ANNA SEWELL.

LONDON: JARROLD AND SONS,
3, PATERNOSTER BUILDINGS.

タイトルページに「馬語から翻訳した」と書かれている。

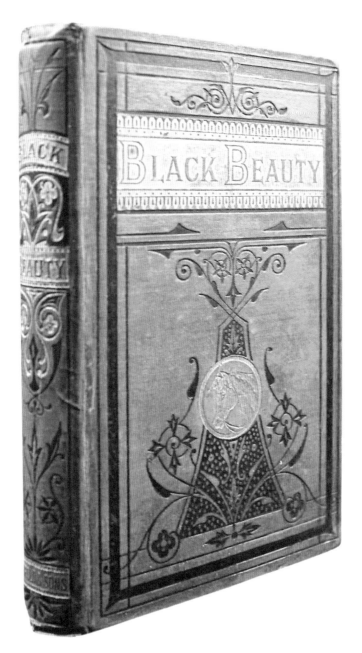

アンナ・シュウエルは『黒馬物語』を子ども向けの愛読書にしようとは思っていなかった。
馬に対する日常的な虐待を世間に知ってもらうために描いたのだ。

多くなり、馬の扱いを間近で観察するようになった。

　一家が何度か引っ越しをしたのは、父親の職探しと、環境や治療が変わればシュウエルの足がよくなるかもしれないという期待を抱いてのことだった。シュウエルは具合が悪くなると、治したい一心でヨーロッパの温泉場をあちこち巡った。1866年、44歳のときにノーフォークに落ち着くが、それまでは南海岸のブライトンからスコットランド最北端のウィックまで、イギリスの北から南に点在する8つか9つの村や町に住み、引っ越しの際は馬車を使っていた。

　馬車の上で過ごす時間が多かったシュウエルは、動物に対する扱いのひどさに衝撃を受けた。虐待は日常的だった。低賃金の労働者にすれば動物の扱いなどどうでもよかったのだ。1871年、シュウエルはノリッジ近くにあるオールドキャットンという村で、ベッドに座って『黒馬物語』を書き始めた。「これを書く目的は、人の持つやさしさや思いやりを引き出し、馬の扱い方を理解してもらうため」とシュウエルはいっている。ときにはペンを持ち上げることもできないほど具合の悪いときがあり、母親に何章も口述筆記を頼まなければならないこともあった。シュウエルは子どもの頃、母親がクエーカー信徒の子ども向けの教義本を書くのを手伝っていた。

　『黒馬物語』はブラック・ビューティー、ダーキー、ブラック・オースター、ジャック、ブラッキー、オールド・クロニーと飼い主ごとに違う名前をつけられた馬の物語で、幼少期から引退までに変わっていく飼い主とその都度与えられる仕事が馬の一人称で描かれている。飼い主は、大地主、伯爵、辻馬車の御者、雑穀商などだ。

　馬の視点からみた労働環境の正確な描写がすばらしい。馬の良い扱い方についての描写は馬の世話のマニュアルとして通用するほどうまく描かれ、生々しくリアルに描写された悪い扱いのいくつかは、出版後数年のうちに行われなくなった。たとえば、馬に頭を下げさせないための痛々しい支頭手綱は首を痛める原因になり、徐々に廃止されていった。

　アメリカでは、動物保護活動家がメッセージを伝えようと、馬と働く人たちに『黒馬物語』を配布したことがある。ロンドンではこの本によって、馬の飼育環境だけでなく、御者の労働条件が改善されるという予想外の効果もあった。『黒馬物語』にはブラック・ビューティーの視点で御者の待遇についても書かれていたため、重労働にあえぐ御者の免許取得料金が引き下げられたのだ。

　アンナ・シュウエルは『黒馬物語』を1877年に書き上げ、ノーフォークにある有名な出版社ジャロルドに40ポンドで売った。現在なら3500–4500ポンドになる。本はクリスマスに間に合うように書店に並んだ。シュウエルはわずかその5か月後に亡くなるが、短い期間ではあったものの唯一の小説が成功したのを知ることができた。

『アルプスの少女ハイジ』

Heidi（1881）

ヨハンナ・シュピリ

Johanna Spyri（1827–1901）

のどかで理想的な自然を舞台に育つハイジという愛すべきキャラクターは、子ども時代の無邪気さを具現化した存在だ。こんにちの小説では若者の試練や苦難が現実的に描かれていること多いが、無邪気な姿を描いた作品は、今も変わらず子どもの初めての読書にふさわしい。

映画『第三の男』でオーソン・ウェルズ演じる闇商人ハリー・ライムが、スイスの500年の平和と民主主義が産んだのは鳩時計だけだったとぼやいてみせる場面がある。これはライムの無知さを聴衆にわからせるために、わざとまちがって使われたものだ。実際は、鳩時計が生まれたのはドイツの「黒い森」と呼ばれるシュヴァルツヴァルト地方である。スイス人が産んだものは、とりわけチーズとチョコレートとバチカンのスイス衛兵（何世紀にもわたってスイスの傭兵は無類の強さで知られていた）、そして、永遠のベストセラー『アルプスの少女ハイジ』だ。

5歳のスイス人の少女ハイジは、二度孤独を味わう。両親が亡くなって叔母のデーテに引き取られたものの、デーテが街で仕事をみつけたため、今度はアルプスの山の上で暮らしている無愛想で孤独な祖父に預けられる。やがてハイジと祖父は互いに親しくなり、やさしくて陽気なハイジには近くの村でたくさんの友だちができる。

ハイジが8歳のとき、デーテがハイジのためにフランクフルトで仕事をみつける。その仕事とは、病弱で歩くことができない、少女クララの遊び相手になることだった。都会に住み慣れないハイジの振る舞いはクララの笑顔の源になり、ハイジとクララの間には固い絆が生まれる。ところが、クララのいじわるな家政婦長ロッテンマイヤーは、ハイジの世間知らずで軽率な振る舞いを認めず、ハイジの自由な行動を制限する。病気になったハイジは、健康を取りもどすためにアルプスに送り返され、ふたたび幸せを感じるようになる。ある年の夏、クララもハイジの家にいき、新鮮な山の空気のなかでまた歩けるようになる。

『アルプスの少女ハイジ』には、孤児の主人公、いじわるな家政婦長、結末での奇跡的な病気の回復といった、19世紀の

児童文学で人気のある要素が多く織りこまれている。また、キリスト教の道徳観も強く表れている。フランクフルトでの生活がつらくなったハイジは祈ることを勧められ、祖父も物語の後半で、自分の祈りがかなってハイジがもどってきたと思い、再び教会に通い始める。

ヨハンナ・シュピリの最も有名なこの作品の最大の魅力は、スイスの大自然と、大自然によってもたらされる全登場人物たちの幸福の描写だ。本が出版される頃には、スイスは澄んだ空気と健康の

H E I D I
JOHANNA SPYRI

『アルプスの少女ハイジ』は最初2部作だった。
1冊目のタイトルは『*Heidis Lehr- und Wanderjahre* ハイジの森の生活と学びのとき』、
少し変わった2冊目のタイトルは
『*Heidi kann brauchen, was es gelernt hat* ハイジが学んだことを活用する方法』だった。

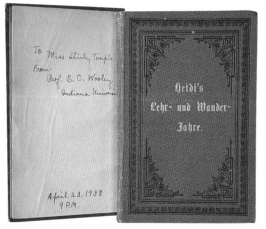

シャーリー・テンプルに贈られたドイツ語版。1937年のダリル・ザナック製作の映画『ハイディ』にシャーリー・テンプルが主演したことで、ハイジのファン層が広がった。当時テンプルは9歳だった。

国としての評判が確立されていた。『アルプスの少女ハイジ』はその評価をうまく利用して、スイスの山々の澄んだ空気のなかで育つ幼い少女の無邪気な喜びを表したのだ。19世紀の道徳心の強い親にとって、『アルプスの少女ハイジ』は安心して子どもに読ませられる児童書で、出版から1年もたたずに英語に翻訳されている。

ヨハンナ・シュピリは人生の大半を、『アルプスの少女ハイジ』の舞台となったスイスのグラウビュンデン州で過ごしている。旧姓はホイッサー。小説を書き始めたのは弁護士のベルンハルト・シュピリと結婚してからのことだった。デビュー作は匿名で1870年に出版された『A Leaf on Vrony's Grave フローニーの墓の上の一葉』で、家庭内暴力を描いたものである。シュピリはその後の人生で、大人向けと子ども向けの本の執筆を続け

た。『アルプスの少女ハイジ』によって、彼女のほかの作品はすべて埋もれてしまったが、いくつかの作品は選集などでまだ入手可能である。ヨハンナ・シュピリの死後、フランス語版の翻訳者シャルル・トリッテンが大人になったハイジの続編をたくさん出しているが、どれも山の自然を愛するハイジの物語に匹敵するようなものではない。

❖ヨハンナ・シュピリの児童書

『*Uncle Titus and His Visit to the Country* タイタスおじさんの訪問』(1881年)、『*Toni, the Little Woodcarver* 小さな木彫師トニ』(1882年)、『*Gritli's Children* グリトリの子どもたち』(1883年)、『*Rico and Wiseli* リコとウィゼリ』(1885年)、『*Moni the Goat-Boy* モニとヤギ飼いの少年』(1886年)。

『宝島』

Treasure Island（1883）

ロバート・ルイス・スティーヴンソン

Robert Louis Stevenson（1850–1894）

海賊！　宝物！　決闘！　冒険小説の最高傑作である『宝島』には、子どもが夢中になる要素がすべてつめこまれている。この作品はスティーヴンソンの最初の長編小説で、そのストーリーテリングの才能は6歳から76歳までのあらゆる人々の心をわしづかみにした。

スティーヴンソンが生まれ育ったのは、スコットランドのエディンバラ北部。フォース川が流れこむ海に面した、沿岸エリアにあるリースという土地だ。祖父と父は、どちらも灯台建築技師だった。学校の長期休みにはよく父親が灯台を点検してまわるのについていって、スコットランドの海岸や島を訪れた。サー・ウォルター・スコットは、スティーヴンソンの祖父に同行して同じように各地を巡り、その経験をもとにして1822年に『*The Pirate* 海賊』という小説を出版している。今度は、その孫が偉大な作家としての道を歩んでいくことになった。父親との船旅中にじっくりと観察する機会があったおかげで、『宝島』に出てくる帆船ヒスパニオラ号はリアリティをもって細かく描かれている。これが、スティーヴンソンの初めての長編小説だった。

スティーヴンソンが『宝島』を書き始め

たのは、新婚旅行から帰ってきてすぐのことだった。妻のファニーには、前の夫との間にロイド・オズボーンという息子がいた。そこで、スティーヴンソンは物語を書いて当時14歳だった義理の息子を楽しませようとした。ロイドのアイディアも取り入れながら、スティーヴンソンはこの物語をロイドと同じ年頃の主人公ジム・ホーキンズ少年の視点から描いた。晩年には、ロイド・オズボーンとふたりで数冊の長編作品を出版している。そのなかの『引き潮』もまた航海の物語で、スティーヴンソンが亡くなった年に出版された。

ホーキンズ少年の冒険は、宝の地図を発見したことから始まる。タイトルにもなっている宝島への航海を通して、ホーキンズ少年は大人の世界に足を踏み入れていく。この世界で、善人とされるのは立派だがさえない人々で、悪人とされるのは人間味あふれる人殺しの海賊たち

だ。この善と悪の対立が見事に描かれ、両者が命をかけてしきりに接戦をくり広げる様子が『宝島』では語られる。

物語の中心となるホーキンズ少年と海賊のロング・ジョン・シルバーは、たがいに敵と味方の間を何度も行ったり来たりする。ホーキンズ少年は、しょっちゅう勝手に行動し、自分から盗み聞きをしたかと思うと、今度は人質にされ、気がつけば海賊のなかにまぎれこんでしまっ

スティーヴンソンは、実在した海賊イズラエル・ハンズを小説に登場させた。
ハンズは海賊「黒ひげ」の手下だったが、態度が反抗的だという理由で黒ひげに膝を撃ち抜かれた。

ていることがたびたびある。そして、ずる賢いシルバーは敵と味方の間をうまく渡り歩きながら、自分は命からがら逃げのびる。

『宝島』はもともと、「ヤング・フォークス」誌の連載読物として17週に分けて掲載された。そのあまりの人気ぶりから書籍化され、幅広い年齢の読者を魅了した。この作品は、それから100年後に起こる〈ハリー・ポッター〉ブームの先駆けともいえるだろう。スティーヴンソンの原作はこれまでに少なくとも25回は舞台化され、長編映画やテレビ映画になった回数も50回を超える。ファンは、あの宝の山がそもそもどうやって集められたのか、ジムとシルバーの運命はその後一体どうなるのか、想像せずにはいられない。そこで、本編以前の物語や続編が数えきれないほど生み出されてきた。

映画や舞台などさまざまな形でリメイクされながらも、そのあざやかな語りと、いやおうなく読者を引きつける登場人物の描写においては、やはり原作に勝るものはない。読者をとりこにするこの作品の魅力は、出版当初から現代にいたる多くの作家の認めるところだ。イギリスの首相を務めたウィリアム・グラッドストンは、76歳のときに『宝島』に心を奪われ、一晩でこの本を一気に読み終えたという。それも、ヴィクトリア女王への謁見を翌日に控えた1886年のことだった。そして今でも、幅広い年齢層の子どもたちが、スティーヴンソンの描いた宝の地図に胸を躍らせている。地図の宝のありかにつけられたバツ印が定番になったのは、ほかでもないスティーヴンソンの影響だ。

❖ロバート・ルイス・スティーヴンソンの児童書
『誘拐されて』(1886年)、『Catriona カトリオナ』(1892年)。

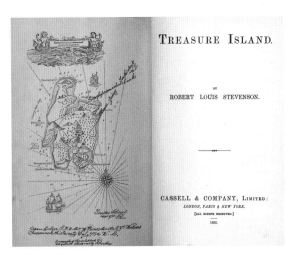

TREASURE ISLAND.

BY

ROBERT LOUIS STEVENSON.

CASSELL & COMPANY, LIMITED:
LONDON, PARIS & NEW YORK.
[ALL RIGHTS RESERVED.]
1883.

海賊の宝の地図を最初に考え出したのは、スティーヴンソンだった。この便利な小道具はすぐに、海賊物語では欠かせないアイテムとなった。

『ゾウの鼻が長いわけ
キプリングのなぜなぜ話』

Just So Stories（1902）

ラドヤード・キプリング

Rudyard Kipling（1865–1936）

エフィは、父親がおやすみ前のお話を一字一句同じように語らないと、「いつもとちがう」と文句をいった。エフィの父親はラドヤード・キプリングで、お話は『*Just So Stories*（ゾウの鼻が長いわけ）』という本になった。この「はじまり物語」は子どもにも、進化生物学者にも愛されている。

エフィはキプリングの一番上の、一番かわいがっていた子どもで、キプリングが語るお話をききながら眠ることが多かった。しかしキプリングが言葉や言い回しを変えると目を覚まして訂正した。そのため『ゾウの鼻が長いわけ』には、覚えやすいくり返しがたくさんみられる。たとえば、キプリングがたえず読者に語りかける「親愛なるみなさん」という呼びかけや、表題作に登場する「よどんだ緑の大きな川、どんより流れるリンポポ川、岸辺にはぎっしり生えてる、アカシアの木々」というリズミカルな表現などだ。

『ゾウの鼻が長いわけ』に収められているのは、ものごとのはじまりを語る空想物語で、そのほとんどが、さまざまな動物がなぜそれぞれの特徴を持つようになったかを説明している。「ラクダにこ

ぶがついたわけ」、「ヒョウに斑点がついたわけ」といった具合だ。起源神話の形をとってはいるが、動物の特徴はいきなりつけ加えられたものではなく、時間をかけて発達したものであるという、一片の真実を含んでいる。ゾウの鼻はワニに引っぱられて伸びたわけではなく、進化の過程を経て長くなったのだ。

『ゾウの鼻が長いわけ』は軽妙な文体でユーモアにあふれているため、眠る前に声に出して読むのにぴったりだ。そして同時に進化の概念を子どもたちに教えている。進化はお話ほど急激には起こらないが、たしかに起きているのだ。

ラドヤード・キプリングの作品には、彼が生きていた当時絶頂期にあった大英帝国的なものが反映されている。キプリングは、イギリス人の植民地への責務について書いた「The White Man's Burden

白人の重荷」などの詩によって「帝国の詩人」と呼ばれるようになった。キプリングはたしかに国を愛していたが、やみくもに愛国的だったわけではない。たとえば「Recessional 退場の歌」という詩には、帝国のもろさが感じられる。

また、キプリングの作品がすべて帝国主義的というわけではない。『少年キム』(1901年)はアジアにおけるロシアとイギリスの軋轢が軸になっているが、『Stalky

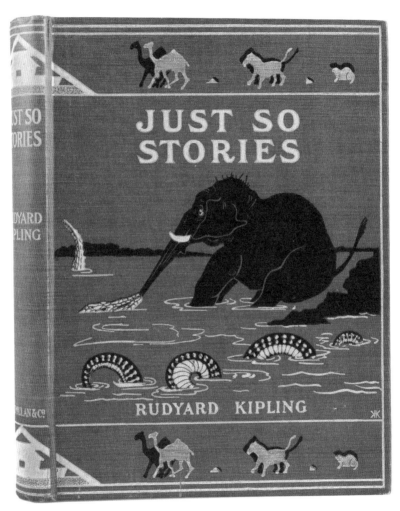

『ゾウの鼻が長いわけ』(原題『Just So Stories』)は、
キプリングの娘「エフィ」ことジョセフィン・キプリングのために書かれたもので、
エフィはこのお話を「いつもどおりに(Just So)」一字一句たがわずに語ってもらうのが好きだった。
残念ながら、キプリングの子どもたちのうち、成人になるまで生きられたのはエルシーだけだった。

and Co ストーキーと仲間たち』(1899年)は（ほとんど）学校生活の物語で、登場人物たちは愛国心に対して非常に冷笑的だ。キプリングを再評価すべき時期がきているのかもしれない。児童書では、キプリングの帝国主義的な考えはかなりはっきり読み取れる。『ジャングル・ブック』(1894年)と続編の『続ジャングル・ブック』(1895年)は、その題名や動物主体の物語構成から見過ごしがちだが、本質的には人間の行動についての寓話だ。

　キプリングはインドでイギリス人の両親のもとに生まれた。両親は結婚前にイギリスのラドヤード湖で会っていたため、息子にその湖の名をつけた。成長したラドヤードを、両親はイギリスの寄宿学校に送った。『ジャングル・ブック』でモーグリが親に捨てられるのは、寄宿学校の無慈悲な教師たちの手に自分が委ねられた記憶を投影しているといわれている。『ゾウの鼻が長いわけ』の中にもともと入っていたトラのしまの由来話は、『続ジャングル・ブック』でも語られている。

　出版に向けて編集者とともに『ゾウの鼻が長いわけ』を完成させる作業は、ラドヤード・キプリングにとって楽しくもつらいものだっただろう。子ども向けの雑誌に3編の物語が掲載されるのを見届けたあと、長女のエフィは肺炎でこの世を去り、本の出版をみることはなかった。

❖ ラドヤード・キプリングの児童書
『ジャングル・ブック』(1894年)、『続ジャングル・ブック』(1895年)、『Captain Courageous 勇敢な船長』(1897)、『Stalky and Co ストーキーと仲間たち』(1899年)、『少年キム』(1901年)。

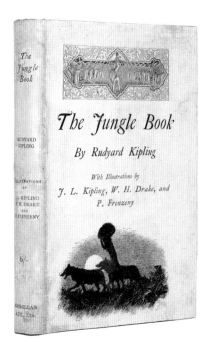

キプリングの最も有名な作品『ジャングル・ブック』(1894年)。

『ピーターラビットのおはなし』

The Tale of Peter Rabbit（1902）

ビアトリクス・ポター

Beatrix Potter（1866–1943）

ビアトリクス・ポターがペットのウサギ、ピーターとベンジャミンから発想を得て書いた物語シリーズは、歴史的なベストセラーとなった。孤独な子ども時代から生まれたお話が、世界中の多くの人々に喜びをもたらし、その成功が、イギリスで大切にされている風景の保存に一役買っている。

ビアトリクス・ポターの先祖は裕福で、北イングランドに綿紡績工場を所有していたが、ビアトリクス自身は父親が弁護士として活躍していたロンドンで育った。ビアトリクスと弟のバートラムは自宅で教育を受け、親戚も遠くに住んでいたため、同世代の子どもと接する機会はほとんどなかった。休暇は家族でイギリスの湖水地方やスコットランド北部の高地で過ごした。

ビアトリクスは、両親の影響もあって、田園での生活や風景を愛するようになり、鉛筆や絵の具でスケッチをして過ごした。家にはさまざまなペットがいた。スポットはスパニエル犬、ピーター・パイパーという名のウサギは、ベンジャミンという先代のあとにきた。自然への興味から、科学の知識を貪欲に吸収するようになったビアトリクスは、植物、とりわけキノコ類を正確に写生して、絵の腕前をあげていった。

両親は次々と家庭教師を雇い、バートラムとビアトリクスの教育にあたらせ

ビアトリクス・ポターが病気のノエル・ムーアに送った心躍る絵入りの手紙。

た。最後の家庭教師アン・ムーアは、ビ
アトリクスのわずか3歳上で、指導者で
あると同時に友人や話し相手にもなっ
た。アンが家庭教師を辞め、子どもを産
んでからもふたりの交流は続き、ビアト
リクスはアンの子どもたちに叔母のよう
に接した。頻繁に手紙を書き、余白には
ペン描きの挿画を添えた。

1893年の夏、アンの息子ノエルが病気
になったとき、スコットランドで休暇を

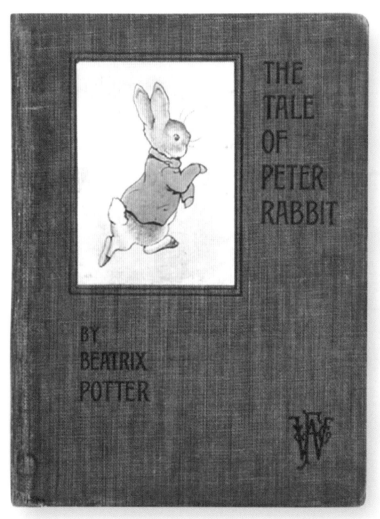

フレデリック・ウォーン社版の初期の『ピーターラビットのおはなし』。
同社が当初、出版を断ったのは、線画ではなく色つきの挿画を入れるべきだと考えていたからだった。
ウォーン社ではこの作品を「ウサギの本」と呼んでいた。

過ごしていたビアトリクスは、ノエルを励ますために手紙のやりとりをした。夏が終わる頃には話題が尽きたため、代わりにこう書いた。「あなたにお話をしてあげましょう。4ひきの小さなうさぎのお話です。なまえは、フロプシー、モプシー、コットンテールにピーターといいます」。この文章と、そこに添えられた挿画が、『ピーターラビットのおはなし』の最初の原稿となった。

アン・ムーアからお話を本にするよう勧められたビアトリクスは、1901年、どこの出版社からも断られたあげく、自費で250部——いまとなってはひと財産の価値がある初版本——を出版した。その

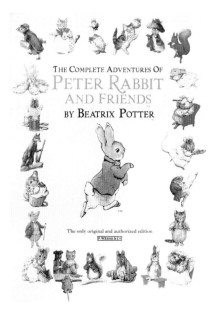

ポターは、色つきの挿画を入れるべきだという出版社の意見に対し、ウサギの茶色や緑色は地味だからといって断ったが、その後、出版された控えめな色調の絵によって、作品は長く愛されるようになった。

売れ行きがよかったことから、フレデリック・ウォーン社という出版社は、作品に対する評価を変えた。そして新たにフルカラー版の『ピーターラビットのおはなし』が出版され、最初の年だけで2万部が売れた。

物語も魅力的だが、最大の特長はビアトリクスの挿画にあり、読者はいやおうなく引きつけられる。シンプルで、はっきりとした、動きのある場面、そして——何よりも重要なのは——動物の目の高さで描かれている絵。その結果、読者はピーターの冒険をピーターの視点からみることができる。ピーターはつねに読者に一番近い位置にいて、大敵である畑の持ち主のマクレガーさんは、ピーターの背後の離れた場所にいる。そしてピーターに大きな危機がおとずれる。怒ったマクレガーさんにふるいをかぶせられそうになるのだ。読者は、青い上着をなくし、みずから招いた災難に困りはてて泣きだしたピーターの痛みと悲しみを、自分のことのように感じる。

ビアトリクスはピーターの先代のベンジャミンも『ベンジャミンバニーのおはなし』に登場させている。また、リスのナトキンやカエルのジェレミー・フィッシャーなど、彼女の作品の主人公の多くは、ノエル・ムーアとの文通の中で生まれていた。ビアトリクス・ポターは全部で23の「おはなし」を書き、その売り上げで、愛する湖水地方の多くの土地を買い、将来の世代のために保全することができた。

『鉄道きょうだい』

The Railway Children (1906)

イーディス・ネズビット

E. Nesbit (1858–1924)

『鉄道きょうだい』が今でも人気なのは、1970年の映画化作品『若草の祈り』によるところが大きいとはいえ、7世代にわたって子どもたちをわくわくさせてきたことはたしかだ。それは作者が、愛情をこめて登場人物を描きながらも、彼らをリアルな危機にさらすことをためらわなかったからだ。

イーディス・ネズビットが登場するまで、子どもに人気の読み物は『水の子どもたち』、『不思議の国のアリス』、『たのしい川べ』など、どれも空想の世界にいざなうものだった。現代の子どもたちのお話を創作したのはネズビットが初めてだといわれるのは、現実の危機を子どもの視点でとらえることができたからだ。ネズビットは、ちゅうちょなく魔法も登場させたが、物語の中の子どもたちは、現実世界の難題や危険に直面していた。

たとえば『鉄道きょうだい』では、父親（スパイの濡れ衣を着せられて投獄されている）のいない家庭が経済的に苦しくなったため、地方に転居する。母親は出費をおさえるため、家で子どもたち——ロバータ、ピーター、フィリス——に勉強を教え、短い物語を書いて原稿料を得ている。さらにやりくりのため、ピーターは石炭を盗む。あるとき、子どもたちが暮らしている場所の近くで地すべりが起き、列車が脱線する危険が発生した。その列車がきっかけで、子どもたちは裕福な老紳士と出会って仲良くなり、その列車によって、物語の最後で子どもたちに救いがもたらされる。

作品には、1904年から1905年にかけての日露戦争や、一家が世話をするロシアの亡命者など、この時代のできごとが登場する。その後、物語の展開の中で、子どもたちが父親との再会を待ち望むのと呼応するように、亡命者は自分の家族をさがす。ネズビット自身はマルクス主義を信奉し、1884年にはフェビアン協会の創設メンバーとなった。社会主義者のグループであったフェビアン協会からは、1900年にイギリスの中道左派政党である労働党が生まれた。

子どもたちの父親の身に起きたできごとは、ドレフュス事件からヒントを得た可能性がある。フランスの陸軍将校ドレ

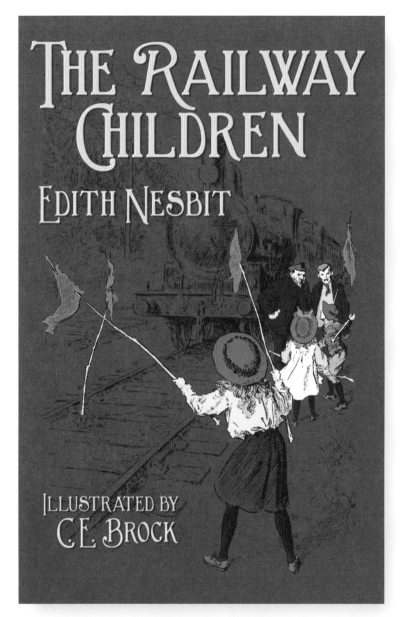

THE RAILWAY
CHILDREN

EDITH NESBIT

ILLUSTRATED BY
C.E. BROCK

ネズビットの『鉄道きょうだい』は、エイダ・グレイプスの
『The House by the Railway 線路沿いの家』(1896年)に驚くほどよく似ている。
どちらの作品でも、クライマックスで子どもたちが近づいてくる機関車に危険を知らせる。
グレイプスの物語では子どもたちは赤い上着を振り、
『鉄道きょうだい』のロバータとピーターとフィリスは女の子の赤いペチコートを使った。

フュスがスパイの罪を着せられた事件
で、フランス領のディアブル島にある監
獄から釈放され、ようやく無罪が確定し
たのは『鉄道きょうだい』が出版された年
のことだった。イーディス・ネズビット
は3歳のときに父親を亡くしており、作
品の中で父親が大きな存在感を持つこと
が多い。初めて書いた子ども向けの読み
物『宝さがしの子どもたち』(1899年)で
は、母親を亡くした子どもたちが、破産
した父親のために現金を手に入れようと
奮闘する。

　『鉄道きょうだい』の冒険のきっかけと
なった貧困というテーマは、ネズビット
ののちの作品『アーデン城の宝物』(1908
年)でふたたび登場する。この作品では
主人公たちが時間旅行も経験するが、時
間旅行というアイディアはネズビットが
『魔よけ物語』(1906年)で最初に使ってい
る。この『魔よけ物語』が3作目となる『砂
の妖精』(1902年)、『火の鳥と魔法のじゅ
うたん』(1904年)からなる三部作では、ネ
ズビットの空想力が存分に発揮されてい
る。主人公である5人のきょうだいは、
偶然「それ」と出会う。それはサミアドと
いう名の不思議な砂の妖精で、子どもた
ちの望みをかなえてくれるのだが、いつ
も愉快な騒動になってしまう。

　ネズビットの子どもたちのリアルな描
写は、アーサー・ランサム(『ツバメ号とア
マゾン号』)、P・L・トラヴァース(〈メア
リー・ポピンズ〉シリーズ)、C・S・ルイス

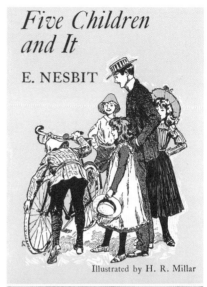

『砂の妖精』を「エドワード時代の『E.T.』」という人もい
る。

(〈ナルニア国物語〉シリーズ)をはじめ、のち
の多くの作家に影響を与えた。『鉄道
きょうだい』には魔法の要素も続編もな
い。結末がすべての登場人物にとって
(そして読者にとって)とても満足のいくも
のであるため、その後のことを知る必要
がないのだ。

✤イーディス・ネズビットの児童書
『宝さがしの子どもたち』(1899年)とその
続編、『砂の妖精』(1902年)とその続編、
『アーデン城の宝物』(1908年)とその続編。

『赤毛のアン』

Anne of Green Gables(1908)

L・M・モンゴメリ

L.M. Montgomery(1874–1942)

カナダの作家ルーシー・モード・モンゴメリはデビュー作に、自分の子ども時代をふんだんに盛りこんだ。舞台はプリンスエドワード島にあるアヴォンリーという架空の町。グリーン・ゲイブルス農場に引き取られた孤児の成長物語は以来、世界中の人々に愛されている。

主人公は、本のタイトルになっているアン・シャーリー。11歳の少女アンは手違いで、孤児院からグリーン・ゲイブルズ農場に送られた。農場を経営するカスバートきょうだい、兄のマシューと妹のマリラが望んでいたのは、力仕事のできる男の子。マリラはアンを送り返そうとする。しかしマシューは妹をどうにか説得し、アンをこの家に引き取る。生まれて初めて「我が家」に落ち着き、学校で友だちを作り、クラスでも才能を発揮するアン。その溌剌とした、ときには人騒がせな性格は、アヴォンリーの人々の気持ちを明るくする。

16歳になったアンは教師を目指し、大学に進学するまで通常は2年かかるところを1年で修了できる課程に進むことになる。ところが、経済恐慌のショックでマシューが亡くなり、アンはカスバート家の家計を助けるために、仕事を探す。グリーン・ゲイブルズから近い学校

で教師の仕事がみつかったので、悲しみに暮れるマリラのそばにずっといられるようになる。この仕事につけたのは、幼なじみのギルバート・ブライスのはからいだ。アンは小学校の頃からギルバートを嫌っていたが、ギルバートのほうは初めからアンが好きだった。ふたりは友情を育み、アンは将来の夢を思い描くようになる。この作品には続編がいくつもあり、アンの娘時代、初恋や結婚、そして母になったアンが描かれていく。

モンゴメリ自身は孤児ではない。しかし、2歳のときに母親を亡くし、父親に里子に出され、祖父母と暮らした。7歳のとき、父親は遠方にあるノースウエスト準州に引っ越すが、モンゴメリはプリンスエドワード島のキャヴェンディッシュに残り、祖父母と暮らし続ける。孤児の少女アンと同じように、モンゴメリは教員免許を通常の2年ではなく1年でとれる課程に進学を認められ、大学では英

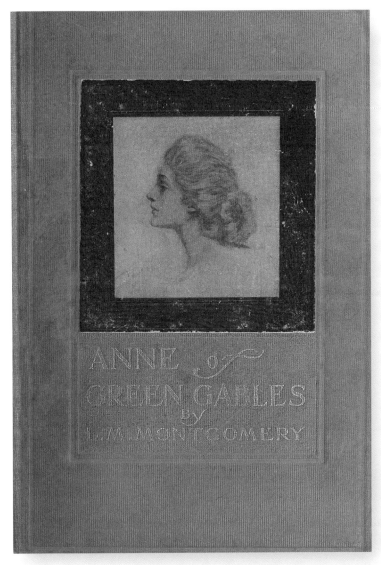

『赤毛のアン』の初版本は、年齢の高い読者層に好評だった。

文学を専攻した。プリンスエドワード島
のなかで教職を転々としたあと、キャ
ヴェンディッシュにもどり、祖父に先立
たれた祖母の世話をした。アンがマリラ

の世話をしたのと同じように。

　モンゴメリは人生でふたつのことを、
こよなく愛していた。文章を書くこと
と、自然にふれることだ。このふたつの

おかげで、なにかと恵まれなかった人生の折々で、現実を忘れることができた。『赤毛のアン』は、ストーリー展開についての素材メモをもとに書いた作品だ。そのメモは、モンゴメリがまだ娘の頃に書いたものだった。

デビュー作『赤毛のアン』がヒットすると、モンゴメリは新たな登場人物エミリー・スターを考え出す。エミリーも孤児で、孤児院からニュームーン農場に引き取られた。ただしエミリーの資質、特に、文章の才能は、アンよりもはるかに作者モンゴメリに近い。

だからなおさら、モンゴメリとアンとエミリーの存在感が生き生きと読み手に伝わる。プリンスエドワード島をのんびりと歩くとき、モンゴメリはときおり「ひらめき」、つまり、魂が安らぐ満ち足りた瞬間を味わい、「その向こうにある魅惑の王国を垣間見た」という。そういうとき、身近な自然を通して神のような存在とつながるように思え、それをモンゴメリは「理想の美の王国」と表現した。

モンゴメリが書いた20の小説のうち、アンが登場するのは9作品。それ以外にもふたつの短編集に、アンと架空の町アヴォンリーの人々が描かれている。エミリーは3作品に登場する。モンゴメリはまた毛色の違ったヒロイン、パット・ガーディナー(この子だけが孤児ではない)の物語をふたつ書いた。パットは家族の愛に包まれ、家での暮らしを大切にしながら成長する。L・M・モンゴメリはいつまでも変わらず、カナダの人気作家だ。

❖L・M・モンゴメリの作品

『アンの青春』(1909年)、『アンの夢の家』(1917年)、『アンの幸福』(1936年)、『アンの愛の家庭』(1939年)、『アンをめぐる人々』(1915年/1920年)、〈可愛いエミリー〉(1923年)シリーズ、〈銀の森のパット〉(1933年)シリーズ。

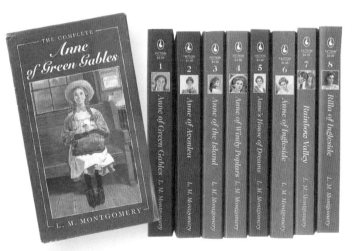

モンゴメリの自然描写は、アンの目を通してみた身の回りの世界として示される。アンはものごとを人一倍繊細に、全身で受け止める。だからこそそんなアンの姿は、読者にも、アヴォンリーの人々にも忘れられない印象を残す。

『たのしい川べ』

The Wind in the Willows（1908）

ケネス・グレアム

Kenneth Grahame（1859–1932）

年寄りの賢いアナグマ、物知りでのんびり屋の川ネズミ、ひかえめで誠実なモグラ、それから忘れてならない、心根のやさしい、向こうみずでわが道をいくヒキガエル――ケネス・グレアムが描く川のほとりに暮らす想像上の仲間たちは、出版当時の評価にはがっかりしたが、その後1世紀にわたって、読者を楽しませている。

『た』のしい川べ』は起伏のある物語だ。中心となるのは、ヒキガエルのスリル満点の冒険である。流行りものに目がないヒキガエルは、盗んだ車で事故を起こして刑務所に入れられるが脱出する。そして、その間にヒキガエルの屋敷を占領していたイタチとオコジョと戦って屋敷を彼らから取りもどすのだ。だが、この核となる冒険談のほかにも短いエピソードが散りばめられている。

短いエピソードで描かれるさまざまな感情や動物たちを通して、作品の中心テーマがみえてくる。アナグマの言葉を借りれば、「ひとつの世界は、あらゆる種類の生きものがいなくてはつくられない」ということだ。グレアムは、すばらしい面と尊敬できない面をあわせ持つ一筋縄ではいかないキャラクターを生み出した。たとえば、ヒキガエルは楽天的で気前はいいが、ひどく傲慢でうぬぼれが強いという一面もある。

このようにさまざまな面を持つ動物たちは、作者自身の複雑な人生の産物といえる。グレアムはスコットランドのエ

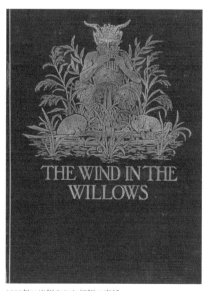

1909年に出版された初版の表紙。

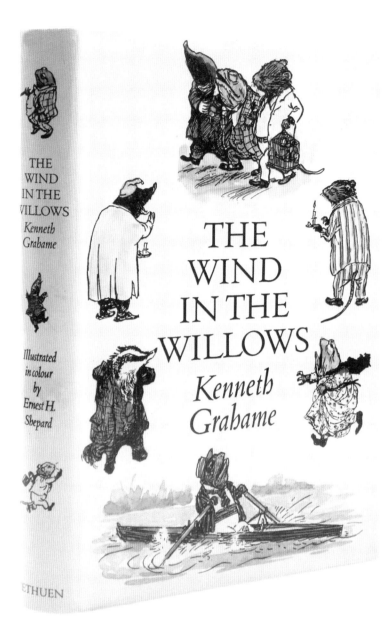

E・H・シェパードの挿絵が目を引く『たのしい川べ』。
グレアムはテムズ川の近くにあるバークシャー州クッカム・ディーンという田舎町で育った。
その後、オックスフォードのセント・エドワーズ・スクールに入学。

ディンバラで生まれたが、母の死をきっかけに父が酒におぼれ、イングランド北部に住む祖母のもとに預けられた。グレアムはテムズ川上流のほとりにある祖母の家で初めて、田舎暮らしを経験し野生の小動物とふれ合った。

グレアムはイングランド銀行に勤務していたが、1903年、この銀行に恨みを持つ「頭のおかしい社会主義者」がグレアムに向かって銃弾を3発撃った。弾はすべてはずれたが、おそらく心的外傷後ストレス障害に苦しんでいたと思われる。というのも1908年に早期退職を余儀なくされ、バークシャーで田舎暮らしを送ることになったからだ。その地でグレアムは、就寝前に幼い息子アラステアに読みきかせていた物語を文章にした。そうしてできたのが『たのしい川べ』だ。1900年に早産で生まれたアラステアは、生まれつき片方の目が見えず、慢性的な体調不良に苦しんだ末、19歳のときに自ら命を絶ってしまった。

『たのしい川べ』はもともと文章のみで出版されたが、人気を博したため、初版以降、美しい挿絵を添えた版が続々と世に出た。イギリスの挿絵画家アーサー・ラッカムの版もある。最も有名なのは、A・A・ミルンの『クマのプーさん』の挿絵を描いたE・H・シェパードの版だろう。偶然にもミルンは、1929年に『たのしい川べ』を初めて戯曲化した作家でもあった。その戯曲のタイトルは『ヒキガエル館のヒキガエル』。

初期作品のなかには、『黄金時代』(1895年)や『Dream Days 夢みる日々』(1898年)といった、子どもの頃の思い出を現実と空想を混ぜて描いた短編集がある。これらの初期作品は当時とても好評で、批評家たちは『たのしい川べ』にはそのような魅力がみられないと批判した。『Dream Days 夢みる日々』がよく知られているのは、グレアムのなかで最も有名な短い物語「のんきなりゅう」が収録されているからだ。この話は、思いやりのある視点で描かれ、悪者として描かれてきたりゅうのイメージをくつがえしている。

『たのしい川べ』はグレアムの傑作だが、彼はほかにそう呼べる作品を残せなかった。とはいえ、グレアム亡きあとの1949年、元気いっぱいのブタの物語『おさわがせなバーティくん』がふたたびE・H・シェパードの挿絵で出版された。『たのしい川べ』にくらべると平易な文章で書かれたシンプルな物語だが、登場人物のグレアムさんとA・Gという男の子(おそらく息子のアラステア・グレアム)の存在を考えると、家族で楽しむために個人的に書かれたものではないかと思われる。これは、ヒキガエルと仲間たちの型やぶりな世界観を描いた『たのしい川べ』の前に読んでもらいたい入門書のような愉快な作品だ。

『ピーター・パンとウェンディ』

Peter and Wendy(1911)

J・M・バリー

J. M. Barrie(1860–1937)

小説の登場人物の偉大さが証明されるのは、その名が比喩として語彙に加わるときだ。永遠の若さの象徴であるピーター・パンは、1904年のクリスマスにロンドンのウエストエンドで舞台デビューして以来、いまでも人々の心をとらえている。

ピーター・パンは、バリーの大人向けの小説『小さな白い鳥』(1902年)で初登場する。社会批評とファンタジーがひとつになったこの作品は、ロンドンのケンジントン公園とその周辺が舞台となっている。ここに登場するピーター・パンは生後7日の赤ん坊で、自分が鳥だった頃のことを思い出して家の窓から飛び立つ。このアイディアはバリーの心をつかんだのだろう。『小さな白い鳥』で、挿入話としてもともと1章だけの予定だったこのエピソードは、最終的には6章分にわたる、中身の濃い話にふくらんだ。

これだけでは満足せず、バリーはさらに舞台劇『ピーター・パン、あるいは大人になろうとしない少年』で、ピーター・パンを描いた。この劇はクリスマス向けの演目として、1904年12月27日にデューク・オブ・ヨーク劇場で初めて上演された。バリーの出版社の妙案で、

『小さな白い鳥』のピーター・パンが出てくる章だけを抜粋し、1905年に単行本『ケンジントン公園のピーター・パン』として出版することになった。この作品には、当時の屈指の挿画家アーサー・ラッカムの挿画が添えられている。

現代のわたしたちにもなじみのある劇のストーリーに肉付けして、バリーは小説版の『ピーターとウェンディ』を書き上げた(1911年初版)。脚本のほうは何度も手直しを重ね、1928年に5幕の決定版を発表した。ピーターが主人公というのは最初からずっと変わらないが、この小説と脚本では新たに、ウェンディ・ダーリング、ウェンディの弟のジョンとマイケル、ネバーランドの迷い子たち、ピーターの守護妖精ティンカー・ベル、最大の敵である海賊のフック船長が登場する。

作中では、妖精の粉が舞ったり、とんでもない冒険がくり広げられたりするだけでなく、家族とは、子ども時代とは、

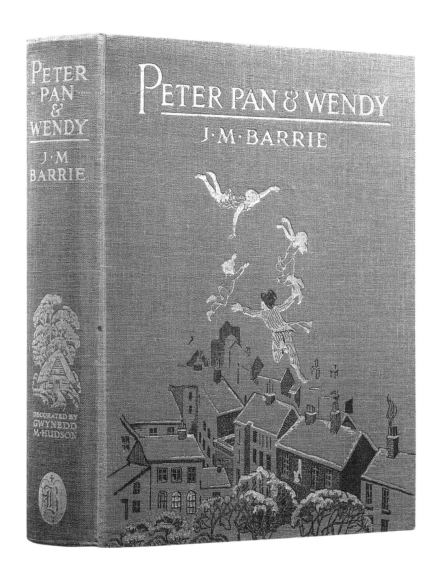

バリーの小説『小さな白い鳥』(1902年)に初登場したとき、
ピーター・パンは生後7日の赤ん坊で、子ども部屋からケンジントン公園に飛び立った。
初版(1911年)では『ピーターとウェンディ』というタイトルだったが、
後に『ピーター・パンとウェンディ』と変更された。

無邪気さとは何かといった哲学的な問題も提示される。そして、妖精はいると心から信じたときにだけ魔法はかかると語りかける。ウェンディは成熟した愛情を与えることができるが、ピーターにはそれはできない。永遠の少年として未成熟の自分に封じこめられているからだ。この状態をバリーは「無邪気で残酷」と表現している。

ピーター・パンが生まれたのは、胸が痛くなるようなあるできごとがきっかけだったといえるかもしれない。バリーが6歳のとき、次兄のデイヴィッドが、アイススケートをしていたときに事故で溺死した。母は愛する息子を亡くした悲しみから立ち直れず、幼いバリーとデイヴィッドのことを語り合い、永遠に若いままのデイヴィッドの思い出をとどめよ

うとした。バリーは兄そっくりになろうと、口笛の吹き方をまねたり、兄の服まで着たりした。1896年、バリーは母の伝記『*Margaret Ogilvy: Life is a Long Lesson in Humility* マーガレット・オグルヴィー──人生とは謙虚さを学ぶための長い授業』を発表した。

いつの時代でもピーター・パンにひかれる人は多く、ピーターのその後を描いた非公認の続編が数多く誕生した。バリー自身も劇の最後のシーンに後日談ともいうべき「ウェンディが大きくなって」を付け加えている。これがもとになって映画『ピーター・パン2 ネバーランドの秘密』(2002年)が制作された。

ピーター・パンは世界共通の永遠の若さの象徴になった。ウォルト・ディズニーは1953年に本作をアニメ映画化したあと、妖精の粉をふりまくティンカー・ベルを映画のタイトルバックのマスコットキャラクターにした。子どもが中に入って遊ぶ小型のプレイハウスは、迷い子（ロストボーイズ）たちがウェンディのために家を建ててから、ウェンディハウスと呼ばれ続けている。J・M・バリーは、ピーター・パンが登場する全作品の著作権を、ロンドンにあるグレート・オーモンド・ストリート小児病院に遺贈した。以来、多額の遺産が同病院の運営に役立っている。

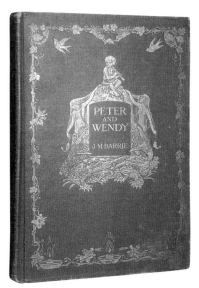

最初のタイトル『ピーターとウェンディ』の初版。

『秘密の花園』
The Secret Garden(1911)

フランシス・ホジソン・バーネット
Frances Hodgson Burnett(1849–1924)

この作品は今でこそ児童文学の古典だが、山あり谷ありの人生ドラマとも
いえるこの作品は、生前はほとんど注目されず、生涯書き続けたバーネッ
トのほかの作品や戯曲ばかりが脚光を浴びていた。現在ではこの作品は、
まさしく作中の「秘密の花園」と同じように、再び見直されている。

「回復」——これが、バーネットの人生と、『秘密の花園』の奥底に共通して流れるテーマだ。主人公のメアリー・レノックスは召使にわがままをいい放題で育ったが、両親にはかまってもらえなかった。だから、隠された庭園を探しながら、人のために行動を起こすことや思いやりを学ばねばならなかった。いとこのコリンは親にほったらかされて脚が不自由になり、背骨の手術をしてからはずっと寝たきりだった。だから、また歩けるようになるよう、練習をしなければならなかった。四方を塀に囲まれた庭園のバラは、枯れてしまっていた。コリンの母が病死した後は、だれもなかに入れないよう扉は鍵をかけられ、閉ざされていたからだ。バラは、愛情をもって一生懸命世話をすればよみがえり、また花を咲かせられる。メアリーやコリンも同じだ。そして、植物だけではなく、ふたりの主人公にも手を差し伸べたのは使

用人の弟、ディコンだ。この野生児ディコンが、この物語で大切な役割を果たす。

　バーネットも同じように、幸と不幸をひとしきり味わった。生まれ故郷であるイギリスのマンチェスターでは、銀や鉄製の高級装飾器具を扱っていた父親の商売は成功していた。ところが一家はふたつの災難にみまわれる。まず、父親が心臓発作で突然亡くなった。続いて南北戦争が始まるとアメリカから綿花が入らなくなり、綿織物産業に支えられたマンチェスターの景気が悪化した。家族の暮らしは苦しくなり転居を重ねたが、引っ越すたびに住む家は小さくなった。庭のある家に住めなくなったのをバーネットは当時、とても悲しく思ったらしい。

　バーネット一家はおじの招きでアメリカのテネシー州に移り住む。その土地で、おじが営む食料品店は繁盛していた。ところが戦争の特需で潤っていたおじの事業も、戦争が終わると縮小し、

バーネットの家族を助けられなくなっ
た。一家はしかたなくその家を出て、丸
太小屋に住むことになる。そのときバー
ネットは家族を支えるために短編を書き
始めた。以降は亡くなるまで、ものを書
くことで貧しさから逃れた。バーネット
は仕事中毒だった。本人の言葉を借りる
なら、「ペンを走らせる機械」となった。

　デビュー作『ローリィんとこの娘っこ』
（1877年）の評判は上々だった。1879年に

知人の紹介でルイザ・メイ・オルコット
に出会ってからは、子ども向けの本も書
くようになった。1881年には、一般向け
の戯曲『Esmeralda エスメラルダ』を発
表。この作品は19世紀におけるブロード
ウェイ最長公演を記録した。

　こんなペースで仕事を続けていたら、
体がもつはずがない。バーネットは極度
の疲労とうつ状態にみまわれ、苦しむよ
うになった。そのせいで、執筆活動はし

ばしばバーネットの気晴らしでありながら、逃げたくなるそもそもの原因にもなった。結婚生活が破綻するとアメリカとイギリスの間を行き来し、イギリスでは郊外の大きな屋敷、グレート・メイサム・ホールに何年も住んだ。この館には広々とした庭園があった。トラブル続きの二度目の結婚生活を解消したあとのバーネットはこの地で元気を取りもどし、物語の原案を書き上げた。これがのちに、『秘密の花園』となる。

　バーネットの生前、最も評価された作品は『小公子』（1866年）だ。貧しかった少年が大金持ちになるこの物語の主人公セドリックのモデルはバーネットの実の息子、ヴィヴィアンだ。バーネットが望んでいたのは娘だったが、ヴィヴィアンに愛情を注ぎ、フリルたっぷりのヴェルヴェットの上着とズボンを着せ、長い髪は巻き毛にした。現在ではこの作品はあまり読まれなくなったが、英語ではこの『小公子』の主人公を表す「小さなフォントルロイ卿（Little Lord Fauntleroy）」というフレーズは、恵まれた上流階級の子女の代名詞としてよく使われるようになる。

　バーネットにはもうひとつ、子ども向けの名作『小公女』（1905年）があるが、この作品は『秘密の花園』の構想を温めている間に書かれた。『秘密の花園』と『小公子』を足して2で割ったようなストーリーで、『小公女』の主人公セイラは『秘密の花園』のメアリーと同じように、父親がインドに駐在している。イギリスにいたセイラに次々と災難が降りかかり、しま

いには何もかも取り上げられる。そこに、『小公子』のセドリックのように思いもよらぬ財産が入り、人生が変わる。『秘密の花園』では変化のきっかけは財産ではない。努力と人への思いやりが実を結び、登場人物全員に幸福な結末をもたらす。

❖ フランシス・ホジソン・バーネットの児童書
『小公子』（1886年）、『小公女』（1905年）、〈Queen Silver-Bell 銀の鈴の女王〉シリーズ（1906年）、『消えた王子』（1915年）。

多くの子どもの古典名作がそうであるように、『秘密の花園』の挿画もまた、第一線で活躍するアーティストが手がけた。この1956年版は、E・H・シェパードが描いている。

『ジャスト・ウィリアム』
Just–William（1922）

リッチマル・クロンプトン
Richmal Crompton（1890–1969）

典型的なイギリスの男子生徒ウィリアム・ブラウンは、いつもトラブルを起こす。そのトラブルは自分のせいでないこともあるが、都合の悪い真実をうまくごまかそうとして自分で引き起こすこともある。男の子ならだれでもウィリアムと同じ体験をしているだろう。

トラブルを起こす生徒というのは児童書では人気があり、読者は主人公に共感しやすい。アメリカでは、学校嫌いのトム・ソーヤーやハックルベリー・フィンが思い浮かぶ。イギリスでは階層化された階級システムによりさまざまな種類の学校が存在するが、そうした主人公は何人か挙げられる。年代順にいうと、フランク・リチャーズの上流階級の寄宿学校で悪ふざけする男子生徒ビリー・バンター（1909年の作品）とアントニー・バカリッジのジェニングズ（登場したのは1950年）で、リッチマル・クロンプトンのウィリアム・ブラウンはこの中間に登場する。

ウィリアムと仲間の少年、ジンジャー、ヘンリー、ダグラスは、イギリス南部の村で48年間、いかにもイギリスの中流階級の子どもらしい騒動を起こす。ウィリアムは1930年代のファシズムや第二次世界大戦で疎開してきた子ど

も、1950年代の宇宙開発レース、1960年代のポップミュージックの出現を目の当たりにする。だが39冊の本を通して1日も年を取らず、永遠に11歳のままである。

ウィリアムがデビューしたのは、第一次世界大戦の被害からイギリスの社会秩序がかなり回復した直後だった。ウィリアムはほかの作品に登場する寄宿学校のライバルにくらべると、普通の男子生徒だ。普通の学校に通い、冒険するのは特権的なイギリスの私立学校の寮や教室ではなく、自宅や地域の周辺だ。最初の短編集に収められた作品のひとつ、「Just–William ジャスト・ウィリアム」では、ウィリアムが貴族のお屋敷で使用人の仕事をみつけるという設定でそのことを強調している。

ウィリアムは、世間一般の男の子と同じく、意に沿わないことや性に合わないことをしょっちゅうやらされる。「Just–William ジャスト・ウィリアム」でやら

ウィリアム・ブラウンが初めて登場したのは、1919年、
「ホームマガジン」誌に掲載された短編「Rice Mould Pudding ライスプディング」だった。

されるのは、結婚式での花嫁の付き添いや禁酒会議への出席、4人グループを作るきっかけになったベビーシッターだ。ウィリアムは女の子に興味を持つ年頃で、先生に恋をする話や、兄の彼女に恋心を抱いて兄と張り合う話もある。

男子生徒が主役になるシリーズものでは格好のコメディ要素となる、甘やかされて育った舌っ足らずな女の子、ヴァイオレット・エリザベス・ボットは5巻の『Still William スティル・ウィリアム』(1928年)でようやく登場する。「声がかちゅれるまで、ちゃけんで、ちゃけんで、ちゃけんでやる」という彼女の脅し文句により、ウィリアムは判断がにぶって自分たちのグループについ彼女を入れてしまうことがよくある。

ウィリアムは顔に泥を散らして膝にす

り傷のある、どこにでもいそうなやんちゃな男子生徒だ。そのため、作者のリッチマル・クロンプトンが女性で、聖職者の娘のための寄宿学校に通っていたと知って多くの人が驚く。彼女は女性参政権運動の活動を通して、闘うことの意味を知り、男女の不平等についての作品も残した。たとえば短編集の『A Monstrous Regiment 怪物連隊』(1927年)や『Ladies First レディ・ファースト』(1929年)などがそうだ。

リッチマル・クロンプトンは教師になって女子校に勤務していたが、作家として成功すると退職した。ウィリアムのモデルとなったのは甥のジャックとトミーだったとされている。また、ウィリアムの話が彼の故郷から離れることがないのは、彼女がポリオにかかって歩行が困難になったせいだといわれている。

❖ リッチマル・クロンプトンの児童書
『Enter-Patricia パトリシア』(1927年)、『Jimmy ジミー』(1949年)、『Jimmy Again ジミー、ふたたび』(1951年)、『Jimmy the Third またまたジミー』(1965年)。

『William and the Masked Ranger ウィリアムと仮面レンジャー』は1966年、シリーズの最終作『William the Lawless やんちゃなウィリアム』は1970年に出版された。

『ビロードのうさぎ』

The Velveteen Rabbit(1922)

マージェリィ・ウィリアムズ

Margery Williams(1881–1944)

お気に入りのぬいぐるみが本物になったらいいな、という子どもたちの願望がきっかけでマージェリィ・ウィリアムズの多くの本が生まれた。『ビロードのうさぎ』は彼女の最初の児童書だが、その人気は今もおとろえていない。

タイトルのビロードのうさぎは、最新の機械じかけのおもちゃで遊ぶほうがずっと好きな男の子への時代遅れのクリスマスプレゼントだ。だが、男の子は次第にうさぎが好きになる。これはおもちゃの馬がうさぎにいうように、ぬいぐるみが「本物」になる方法だった。ところが、男の子がしょうこう熱にかかり、医者はしょうこう熱が広がらないようにほかのすべてのおもちゃと一緒にビロードのうさぎも焼き払うように指示する。絶望したうさぎは、ふと気づくと、本物の涙を流していた。本物になるという夢がかなったうさぎは、以前出会った野生のうさぎたちのもとへ大急ぎで逃げ出す。

マージェリィ・ウィリアムズ(マージェリィ・W・ビアンコ)は若い頃に家族と一緒にイギリスからアメリカに移り住み、大人向けの小説を書き始めるが、成功はつかめなかった。故郷で出版することを決

意したマージェリィは、最初の小説『*The Late Returning* 遅い帰還』(1902年)をロンドンの出版社に持ちこむ。そこで、のちに夫となる、イタリア人の本屋の店主フランチェスコに出会った。

ふたりがイタリア北部のトリノを訪れていた1914年に第一次世界大戦が勃発し、フランチェスコは愛国心からイタリア軍に加わった。マージェリィはふたりの子どもを連れてロンドンにもどり、子どもたちを通して児童書作家のウォルター・デ・ラ・メアの作品の大ファンになる。子どもたちにデ・ラ・メアの作品を読みきかせながら、この作家は読者の気持ちをほんとうに理解していると感じたのだ。デ・ラ・メアは、子どもの想像力は真実によって制限されているのではなく、真実によって培われているのだと信じていた。ある意味、子どもは目にうつる世界を自由に想像しているのと同時に、世界から切り離されてもいると彼は

思っていた。子どもらしい空想が「おどろいたカタツムリが殻に引っ込む」ように、ありきたりで理性的で分析的な想像に置き換えられるとき、いわゆる現実世界と呼ばれるものが子どもたちの空想の世界に侵入するのだ。

　戦後、マージェリィとフランチェスコは再会する。さいわいにもマージェリィが以前アメリカに住んでいたおかげで、一家はアメリカに渡り、ヨーロッパ全土

The VELVETEEN RABBIT

By Margery Williams with illustrations by William Nicholson

フルタイトルは『*The Velveteen Rabbit, or How Toys Become Real*
ビロードのうさぎ——おもちゃはこうして本物になる』。

で起こった物資不足を逃れることができた。マージェリィは心の師であるウォルター・デ・ラ・メアに導かれ、児童書の執筆を始める。そして、最初の作品『ビロードのうさぎ』で早速成功を収め、有名になった。

その後もおもちゃの話が続いた。『*Poor Cecco: The Wonderful Story of a Wonderful Wooden Dog Who Was the Jolliest Toy in the House Until He Went Out to Explore the World* かわいそうなチェコ——世界を旅するまで家で一番陽気だったすてきな木のイヌのすてきな物語』と『*The Little Wooden Doll* 小さな木のおもちゃ』はどちらも1925年に書かれている。木のイヌの名前は息子の名前からとっている。また『*The Little Wooden Doll* 小さな木のおもちゃ』と『*The Skin Horse* スキンホース』(1927年)の挿画はどちらもマージェリィの娘のパメラが描いている。

マージェリィ・ウィリアムズの本には悲しみと喪失感をさそうものが多い。ビロードのうさぎが本物のうさぎとなってもどってきたとき、少年は自分が持っていたぬいぐるみに似ていると思うだけで、そのぬいぐるみだったことには気づかない。ある批評家はその理由を、マージェリィがわずか7歳のときに愛する父と死別したせいだとしている。父親は彼女に本を与え、読書の楽しみを教えていたので、彼女の喪失感は大きかった。それを乗り越えるため、「人の心は痛みと困難によって大きく成長する」と自分に

いいきかせたと彼女はいっている。

後年、マージェリィはヤングアダルト向けの小説を書き、大成功している。そのテーマの多くは、孤立や疎外感だった。たとえば、『*Winterbound* ウィンターバウンド』(1936年)では、両親が突然いなくなり、10代のふたりの少女が幼いきょうだいの面倒をみることになる。

❖マージェリィ・ウィリアムズの作品
『*Poor Cecco* かわいそうなチェコ』(1925年)、『*The Little Wooden Doll* 小さな木のおもちゃ』(1925年)、『*The Skin Horse* スキンホース』(1927年)、『*Winterbound* ウィンターバウンド』(1936年)。

Spring time

ウィリアム・ニコルソンは芸術のさまざまな分野で活躍し、彼の描くうさぎの絵は多くの人に愛されている。1904年に上演された『ピーター・パン』のオリジナル舞台セットをデザインし、1930年代には軍人で政治家で作家でもあったウィンストン・チャーチルに絵を教えている。

『クマのプーさん』

Winnie–the–Pooh(1926)

A・A・ミルン

A. A. Milne(1882–1956)

だれしも子どもの頃に、それぞれ自分だけのテディ・ベアを持っているものだが、プーはすべてのテディ・ベアの象徴的な存在だ。みんなのクマであり、子どもの本の世界に今も生き続ける1等賞のクマだろう。ウォルト・ディズニーがその商品化権を取得するずっと前から、クマのプーは、幼い子どもたちの冒険の案内役であり、友だちだった。

アラン・アレクサンダー・ミルンは、劇作家、詩人として活躍し、ユーモアあふれる詩はイギリスの風刺雑誌「パンチ」にたびたび掲載された。1920年にひとり息子のクリストファー・ロビン・ミルンが生まれて父親になると、ミルンは自然と幼い息子のために執筆するようになった。

クマのプーは、1924年に刊行されたミルンの子ども向けの詩集『クリストファー・ロビンのうた』に収められた詩の1編にゲスト出演したあと、その2年後に10のエピソードからなる『クマのプーさん(*Winnie–the–Pooh*)』で本格デビューした(ミルンは必ずハイフンを使っていたが、ディズニーでは使っておらず、フランスではWinnie l'Ourson〔Winnie–the–Bearという意味〕と表記しプー〔Pooh〕を翻訳していない)。

『クマのプーさん』には、プーのほかにも、友だちのかわいいぬいぐるみが登場

する。イーヨー(ロバ)、コブタ、カンガルーの親子のカンガとルー、そして、プーたちが探検する百エーカーの森に住むウサギとフクロ(フクロウ)だ。ぬいぐるみのトラー(トラ)は、続編『プー横丁にたった家』(1928年)からお目見えする。

百エーカーの森は、サセックス州アッシュダウンの森の一部である五百エーカーの森がモデルになっている。この森の近くにあった古民家を、ミルン一家は別荘としてたびたび使っていた。プー、コブタ、トラー、イーヨー、カンガ、ルーは、ミルンの息子クリストファー・ロビン(物語ではプーの人間の友だちとして登場する)が実際に持っていたぬいぐるみがモデルになっている。ルー以外のぬいぐるみは現存しており、1987年に出版社からニューヨーク公共図書館に寄贈され、同図書館の児童室に今も展示されている。

『クマのプーさん』のなかでもとくに印

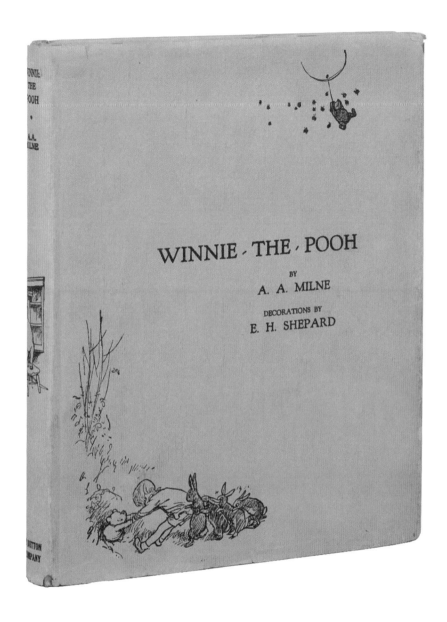

A・A・ミルンの挿画家、E・H・シェパードは、その生涯をクマのプーとともに過ごした。
ミルンとの最初の共同作品は『クリストファー・ロビンのうた』(1924年)で、
プーと関わった最後の作品はヴァージニア・H・エリソン作
『The Pooh Party Book プーのパーティしよう』(1971年)。こちらはシェパードが92歳のときだ。

象に残るのは、ハチミツをとろうとした
プーが雨雲のふりをして奮闘する話、ハ
チミツを食べすぎたプーがウサギの家の
入り口の穴にはまってしまう話、ゾゾ
（ゾウ）をつかまえるためにプーがコブタ
といっしょに罠をしかける話、モモン
ガーを探すプーがコブタといっしょに自
分たちの足跡を追う話だろう。小枝を川
に投げて競う「プー棒投げ」は、『プー横
丁にたった家』でプーが発明した遊び
で、現実の世界でも、いたるところで子
どもたちがこの遊びをしている。

　プーは、ミルンの詩集『クマのプーさ
んとぼく』（1927年）に収められた数編の詩
にも登場する。プーの物語にはあの独特
の線画が欠かせない。挿画家E・H・
シェパードは、プーが登場する4冊の本
すべてに挿画を描いた。モデルにしたの
は、アッシュダウンの森と、クリスト
ファー・ロビンのぬいぐるみだが、プー
だけは、自分の息子の「グロウラー・ベ
ア」をもとにした。

　『クマのプーさん』は発売と同時に大評
判になったが、同時にミルンのほかの本
の成功に影を投げかけ、ミルンを大いに
失望させた。ミルンは、自分はさまざま
なジャンルの本が書けると思っていたの
だ（1922年に刊行された推理小説『赤い館の秘
密』はベストセラーになっている）。だが、今
やだれもが望むのはプーなのだ。また、
ミルンは、プーのシリーズ本のせいで、
息子に望みもしない注目が集まってしま
うことも心配したが、あまりにも有名に
なったために父子の間に生じた確執は、
その後何年も続いた。

　だが、わたしたち読者にとって、鼻歌
をうたい、ハチミツが大好きな「おばか
なクマ」のプーは、すてきな世界で楽し
く遊ぶ無邪気な幼いクマであり続ける。
『プー横丁にたった家』の最後は、こう書
かれている。「ふたりがどこへいこう
と、その途中でどんなことが起ころうと
……ひとりの男の子とその子のクマが、
いつも遊んでいることでしょう」

❖A・A・ミルンによる子ども向けの作品
『クリストファー・ロビンのうた』（1924
年）、『クマのプーさん』（1926年）、『クマ
のプーさんとぼく』（1927年）、『プー横丁
にたった家』（1928年）。

『エーミールと探偵たち』

Emil and the Detectives(1928)

エーリヒ・ケストナー

Erich Kästner(1899–1974)

ドイツ人作家の作品で、英語圏で成功したものは多くない。エーリヒ・ケストナーの著書の多くは母国で燃やされた。ケストナーがヒトラーの権力掌握に反対したためだ。戦前の作品で焚書を免れたのは『エーミールと探偵たち』だけだった。

エーリヒ・ケストナーは平和主義者で、ヒトラーの軍国主義や政策を公然と批判した。その態度がヒトラー率いる国家社会主義ドイツ労働者党(ナチス)の監視の目にとまり、ゲシュタポに何度か逮捕・尋問された。ナチスの国民啓蒙宣伝大臣ヨーゼフ・ゲッベルスはケストナーの作品を「非ドイツ的」な作品のリストに入れ、1933年5月10日に焼かせた。ケストナーはその場におもむき、焚書を目撃した。焼かれなかったのは『エーミールと探偵たち』だけだった。この作品はドイツで人気があり、すでに1931年に映画化されて話題になっていたため、国民に愛されている作品を燃やすのは、政治にとって逆効果だとゲッベルスは判断したのだろう。

この作品は、それまでの児童文学とは一線を画している。現代のドイツが舞台で、題材は本当の犯罪——エーミールがベルリンに住む祖母に届けるよう託された1か月分の収入に相当する大金の窃盗だ。25人のベルリンっ子の探偵に助けられ、エーミールは泥棒を追跡し、銀行強盗たちの正体をあばく。

アメリカ株式市場の暴落に端を発した大恐慌のわずか1年前に出版されたこの児童書は、非常に現実的な問題を扱っている——しかも解決するのは子どもたち。イギリスで、犯罪と戦う現代の子どもを描いた〈フェイマス・ファイブ〉シリーズの最初の本『フェイマス・ファイブ——宝島への大冒険』(1942年)が出版されるのは、14年後だ。

エーリヒ・ケストナーの「非ドイツ的」作品のひとつ、『五月三十五日』(1931)は子ども向けの風刺的ファンタジーで、書き始めたのはエーミールより先だった。コンラート少年が叔父の大きなタンスを抜けて、いくつもの風変わりな国を訪れる物語で、C・S・ルイスの『ライオンと魔女』(1950年)の20年近く前だが、イー

ディス・ネズビットが短編「The Aunt and Amabel おばさんとアマベル」(1912年)でその手を使ってからほぼ20年たっていた。

ケストナーはエーミールを『エーミールと三人のふたご』(1933年)にも登場させているが——政治情勢の変化のせいか——前作とくらべるとアイディアが平凡で熱意が感じられない。同じ年に書いた『飛ぶ教室』では異なる教育観を持つふたつの学校の対立を描いており、ナチスが独裁するドイツの政治状況への皮肉とゲッベルスがみなしたことはまちがいない。

『エーミールと探偵たち』がユニークだといわれる理由は、子どもにみせたくない世界を隠さず、
登場人物たちを犯罪者と対峙させているからだ。だが、『宝島』のジム・ホーキンズや
トム・ソーヤーはすでに同じことを経験している。

その後の10年間、ケストナーは『The Missing Miniature 消えた細密画』(1935年)のようなあたりさわりのない児童文学や『一杯の珈琲から』(1938年)のような大人向けの軽いコメディーロマンス作品(その多くは中立国スイスで出版された)を書いた。後者はドイツに併合されたばかりのオーストリアのザルツブルクを舞台にしている。1945年にはソ連軍のベルリン侵攻から逃れるため、『The Wrong Face 偽りの顔』という架空の映画をでっち上げ、ロケに同行するため町を離れなくてはならないと当局に説明した。こうしてドイツの首都を制圧したソ連軍の残虐行為を免れることができた。

戦後、ケストナーの名誉は回復し、以前の作品が再発見され、新しい作品も評価された。1949年に発表した『ふたりのロッテ』は、生後間もなく離ればなれになったふたごが夏の家で出会う物語で、ディズニーの名作映画『罠にかかったパパとママ』(1961年)になった。同じ年には、一貫して平和主義者であったケストナーらしい平和を希求する風刺的作品『動物会議』を出版した。世界中の動物たちが、ちがいを認め、平和に暮すよう人間に迫る作品である。

ケストナーの自伝『わたしが子どもだったころ』(1957年)は子どもにも大人にも読めるように書かれた本で、1960年、児童文学への永続的な貢献を讃える国際アンデルセン賞を受賞した。自伝はドレスデン(戦争で大きく破壊されたことを前書きで嘆いている)での子ども時代を語り、

1914年の第一次世界大戦勃発で終わっている。あえて書かれていない思い出があるのは、ケストナー自身が自伝で書いているように「子どもが経験することのすべてが、子どもが読むのに適しているとは限らない！」からだ。

❖ エーリヒ・ケストナーの児童書

『五月三十五日』(1931年)、『点子ちゃんとアントン』(1931年)、『エーミールと三人のふたご』(193年)、『The Missing Miniature 消えた細密画』(1935年)、『ふたりのロッテ』(1949年)、『わたしが子どもだったころ』(1957年)、『サーカスの小びと』(1963年)。

『五月三十五日』はローラースケートをはいた馬が登場するファンタジー。ケストナーはこの作品を書くのに苦労し、後回しにして先に『エーミールと探偵たち』を書いた。

〈タンタンの冒険〉シリーズ

The Adventures of Tintin series（1929–1976）

エルジェ

Hergé（1907–1983）

ベルギーの漫画家ジョルジュ・プロスペル・レミは、エルジェのペンネームで知られる。エルジェが世に送り出した永遠の少年記者は、児童文学作品を代表するヒーローとなった。ひと目見たら忘れられないこのキャラクターは、その23の冒険をともにした子どもたちに、時代を越えて親しまれている。

タンタンが初めて登場したのは、ベルギーの日刊新聞「20世紀」紙の子ども向け木曜版付録「プチ20世紀」紙だった。そこで、漫画『タンタン ソビエトへ』の連載が開始した。〈タンタンの冒険〉シリーズはこうして始まり、23冊の物語がエルジェの生前に出版されることになる。デビュー後しばらくして、ベルギーのフランス語新聞「ル・ソワール」紙に移り、1946年にこの主人公の名前をタイトルにした週刊誌「タンタン・マガジン」が創刊されてからは、そこで連載されるようになった。

初期の作品ではタンタンの新聞記者としての仕事ぶりがきっちりと描かれ、当時実際に新聞で報道されたソビエト連邦やコンゴ、アメリカの時事ニュースが扱われている。エルジェをシリーズ連載に抜擢したのは「20世紀」紙の責任者で、この人物は非常に保守的なカトリックの神父だった。読者の子どもたちに政治的な思想を教えこもうとする神父の意向のせいで、この頃の作品にはしばしば人種差別的で右翼的な当時の風潮が反映されている。そうした作風はシリーズの後期にはみられなくなった。エルジェは物語の中で時事的な事件を取り上げるのをやめ、登場人物たちに重きを置いたストーリーを描くことに方向転換した。そうすることで、第二次世界大戦中もナチス占領下のベルギーで連載を続けようとしたのだ。

タンタンは物語の主人公としてはめずらしいタイプで、正義感が人一倍強く機転は利くが、それ以外には性格的に目立った特徴がほとんどない。タンタンの冒険物語をぐっとおもしろくしているのはいつも、まわりの個性あふれるキャラクターだ。タンタンの前身は、エルジェの初期の作品で、トトールという名前の少年が主人公のボーイスカウト漫画。そして、タンタンのモデルとなったのは、

エルジェの弟ポールだ。はじめのうち、タンタンはひとりで行動し、相棒は忠実なペットのフォックステリア犬、スノーウィだけだった。しかし、50年近くも連載が続くうちに、仲間や敵ができ、次第にシリーズおなじみの顔ぶれが増えていった。

親友となるハドック船長が、いきなりベロベロに酔っぱらった姿でシリーズに初登場したのは、9作目の『金のはさみのカニ』(1941年に単行本化、以下同様に単行本の出版年)。ところがそこからこのハドック船長は、口が悪くて気性は激しいけれど信頼できる仲間として、その後の冒険に欠かせない存在となっていった。いかにもボーイスカウト的でまじめなタンタンとは、対照的なキャラクターだ。マイペースで、耳の遠い科学者のビーカー教授は、12作目の『レッド・ラッカムの宝』(1944年)から登場する。

似た者同士の刑事コンビ、デュポンとデュボンは、いく先々でその土地の民族衣装を身にまとい、それでうまく変装した気になっている。4作目の『ファラオの葉巻』(1934年)でタンタンの逮捕令状を持って登場した際には、ふたりは変装なしの普段の格好で現れる。このコンビが巻き起こすドタバタ劇には、古いサイレント・コメディ映画の名作に対するエルジェの思いがみてとれる。民族衣装で変装していないとき、ふたりはおそろいのスーツに山高帽をかぶり、これまたおそろいのステッキを持っている。このいでたちのモデルになったのは、実際にふたごだったエルジェの父親とおじだ。

エルジェ自身のお気に入りは、『タンタン チベットをゆく』(1960年)だった。これは最初の妻と離婚した頃に描かれた作品で、そのときエルジェは毎週毎週新しい漫画を描くことに大きなストレスを

ヨシフ・スターリン率いるボリシェヴィキの政策を真っ向から批判した数少ない児童文学作品、『タンタン ソビエトへ』。その後、2作目の『タンタンのコンゴ探検』が出版された。

感じていた。この作品の注目すべき点は、そのスピリチュアルなテーマと、物語の中心となるエルジェの思い入れ深いキャラクター、チャン。シリーズに2度登場するこのキャラクターは、『青い蓮』（1936年）で初めて登場し、タンタンの最初の友人となった青年だ。

エルジェは実際に、チャン・チョンジェンという留学生と1934年に出会い、東洋の芸術や哲学について教わった。そこから受けた影響は作品と私生活の両方に表れるようになり、この時期の絵は日本の有名な浮世絵師、歌川広重と葛飾北斎を思い起こさせると指摘する批評家もいる。そしてさらに、エルジェはこの頃から自分のイラストのために、徹底的に絵の勉強をするようになった。『タンタン チベットをゆく』がエルジェのお気に入りなら、『青い蓮』はシリーズ最初の傑作といえる。

紙面で連載した漫画を本として出版する際、エルジェはその機会を利用してセリフを修正したり、さらにはその時代にそぐわないコマや差別的な内容を含むコマを描き直したりすることもよくあった。多くの批判を集めてきた『タンタンのコンゴ探検』では、特に当時のアフリカ植民地に対するベルギーの支配的な態度が表れる場面の修正が重ねられた。スコットランドを舞台とした『黒い島のひみつ』も、イギリスの出版社からの要求を受けて大幅に描き直されている。その出版社からは、イギリス文化の誤った描写に対して、全部で131か所も書き込み

がされていた。

タンタンの物語の多くでは、その時代に合わせて実際に起こっているできごとや近未来の発展を描き、作品の中で宇宙旅行やカラーテレビの発明、政治的なプロパガンダ、アルコール依存症などを取り上げている。しかし、タンタン本人はシリーズを通してずっと変わることはない。エルジェが仕上げた最後の作品『タンタンとピカロたち』（1976年）だけ、タンタンはいつもと違う格好をしていて、ニッカポッカと呼ばれるゆったりとした半ズボンではなく、ぴっちりとした長ズボンをはいている。

❖〈タンタンの冒険〉シリーズのおすすめ作品
『青い蓮』（1936年）、『黒い島のひみつ』（1938年）、『オトカル王の杖』（1939年）、『レッド・ラッカムの宝』（1943年）、『太陽の神殿』（1949年）、『めざすは月／月世界探険』（1952年／1954年）、『ビーカー教授事件』（1956年）、『タンタン チベットをゆく』（1960年）。

怒りっぽくて、ウィスキー好きのハドック船長が初登場するのは、『金のはさみのカニ』（1941年）。

『ツバメ号とアマゾン号』と〈ツバメ号とアマゾン号〉シリーズ

Swallows and Amazons (1930) and series

アーサー・ランサム

Arthur Ransome (1884–1967)

夏休みの間、イギリスの湖水地方で船遊びをする子どもたちを描いたアーサー・ランサムの物語は、子どもらしい冒険と「ごっこ遊び」の珠玉の名作だ。ランサムは出版社からあてがわれたイラストレーターの作品にうんざりし、文章だけではなく絵も描くことにした。

『ツバメ号とアマゾン号』には、ウォーカー家とブラケット家の子どもたちの夏の大冒険が描かれている。小型ヨット「ツバメ号」と「アマゾン号」にそれぞれ乗りこんだ子どもたちは仲良くなり、力を合わせて共通の敵(ブラケット家の不機嫌なジムおじさん)に立ち向かう。そして海賊ごっこをしながら、本物の事件を解決することになる。この作品は大ヒットし、同じ登場人物でシリーズは12巻まで続くが、13巻目の執筆中にランサムは亡くなった。

この本を、ランサムは子ども時代の体験をもとに書いている。幼い頃は、ウォーカー家やブラケット家のように湖水地方の農場で休暇を過ごし、大人になると1920年代にその地に移り住んだ。田舎の日常を、「ガーディアン」紙のコラム「カントリーダイアリー」に定期的に書いた。それが、『ツバメ号とアマゾン号』の世界にリアリティを与えることになった。

この作品の舞台になっているふたつの湖のモデルは、イギリスの湖水地方にあるウィンダミアとコニストン・ウォーターだ。湖を抱く山並みも含めたこの風景が、物語にぴったりの舞台になっている。シリーズのあとのほうではノーフォーク湖沼地方でヨットを走らせる設定になっているが、その頃ランサムはそのあたりに引っ越している。

ランサムは筋金入りのヨットマンで、ヨットを次々に買い替えていた。そのうちの1艇には、『ツバメ号とアマゾン号』の登場人物の名前にちなんで「ナンシー・ブラケット」と名付けた。晩年もヨットに乗り、人生最後の長距離クルーズに出たときはなんと70歳。子どもたち

のセーリングの描写は迫力があり、正確なのもまた、このシリーズが愛される理由のひとつだ。

この本が生まれたきっかけは、ある年の夏の体験だ。休みの間、ランサムは友人の子どもたちを集めてセーリングを教えた。ランサムの小型ヨットの名はまさしく「ツバメ号」だったが、友人の船の名は「メイヴィス号」。「アマゾン号」ではな

かった。現在は「メイヴィス号」だけがコニストン・ウォーターのほとりの博物館に保管されている。ランサム本人は、気難しいジムおじさんのモデルだ。ジムおじさんは、回顧録の執筆を子どもたちに邪魔され、腹を立てている。子どもたちは彼に「キャプテン・フリント」というあだ名をつけるが、これはランサムが、R・L・スティーヴンソンの古典的海賊

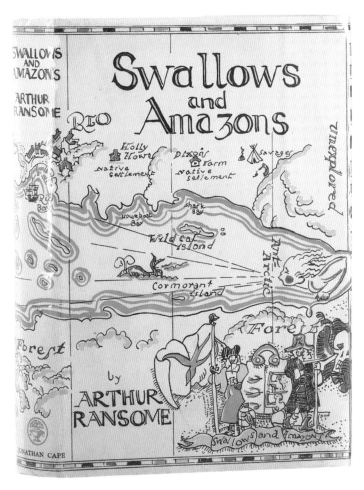

ランサムはこだわりの強い作家だ。出版社の依頼でプロが描いたイラストをつき返し、イギリス国営放送（BBC）による1963年の作品のドラマ化にも、強く抗議した。たとえば、BBCが登場人物「ティティー」の名を「キティー」にしたのも気に食わなかった。

物語『宝島』に捧げたオマージュだ。

　ランサムは、〈ツバメ号とアマゾン号〉シリーズのイメージにかなりこだわった。デビュー作では出版社が最初に外注したイラストが気に入らず替えてほしいといい、再版で出版社が選んだイラストレーターはしぶしぶ認めた。そしてその後はシリーズ本のイラストは自分で描き、そのうち初期の本も自分のイラストに差し替えている。このときにわかったのは、ランサムはもともと、センスのいいアーティストだったということだ。1963年にイギリス国営放送が『ツバメ号とアマゾン号』のテレビドラマを作ると、ランサムはあからさまに、強い不満を示した。

　ランサムは児童書作家になる前、イギリスの「マンチェスター・ガーディアン」紙のロシア特派員として活躍し、ロシア革命を擁護する立場をとっていた。レーニンやトロツキーとも親交があり、トロツキーの女性秘書イヴジニアと結婚にま

で至るが、その裏ではイギリス政府に極秘情報を流していた。

　ランサムはまた、ノンフィクションの作品も数多く残した作家だ。なかでも、文芸評論とロシア問題が専門だった。しかし小説は、『ツバメ号とアマゾン号』のほかには『Elixir of Life 不老不死の秘薬』（1915年）しか書いていない。これは、永遠の若さがテーマのゴシック小説だ。これとは対照的に、『ツバメ号とアマゾン号』にあふれているのは、手に汗握るリアリティ。夏休みの思い出、体を動かし汗をかく冒険、そして、「ごっこ遊び」――そういうことが、子どもの心を熱くする。ハイテク時代になっても、それは変わらない。

❖アーサー・ランサムの児童書

『ツバメの谷』（1931年）、『ヤマネコ号の冒険』（1932年）、『オオバンクラブの無法者』（1934年）、『ツバメ号の伝書バト』（1936年）、『ひみつの海』（1939年）。

『ツバメ号とアマゾン号』の仲間が登場する1巻完結の小説シリーズは、12作ある。物語は湖水地方で始まり、やがてノーフォーク湖沼地方に移り、シリーズ最後の作品『シロクマ号となぞの鳥』ではアウター・ヘブリディーズ諸島で冒険が繰り広げられる。

『ぞうのババール』と〈ぞうのババール〉シリーズ

The Story of Babar(1931) and series

ジャン・ド・ブリュノフ

Jean de Brunhoff(1899–1937)

ふたつの世界大戦のはざまで書かれたフランスのこの古典児童文学は、現代とまったく異なる世界で生まれた。しかし、21世紀の幼い子どもたちにとっても、視野を広げてくれる魅力的な物語であり続けている。

　ジャン・ド・ブリュノフは1937年に亡くなるまでに、緑のスーツを着たぞうの王さまババールの物語を7作書いた。児童書のほとんどが、家族、友だち、家庭生活といった子どもにとって身近な題材を取り扱っているなかで、『ぞうのババール』は、読者と物語のキャラクターたちを想像もしなかった新しい場所へと連れていく。その場所とは、ババールにとっては文明化された都市だが、読者にとってはジャングルだ。そこは大きな獲物をねらうハンターにババールが両親を殺された地である。読者は物語を通して、親になるという考え方に触れ、また家庭だけでなくさまざまな社会があることに気づく。

　孤児となったババールはジャングルを離れ、町にたどりつく。そこで教育を受け、服を着るようになる。そのうちに、いとこのアルチュールとセレストがバ

バールを探しにやってきたので、ババールはジャングルにもどることになる。広い世界でいろんな経験を積んだババールは、死んだ王さまのかわりに、ぞうの国の王さまとなり、都会の洗練された知識を仲間のぞうたちに伝え、セレストと結婚する。

　多くの子ども向けキャラクターたちと同じく、ババールはジャンの妻セシルがベッドに入った息子たちに読みきかせていた自作の物語がきっかけとなって生まれた。画家だったジャンは息子たちにせがまれ、妻が作った物語に絵をつけることになったのだ。『ぞうのババール』の出版が決まったとき、セシルは共著者として名前がのることになっていたが、ひかえめな彼女はそれを断った。

　ババールのほとんどの知識は、ぞうという動物ならではのものだ。シリーズ7作の間に、ババールは大冒険をくり広げ

ジャン・ド・ブリュノフは、〈ぞうのババール〉シリーズを7冊まで完成させたのち、
37歳で結核のために亡くなった。その後、1946年より息子のロランが制作を引き継ぎ、
ババールのキャラクター使用権は世界中で今も生きている。
日本でもババールのグッズは販売されている。

る。1作目では、世間知らずの若者ババールが成長して、情け深い王さまになる。2作目では、天才的な戦術を駆使して、サイの国の王さまラタクセス率いるサイたちと戦う。6作目では妻セレストとの間に、ポム、フローラ、アレクサンドルという名の子どもたちをもうけ父親になる。

　ド・ブリュノフの物語には、その時代の価値観が映し出されている。野生動物をねらう楽しみのための狩猟は当時なら問題になることはなかったが、現代ではなんらかの説明が必要かもしれない。また、『ババールのしんこんりょこう』(1932年)に出てくるアフリカ先住民は、やりをふり上げる、血に飢えた野蛮人として描かれており、今なら非難を逃れな

『ババールのしんこんりょこう』(1932年)はシリーズ2作目。

い。ベルギーの漫画家エルジェによる『タンタン アメリカへ』や『タンタンのコンゴ探険』といった〈タンタンの冒険〉シリーズの初期作品もまた、人種や国に対する偏見がみられるとして、今では問題視されている。

　ババールの物語は、いわゆる「暗黒大陸」[19世紀にヨーロッパ人が未知のアフリカ大陸をこう呼んだ]におけるフランスの植民地主義を象徴しているという批判もある。つまり、アフリカ先住民として描かれるババールがパリにやってきて、洗練され、服を身につけ、教育を受けたのち、先住民として描かれる仲間のぞうたちのところにもどって西洋文明の恩恵を広める、という解釈だ。また、植民地の価値観がよく映し出されたパロディと解釈されることもある。というのも、フランスの植民地帝国は、物語が書かれたときにはすでに過去のものだったからだ。こんにちでは、物語の展開や設定、おだやかで頭のいい主人公を楽しみながら読んでいる読者が多い。

　ジャンが若くして亡くなると、息子のロランが代わりに筆をとり、今日までに、父が生み出した物語に45冊の新しい物語を加えた。ぞうの国には、ババールの孫をはじめとする、たくさんの新しいキャラクターも誕生した。

❖ジャン・ド・ブリュノフのほかの作品
『おうさまババール』(1933年)、『さるのゼフィール なつやすみのぼうけん』(1936年)、『ババールのこどもたち』(1938年)。

『ラクダ飛行部隊がやってくる』と〈ビグルズ〉シリーズ

The Camels Are Coming(1932) and series[邦訳なし]

W・E・ジョンズ

Captain W. E. Johns(1893–1968)

主人公ジェームズ・ビグルズワースの架空の一代記は、およそ50年におよぶ飛行人生をつづった、約100冊(250作以上の物語)から成っている。これは第一次世界大戦から1960年代に活躍したパイロットの冒険小説だ。歯を食いしばり逆境を乗り越えていく数々の冒険を描いたこの飛行機乗りの小説は、ベストセラーとなった。

主人公ビグルズは短編「The White Fokker 白い戦闘機フォッカー」(1932年)でデビューを果たす。この短編は、彼の生みの親ジョンズが創刊した雑誌「Popular Flying ポピュラー・フライング」に掲載された。同年の後半に出版された、〈ビグルズ〉シリーズ1冊目『*The Camels Are Coming* ラクダ飛行部隊がやってくる』には、この短編とその他16編が収録されている。これらの作品を通して読者は、ビグルズ、彼の仲間でいとこのアルジー、第一次世界大戦中に彼が入隊していた第226航空中隊と出会う。

両大戦の間、ビグルズは無所属の飛行士となって世界中の紛争地域へ飛び、ときには英国秘密情報部の任務を遂行した。第二次世界大戦が勃発すると、英国空軍に再入隊し、第666航空中隊とともに空を飛んだ。このチームでビグルズと作者ジョンズは、新型の飛行機や専門用語を学んでいった。戦争が終わると、ビグルズはロンドンの警察組織スコットランドヤードが特別に作った航空警備部に加わり、航空警察となる。ビグルズが引退を考えはじめるのは1968年で、ジョンズの絶筆となったシリーズ最終巻『*Biggles Does Some Homework* ビグルズに残された課題』(1997年)にそのことが描かれている。

ジョンズは、軍事飛行が始まったばかりの第一次世界大戦中、英国空軍のパイロットだった。当時、航空機は不安定な乗り物で、パイロットの訓練も十分でなかった。英国陸軍航空隊[現在は英国空軍に併合されている]に入隊する前はガリポリやギリシャで歩兵として戦っていた。

ジョンズはわずか7か月の訓練で飛行教官に任命され、さらにその後4ヵ月間、何度も死にそうな目にあった。3日間で、3度墜落事故にあっているのだ——1度目は海に、2度目は砂丘に、3度目は航空兵仲間の宿舎の裏口に墜落した。

リスクは高く、敵に撃墜されなくとも、自ら墜落することもあった。当時の技術で作られた航空機は、機関銃がプロペラの回転軸と連動しており、プロペラの間から発射されるようになっていた。銃弾とプロペラの羽根の動きがずれると、木製のプロペラが吹き飛んで墜落することがある。ジョンズは2度これを経験した。1918年8月、最終的にジョンズは敵の陣地に爆弾を投下する任務に就き、6週間後に撃墜され、終戦までの2か月間、捕虜になっていた。ビグルズは、

『The Camels Are Coming ラクダ飛行部隊がやってくる』は、飛行中隊を描いた〈ビグルズ〉シリーズ全99巻（1932年–1997年に出版）の1巻目。作者ジョンズ自身の経験をもとにした作品である。ジョンズは第一次世界大戦で〈デ・ハヴィランドDH4〉を操縦中、敵の陣地に墜落したことがあった。ジョンズは戦争捕虜になったが、後方を飛んでいた兵士は死亡している。戦後はコベントガーデンで、英国空軍の求人係として働いた。偽名を使って入隊しようとしたT・E・ロレンス（映画『アラビアのロレンス』の主人公のモデル）を受け入れなかったこともあったという。

作者よりも優秀な経歴の飛行機乗りだったといわざるをえない。

ビグルズの初期作品には、定期的に訪れるだれかの死、戦いの緊張をいやすためにたびたび出てくる酒とタバコ、そんな戦争の様子が生き生きと描写されている。読者対象はある程度の現実までなら受け入れられる10代後半の若者だった。もっと若い読者がビグルズを読むようになると、ジョンズはそれに合わせて内容を軽くしていった。たとえば、初期の版にあったウィスキーの箱は、のちの版でレモネードの木箱になっている。

〈ビグルズ〉シリーズに女性の登場人物がほぼ描かれていないことについて、編集者らはほとんど口を出せなかった。ドイツ人の女スパイで、ビグルズの純粋な片思いの相手マリエ・ジャニスがいくつかのエピソードの回想シーンに登場するくらいである。だが、ジョンズが女性航空兵ジョーン・ウォーラルソンを主人公にした〈ウォーラルズ〉シリーズ11巻を発表していることは注目にあたいする。本作は、第二次世界大戦中、英国空軍省に

THE CAMELS ARE
COMING

By
W. E. JOHNS
(William Earle)

PUBLISHERS
JOHN HAMILTON, LTD.,
LONDON, W.C.1

The Camel soared up like a bird under the big fuselage.

よる女性補助空軍への女性参加拡大の要請とタイアップして執筆された。主人公のモデルは、ジョンズの友人で、女性航空兵の草分け的な存在、エイミー・ジョンソンだった。

❖ W・E・ジョンズのほかの作品

飛行兵ディーリー・モンフォート・ディラロイがヒーローとなり悪と戦う『*Sky High* 空高く』(1936年)とそのシリーズ、航空兵ジョーン・ウォーラルソンの『*Worrals of the WAAF* 女航空兵ウォーラルズ』(1941年)とそのシリーズ、キング大尉を主役にした『*King of the Commandos* キング特殊部隊』(1943年)とそのシリーズ、パイロットを引退したクリントンのSF冒険もの『*Kings of Space* 宇宙の帝王』(1954年)とそのシリーズ。

『風にのってきた メアリー・ポピンズ』と 〈メアリー・ポピンズ〉シリーズ

Mary Poppins(1934) and series

P・L・トラヴァース

P. L. Travers(1899–1996)

ウォルト・ディズニーがP・L・トラヴァースを説得し、映画『メリー・ポピンズ』制作の許可を得るまでに費やした年月は20年。トラヴァースは原作の魅力が映画では伝わらないと確信していた。映画公開後もこの意見は変わらず、この映画を頑として認めなかった。

とはいえメアリー・ポピンズが有名になったのは、ディズニーのおかげだ。この「ほとんど完璧」な乳母兼教育係は、何かと問題の多いバンクス家を訪ねて、ロンドンの桜町通り17番地にやってきた。東風とともにじゅうたんのかばんとオウムの柄の傘を持って現れ、西風が吹くとパラシュートが逆向きにのぼっていくようにその傘を広げて飛び去っていく。バンクス家と過ごす間、メアリー・ポピンズは魔法を使って子どもたちを楽しませ、厳しい規律を教えながら、みんなで次々と夢のような冒険に出かける。笑いじょうごのウィッグさんと宙に浮かびながら天井でお茶会をし、鳥のおばさんに会い、プレアディス星の7人姉妹の2番目、マイアといっしょにクリスマスの買い物をする。

『風にのってきたメアリー・ポピンズ』はシリーズ全8巻の1作目。子どもたちの乳母兼教育係となったメアリー・ポピンズとバンクス家の人々の交流とお別れまでが描かれる。メアリー・ポピンズはこの家族のもとに3度やってきて、この一連の物語がシリーズ3巻までにそれぞれ収められている。残りの5作では、その3度の訪問中に起こったいくつもの冒険のエピソードが短編形式でつづられている。最終巻の『メアリー・ポピンズとお隣さん』は1988年に出版された。そのとき、P・L・トラヴァースは90歳だった。原作の小説には、映画とは大きく異なる点がいくつかある。原作では、バンクス家の子どもたちは4人いて、さらにもうひとり増えて5人になる。ディズニーの映画には、ジェインとマイケルのふたり

しか登場しない。原作で描かれるメアリー・ポピンズと子どもたちの冒険は、ときとして映画をしのぐほどのすばらしい魔法にあふれている。ディズニーのあざやかなアニメーションでもそれにはかなわない。映画でディック・ヴァン・ダイクが演じた煙突掃除屋のバートは、原作の登場人物の設定をいくつか組み合わせたキャラクターだ。

原作では、父親のバンクス氏は厳格で、子どもたちの気持ちに無関心な人物として描かれており、シリーズを通してストーリーにはほとんど登場しない。しかし、映画の中では次第に原作よりも柔らかい人物像になっていき、ほほえましいキャラクターとして描かれる。バンク

映画と原作は異なり、本で最初に登場するバンクス家の子どもは4人。ジェイン、マイケル、そしてふたごの赤ちゃんジョンとバーバラ。

ス氏は、銀行（Bank）で働いており、この点はトラヴァースの実の父親と重なる。映画のバンクス氏は、子どもたちのせいで仕事を解雇されてしまうが、良い父親であることの大切さに気づき、自分自身が救われる。実際にトラヴァースの父親は銀行の支店長から降格させられており、それはアルコール依存症が原因だった。ディズニーは、Ｐ・Ｌ・トラヴァースが『風にのったメアリー・ポピンズ』のバンクス氏というキャラクターを通し、自分の父親を救おうとしたのだと考えた。その背景が映画『ウォルト・ディズニーの約束』(2013年)で語られている（原題は『Saving Mr. Banks バンクス氏の救済』）。

　Ｐ・Ｌ・トラヴァースの父親は結核で43歳のときに亡くなった。そのときトラヴァースはたったの7歳だった。そして、母親を手伝うために子どもたちの世話をしにきていたおばが、メアリー・ポピンズのモデルとなった。トラヴァースはこの乳母兼教育係の物語を書き始め、このキャラクターを非常に気難しい、うぬぼれ屋として描いた。トラヴァースは、ジュリー・アンドリュースの美しい容姿は、このキャラクターにはそぐわないと考えていた。

　トラヴァースは、メアリー・ポピンズの性格が原作より穏やかに描かれていることに不満をもらし、アニメーションを取り入れることをかたくなに拒み、さらに映画用にリチャード・シャーマンとロバート・シャーマンによって作曲されたミュージカル・ナンバーを毛嫌いした。

映画が公開されても、トラヴァースはこれを頑として受け入れず、ディズニーが続編を制作することを許さなかった。晩年には、キャメロン・マッキントッシュと舞台化の権利について交渉している際、製作にアメリカ人が一切関わらないことを条件とした。とりわけ、ディズニー・プロダクションとつながりのある人間（シャーマン兄弟も含め）は断固として拒否した。トラヴァースがそこまでして意地を通したにもかかわらず、ディズニーは続編の『メリー・ポピンズ リターンズ』を2018年に公開した。トラヴァースの死後、遺産財団から許可を得たのだ。

❖ Ｐ・Ｌ・トラヴァースの作品

『I Go By Sea, I Go By Land 船に乗っていこう、陸路でいこう』(1941年)、『The Fox at the Manger 飼い葉おけのキツネ』(1963年)、『Friend Monkey おさるのともだち』(1972年)、『Two Pairs of Shoes 2足の靴』(1980年)。

〈メアリー・ポピンズ〉シリーズは全部で8冊。そのなかで、『台所のメアリー・ポピンズ おはなしとお料理ノート』(1975)には、料理のレシピものっている。

『バレエシューズ』

Ballet Shoes(1936)

ノエル・ストレトフィールド

Noel Streatfeild(1895–1986)

ストレトフィールドは、夢を抱いて働く子どもたちが主人公のこの物語が、あまりにもすんなり書けてしまったせいで、この作品にたいした価値があるとは思っていなかった。だが、夢をみる多くの子どもたちが、まちがいなく価値があると教えてくれた。そしてストレトフィールドは児童文学作家の道を歩むことになった。

作家はノエル・ストレトフィールドが最初に選んだ職業ではなかった。第一次世界大戦中に大人になったストレトフィールドは、姉のルースとともに芝居に関わることにした。ルースは美術の才能があったが、ノエルは女優として開花し、レパートリー劇団で10年間、プロとして活躍した。舞台の仕事が減ると、ストレトフィールドは大人向けのロマンスフィクションをスーザン・スカーレットのペンネームで書くようになった。

ストレトフィールドは、劇場の世界の話や舞台裏のスキャンダルを小説の題材にすることがあり、子ども向けの本を書こうと思ったときにも、自然とそうなった。そして生まれたのが『バレエシューズ』、養女の三姉妹が夢を抱き成長する物語だ。美しいポーリィンは女優を目指し、元気なポッジーは踊るのが好き。おてんばなペトローヴァだけは舞台に興味がなく、エンジニアやパイロットになりたいと思っている。

姉妹が引き取られた状況は変わっている。養父のガムは風変わりな古生物学者で、世界中を旅している間に幼い3人と出会う。ポーリィンはタイタニック号の大惨事で、ペトローヴァはロシアで両親を亡くして孤児になった。ポッジーは、バレリーナの母親に育児の時間がなく、放っておかれた。大人たちが交代で3人の子ども時代を見守り、夢へと導いていく。ガムは物語の大部分で不在のままだが、最後に3人のうちのひとりの願いをかなえるのに重要な役割を果たす。

『バレエシューズ』の出版が決まったとき、出版社は画家のルース・ジャービスに挿画を依頼したが、ジャービスがノエルの姉ルースで、結婚して名字が変わっていたことに気づいていなかった。姉妹はふたたびともに仕事ができることを喜

『バレエシューズ』はバレリーナの卵たちの心をつかんだ。
ノエル・ストレトフィールドは英国王立演劇学校で訓練を受け、俳優として活躍したのちに作家になった。
彼女は刑務所を改革したエリザベス・フライのひ孫にあたる。

BALLET SHOES

A STORY OF THREE CHILDREN
ON THE STAGE

By
NOEL STREATFEILD

Illustrated by
RUTH GERVIS

THE TRANSFORMATION SCENE (p. 273)

LONDON
J. M. DENT & SONS, LTD.

んだ。ルースはその後も児童書の挿絵画家としての仕事を続け、メアリー・トレッドゴールドやエニード・ブライトンなど多くの作家の作品を手がけて名声を築いていった。

『バレエシューズ』出版後も、ストレトフィールドは大人向けの小説を書いたが、児童書の執筆も続けた。どれもシリーズ物ではないのだが、その多くが『バレエシューズ』の人気にあやかろうと題名が変えられ、〈シューズ〉シリーズと呼ばれることもある。たとえば『*Party Frock* パーティドレス』(1946年)は『*Party Shoes* パーティシューズ』に、『*Bell Family* ベル一家』(1954年)は『ファミリー・シューズ』に改題された。

ストレトフィールドは脚光を浴びる世界を舞台にすることも多く、スポーツでは『愛のテニスシューズ』(1937年)や『白いスケートぐつ』(1951年)、芸術では『大きくなったら』(1957年)、『ふたりのエアリアル』(1944年)、『サーカスきたる』(1938年)などを書いた。『サーカスきたる』は英国図書館協会がイギリス人作家によるすぐれた児童書に毎年贈っているカーネギー賞に輝いた。しかし、ストレトフィールドのどの作品より知られ、愛されているのは、初めて書いた児童書『バレエシューズ』だろう。

『チムとゆうかんなせんちょうさん』
と〈チム〉シリーズ

Little Tim and the Brave Sea Captain(1936) and series

エドワード・アーディゾーニ

Edward Ardizzone(1900–1979)

エドワード・アーディゾーニの生き生きとした細い線と抑えた色調の水彩画は、多くの作家の作品の冒頭を飾った。そして絵も文章も手がけた、少年チムと仲間たちの物語で、すべての少年にとって夢のような、スリリングなハッピーエンドの冒険を描いた。

　エドワード・アーディゾーニは、ベトナムで、フランス系イタリア人の父親とイギリス人の母親との間に生まれ、イングランド東部で母方の祖母に育てられた。幼い頃から美術の授業で才能を発揮し、訓練を積んだのち、26歳でプロになった。

　アーディゾーニは商業画家として成功し、広告や雑誌に絵を提供し——スコッチウイスキーブランドの〈ジョニーウォーカー〉も、初期のクライアントだった——雑誌の仕事からの流れで本の挿画も描くようになった。初めて挿画を描いた本が出たのは1929年で、1872年に出版されたシェリダン・レ・ファニュのゴシックホラー小説集『*In a Glass Darkly* 暗い鏡の中に』の新版だった。

　『チムとゆうかんなせんちょうさん』では初めて文章も書き、少年チムの海での冒険は長いシリーズになった。1936年から1977年の間に、読者は『チムとルーシーとかいぞく』(1938年)、『チム、ジンジャーをたすける』(1949年)、『チムとシャーロット』(1951年)、『チムききいっぱつ』(1953年)など10冊ほどの絵本によって、チムとその仲間のルーシー、シャーロット、ジンジャーを知ることになった。

　アーディゾーニのスケッチ風の絵は、荒れ狂う海を生き生きと描き、臨場感を出すのにうってつけだ。さらに手描きの吹き出しの言葉が、挿画にインパクトを与えている。そして、表紙の題字がいつも手描きであることで、読者は本全体に親しみを感じ、読みたくてうずうずしてくる。

　アーディゾーニは自然主義的なインクと淡彩の絵が得意で、第二次世界大戦がヨーロッパで勃発すると、従軍画家に

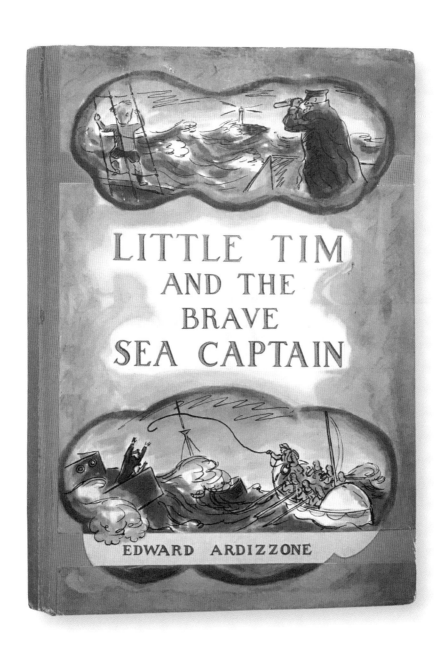

オックスフォード大学出版局から出版された〈チム〉シリーズの第1作は、
大人にならないと船乗りにはなれないと両親にいわれたチムが、
こっそり汽船に乗りこむところから始まる。

Would Tim like to come too, and lend him a hand with the boat? Tim was overjoyed.

Oh I would love to

The boatman went on to say that the captain of the steamer was an old friend of his, and as the steamer was about to sail, he wanted to say good-bye to him.

ポスターなどを手がけた。1年に1回、絵本画家に贈られるケイト・グリーナウェイ賞が1956年に創設されると、アーディゾーニの〈チム〉シリーズ最新作『チムひとりぼっち』が第1回の受賞作となった。

アーディゾーニはおどろくほど多作で、自分の作品の5倍、他の作家の作品に挿画を描いたといわれる。最も有名な表紙を挙げるとすれば、クライブ・キングの『ぼくと原始人ステッグ』(1963年)だろうか。いとこのクリスチアナ・ブランドとも共作し、クリスチアナが文章を書いた〈マチルダばあや〉シリーズ(1964–1974年)は、ふたりが祖母の膝できいた物語がもとになっている。祖母はその物語を自分の父親、エドワードとクリスチアナにとっての曽祖父からきいたという。義理の娘エインゲルダ・アーディゾーニとの共作では、捨てられたおもちゃが登場する2冊の絵本『まいごになったおにんぎょう』(1966年)と『つきよのぼうけん』(1973年)がある。

なった。そして最初の任務でイギリス海外派遣軍のダンケルクからの撤退に同行し、いきなり危険な目にあった。さらに北アフリカやイタリア、そして──戦争末期に──ドイツでの戦況を目撃し、記録した。アーディゾーニが出版した『Baggage to the Enemy 敵への荷物』(1941年)と『Diary of a War Artist 従軍画家の日記』(1974年)という2冊の戦争回顧録のもととなった、従軍中に描いた400点以上のスケッチと絵画は、現在ロンドンの帝国戦争博物館に所蔵されている。

戦争が終わると、アーディゾーニは戦前の仕事にもどり、雑誌や広告のための絵を描き、〈ギネス〉の広告や、有名なイーリングスタジオで制作された映画の

❖ エドワード・アーディゾーニが文と絵を手がけた本

『Nicholas and the Fast-Moving Diesel ニコラスと高速ディーゼル機関車』(1947)年、『時計つくりのジョニー』(1960年)、『ダイアナと大きなサイ』(1964年)、『あかいえのぐ』(1966年)、『The Wrong Side of the Bed ついてない日』(1970年)。

『ホビットの冒険』

The Hobbit(1937)

J・R・R・トールキン

J.R.R. Tolkien(1892–1973)

ジョン・ロナルド・ロウエル・トールキンが考えた空想の世界「中つ国」は、何十年にもわたって苦労して創造し、練り上げたものだった。この世界が最初に登場したのが、トールキンが初めて書いた物語『ホビットの冒険』で、この作品によってファンタジーの人気が現代の読者の間で一気に再燃した。

オックスフォード大学でトールキンに師事した詩人のW・H・オーデンは、トールキンが物語を書き始めたときの様子を覚えている。試験の採点をしていたときに、ひとりの学生の答案用紙が白紙なのをみて、ふと書く気になったという。「地面の穴の中に、ホビットが住んでいました」それが『ホビットの冒険』の出だしになった。

ビルボ・バギンズは由緒あるホビット族の家の出で、ドワーフの一行に巻きこまれ、スマウグという名のドラゴンに奪われた宝をさがしにいくことになる。ホビット庄をいくバギンズの旅は自己発見の道のりで、魔法使いガンダルフの助けを得ながら仲間と共にトロルやゴブリンと戦う。

トールキンは第一次世界大戦後、オックスフォード大学でアングロサクソン語の教授を務めていた。古英語の物語詩『ベーオウルフ』や、その原型となったスカンジナビアやドイツの詩や物語──善と悪の終わることのない戦いにおける神話的英雄の叙事詩──の権威だった。かつてトールキンはこういった。「『ベーオウルフ』はわたしにとって特に貴重な資料だ」

トールキンは第一次世界大戦で熾烈なソンムの戦いを経験した。塹壕戦で受けた精神的な痛手から、学問にのめりこむようになったのかもしれない。過去は安全な場所だからだ。古代の叙事詩は、失われた世界の創造神話を伝えている。そこでは戦いは終わり、物語は完結していて、戦いによって引き裂かれた現実世界のような不安はない。

この古代の物語とヨーロッパの残虐な戦争の類似点は明らかだ。トールキンが『ベーオウルフ』を言語学的に興味深い不条理な空想物語としてではなく、歴史的な記録として真剣に研究した最初の学者だということを考えればなおさらだ。

103

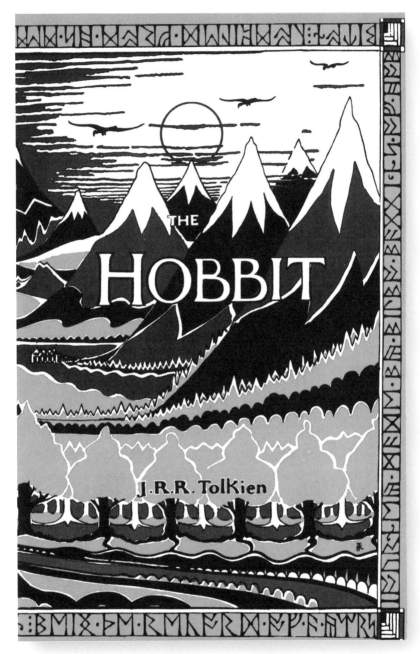

トールキンは1932年に物語を書き上げ、C・S・ルイスをはじめとする友人たちから意見をきいたのち、
原稿をアレン・アンド・アンウィン社に渡した。初版の1500部は3か月で完売した。

『ホビットの冒険』

「中つ国」を舞台にした『ホビットの冒険』の続編『指輪物語』は、すべてを巻きこむ闇と光の壮大な戦いが大半を占めている。『指輪物語』の戦いの描写は、生々しく、恐ろしい。

トールキンが中つ国の構想を練り始めたのは1914年で、『指輪物語』での中つ国のできごとに合わせて、『ホビットの冒険』をのちの版で手直ししている。この2作品の時代設定は、中つ国の第三紀で、トールキンの死後に出版された『シルマリルの物語』では、中つ国でそれ以前に起きたできごとも語られている。

想像上の世界を考え出した現代作家は、トールキンが最初ではない。トールキンは作家ジョージ・マクドナルドから多くを学んでいる。また敬虔なクリスチャンで、ビルボ・バギンズの教訓的な旅は、ジョン・バニヤンの『天路歴程』の影響を受けている。しかし、道徳とファンタジーと冒険という組み合わせはトールキン独自のものであり、中つ国の一貫性とあいまって、それまで子どもっぽく低俗とみなされていたファンタジーというジャンルが大きく評価され、信頼されるきっかけとなった。

マクドナルドもトールキンも、C・S・ルイスの〈ナルニア国物語〉シリーズに影響を与えた。ルイスとトールキンは友人で、ともにオックスフォード大学の作家の私的なグループ、インクリングズのメンバーだった。インクリングズには児童書の有名作家ロジャー・ランセリン・グリーンもいた。ルイスもファンタジーを書く難しさについて記しており、ファンタジーが児童文学として広く認められたことで多くの作家が子ども向けの作品を書くようになり、一般書なみの複雑な概念まで押しつけようとしていると指摘している。ルイスの〈ナルニア国物語〉がキリスト教的な背景を持っているのもその一例で、子どもの読者にははっきりと理解できなくても、大人が読めばすぐにわかる。

ハイファンタジーの出現とトールキン作品の人気のおかげで、ファンタジーは文学の主流に加わった。

『ホビットの冒険』は絶版になったことがなく、新たな世代の読者と作家に刺激を与え続けている。たとえばテリー・プラチェットの〈ディスクワールド〉シリーズは、この作品がなければ生まれなかっただろう。

『げんきなマドレーヌ』

Madeline(1939)

ルドウィッヒ・ベーメルマンス

Ludwig Bemelmans(1898–1962)

〈マドレーヌ〉シリーズのファンなら絶対に、毎回おなじみのこのワクワクする4行が記憶にしみついているはずだ。

　パリの、つたのからんだ
　ふるいきしゅくしゃに
　12にんのおんなのこが
　2れつにならんでくらしていた。

ベーメルマンスによるシリーズの6作はすべて、この書き出しで始まる。だから読者は一瞬にして、このフランス人の少女を主人公にした物語の第1巻にまたもどってくる。そこに登場するマドレーヌは橋の手すりのうえを歩くようないたずらっこで、先生のミス・クラベルの手にも負えない。動物園のトラも平気でからかい、天井のひび割れをみてウサギのようだといいだす。(第1巻でいきなり)盲腸炎の手術を受けてお腹に傷跡の残ったマドレーヌは、それを友人たちにみせびらかす。マドレーヌは一躍みんなの注目の的。

　すると、みんなはわーわーなきながら、
　「もうちょうをきってほしいよー」

　この物語の舞台はパリ。絵本では、ベーメルマンス自身が描いた軽やかで動きのあるスケッチに、短いけれど記憶に残るリズミカルで詩的な文章が添えられている。ミス・クラベルが「なにごとかとしんぱいして、いそぎにいそいで」かけつける姿を描いた一連の絵は、一度みたら忘れられなくなるほど印象的だ。

　この絵本の表紙やほかのイラストには、エッフェル塔がたびたび登場する。しかし、ベーメルマンスはフランス人ではない。生まれた町は、当時オーストリア・ハンガリー帝国の一部だったが、後にイタリアに割譲された地域。両親のルーツは、ベルギーとドイツだ。『げんきなマドレーヌ』は、ベーメルマンスがニューヨークに移住したのちに英語で書かれた。

　ベーメルマンスは、1914年にアメリカに渡ることになる。もとをただせばそれは、あまりにも問題の多い家庭環境に育ったことが原因だった。父親のランペルトは画家で、家庭を捨ててほかの女性

『げんきなマドレーヌ』の初版は1939年。人気が出たのは戦後になってからだった。
そこで、ルドウィッヒ・ベーメルマンスは1953年から1961年の間に5冊の続編を出版し、
その後を孫のジョン・ベーメルマンス・マルシアーノが引き継いだ。
主人公のマドレーヌはもちろん、列の一番後ろでこちらを振り返っている少女。

と出ていった。そのとき、母親と当時ル
ドウィッヒ少年の家庭教師をしていた女
性はどちらも、父ランベルトの子どもを
身ごもったまま置き去りにされてしまっ
た。ルドウィッヒ少年は6歳にしてすで
に、自分を縛ろうとする大人に対して反
抗するようになり、ドイツのレーゲンス
ブルクにある学校に入学してからも校則
に従おうとしなかった。これをきけば、
マドレーヌが意地っ張りなのも、納得が
いくだろう。

　ベーメルマンスの反抗的な態度は、一
向に変わらなかった。オーストリアにあ
るおじの経営するホテルで働くことにな
るが、そこでも問題を起こしてばかり
だった。そして、ついに更生施設に入る

『マドレーヌといぬ』(1953年)で、マドレーヌはセーヌ
川に落ちて犬に助けられる。

かアメリカにいくかの二択を迫られた。
　ベーメルマンスがみずから語る昔の話
は、どうやらすべてが正確とはいえなさ
そうだが、とにかくドラマチックで面白
い。本人が得意げに話していたこんなエ
ピソードがある。ある日、ホテルのボー
イ長に殴られたり、ぶたれたりするのに
耐えかねたベーメルマンスは、今度同じ
ことをしたら銃で打つぞと脅した。とこ
ろがまたやられたので、本当に撃って相
手に大けがをさせてやったというのだ。

　ニューヨークにきてからは、アメリカ
陸軍に入隊した。その後は、生活のため
にいくつかのホテルでウエイター見習い
を経験し、リッツカールトンホテルでも
働いた。やがて、雇われ仕事は向いてい
ないと悟る。ベーメルマンスはホテルで
働くのをやめ、父親と同じようなプロの
画家になることを決心し、同時に作家も
志すようになる。

　デビュー作の『山のクリスマス』(1934
年)は児童書として出版された。しか
し、ベーメルマンスは、子どもから大人
まで幅広い年齢層に向けて作品を書いて
いた。現在、ベーメルマンスの子どもの
本は日本でも広く愛され、親から子へと
受け継がれ続けている。

❖ルドウィッヒ・ベーメルマンスの児童書
『山のクリスマス』(1934年)、『ゴールデ
ン・バスケットホテル』(1936年)、『Rosebud
ローズバッド』(1942年)、『The Happy
Place 幸せな場所』(1952年)、『パセリとも
みの木』(1955年)、『マリーナ』(1962年)。

『マイク・マリガンと　スチーム・ショベル』

Mike Mulligan and his Steam Shovel(1939)

ヴァージニア・リー・バートン

Virginia Lee Burton(1909–1968)

蒸気で動くショベルカーの絵本などずいぶん時代遅れだと思う人もいるかもしれないが、『マイク・マリガンとスチーム・ショベル』は心温まるストーリーで時代を超えて愛されている。

スチーム・ショベルは、1796年に、大量の土や岩を短時間で移動するための建設機械として発明された。19世紀には大手の鉄道建設業者にとってなくてはならないものとなり、20世紀初頭にはパナマ運河の掘削にも使われるようになる。1920年代に入ると、自動車の普及によって幹線道路網の拡大が急速に進み、それとともに使用用途も広がった。だが、1930年代までには、操作が簡単で信頼できるディーゼル・エンジンで動くショベルにとってかわられた。

これが、1939年に描かれたこの物語の舞台だ。主人公マイク・マリガンと、メアリ・アンという名前のスチーム・ショベルは時代遅れになりかけていて、ディーゼル・ショベルの勢いからなんとか逃れるために、最新式の気取ったライバルがまだいない小さな町で仕事を探す。マイクは、市役所が新しく建てられ

ることを知り、その地下室の穴を1日で掘ってみせると宣言。町の役人は半信半疑で、マイクにやらせてみることにする。だがマイク本人も、そんなことができるかどうかわかっていない。マイクとメアリはやりとげることができるのだろうか。

ヴァージニア・リー・バートンは、サンフランシスコの美術学校で絵とバレエを学んだ。アラメダにある自宅から学校へフェリーで通う途中、ほかの乗客を描いて絵の練習をしていたという。ボストンの夕刊紙で仕事を始め、芸術評論記事に添える、俳優やダンサーや作品の場面をスケッチしていた。そうした劇場での経験は、彼女の最後の絵本『せいめいのれきし』(1962年)で生かされており、地球の生命の歴史が芝居の形で語られている。

初めて世に出た絵本『いたずらきかんしゃちゅうちゅう』は、『機関車トーマ

『マイク・マリガンとスチーム・ショベル』が評判になったひとつの理由は、
みんなが幸せになるという結末のためだ。ヴァージニア・リー・バートンは、
彼女が掘りすすめた物語の穴を埋めてくれた、
12歳の友人の息子ディック・バーケンブッシュに謝辞を捧げている。

ス』よりも前、1936年に出版された。画家であるバートンの絵本づくりは、木炭でスケッチ画を描くことから始まった。文から絵が生まれたのではなく、絵からひらめきが生まれ、物語になっていったのだ。また、表紙や文字デザインといった本の装丁も手がけていた。

『いたずらきかんしゃちゅうちゅう』は、『マイク・マリガンとスチーム・ショベル』同様、道徳的な絵本で、チームワーク、変わろうとする意欲、よい仕事をす

ることの大切さを教えてくれる。ちいさな機関車ちゅうちゅうは、荷物や人を乗せて走るのにあきあきして、ひとりで旅に出て大騒動を巻き起こす。彼女の絵は、素朴な白黒のタッチにもかかわらず、スピード感と生命感にあふれ、その時代の雰囲気と美しさを見事に映し出している。

　バートンは第二次世界大戦中、イギリスの詩人・画家・家具デザイナーのウィリアム・モリスのアーツ・アンド・クラ

フツ運動に影響を受け、〈フォリーコーブ・デザイナーズ〉という工芸グループを創設した。リノリウム板にデザイン柄を彫り、手刷りするホームテキスタイル製品を生み出し、そのデザインと職人技で高い評判を得たが、彼女の死後、グループは解散した。

バートンは10年に1冊ほどしか作品を発表していないが、その独特なスタイルの挿画と心温まる物語は世代を超えて子どもたちに愛されている。

『マイク・マリガンとスチーム・ショベル』の結末部分では、スチーム・ショベルのメアリは1日で市役所の地下室部分を掘るという難業を成し遂げるが、マイクはメアリが外へ出るための通り道を作るのを忘れていた。メアリは文字通り穴にはまって出られなくなってしまう。すると、見物人のなかにいた男の子が、メアリは新しい市役所のボイラーになって蒸気で部屋を暖め、マイクはそこの管理人になればいい、と提案する。みんなが幸せになるこのすてきな解決策は、バートンの友人の息子である12歳の男の子のひらめきだったという。

❖ヴァージニア・リー・バートンのほかの作品
『いたずらきかんしゃちゅうちゅう』（1936年）、『名馬キャリコ』（1941年）、『ちいさいおうち』（1942年）、『はたらきもののじょせつしゃ けいてぃー』（1943年）、『ちいさいケーブルカーのメーベル』（1952年）、『せいめいのれきし』（1962年）。

〈フェイマス・ファイブ〉シリーズ

The Famous Five series(1942–1963)

エニード・ブライトン

Enid Blyton(1897–1968)

エニード・ブライトンが書いた本は世界各国で90か国もの言語に翻訳されており、その数はアガサ・クリスティ、ジュール・ヴェルヌ、ウィリアム・シェイクスピアに次ぎ、600冊を超える作品の販売総数は6億部にもなる。1950年代の絶頂期には、ブライトンは1週間にほぼ1冊のペースで書いていた。

本書で紹介している子どもの本の作家には、作家自身の子ども時代の悲しいできごとに着想を得て物語を書いている人が多いが、エニード・ブライトンは、素材となるものが数多くあったにもかかわらず、そういったことはしなかった。大好きだった父親は、ほかの女性と暮らすためにブライトンの母親のもとを去った。母親は、ブライトンが執筆を始めた頃「物語を書くなんて時間とお金の無駄」と思っていた。ブライトンは両親を、最初の結婚式(相手はのちにアルコール依存症で浮気性の夫となった)に招待せず、両親の葬儀にも出席しなかった。〈フェイマス・ファイブ〉シリーズを執筆し始めた翌年の1943年に2度目の結婚式を挙げたのだが、その相手だけとは幸せな関係を築けたようだ。

こういったできごとは、作品には出てこない。ブライトンは、あらゆる年齢層の子どもに向けて、良い子が主人公の単純明快で素直に楽しめるストーリーを書いた。ブライトンの作品では、悪い行いは必ず罰せられる。デビュー作は詩集『*Child Whispers* 子どものささやき』(1922年)だが、創作活動が軌道に乗ったのは、1930年代に最初のシリーズ〈Old Thatch 古い草ぶき屋根の家〉(1934年–)と〈Wishing–Chair 魔法の椅子〉(1937年–)を書き始めてからだ。

1939年に〈Circus サーカス〉、〈Amelia Jane アミーリア・ジェイン〉、〈The Faraway Tree 魔法の木〉シリーズが出版された。1940年と1941年に、寄宿学校を舞台にしたふたつのシリーズ〈おてんばエリザベス〉と〈おちゃめなふたご〉が続く。そして1942年、〈Mary Mouse ネズミのメアリー〉シリーズの最初の作品のあとに、『フェイマス・ファイブ——宝島への大冒険』が出版される。その後、全21巻続くことになるシリーズの1巻目だ。4人と1匹の活躍を描いたこのシリー

ズは〈フェイマス・ファイブ〉として世界中に知られることになった。

4人と1匹というのは、ジュリアンとディックという少年ふたりと、アンとおてんばのジョージ(本当はジョージーナだが、そう呼ばれるのをきらっている)という少女ふたりと、ジョージの犬のティモシー(ティム)だ。溌剌とした若さも、永遠に続くかと思われる夏も、田舎でサイクリングしたり、泳いだり、探検したりする長期休暇もすべて彼らのもの。計画犯罪、秘密の通路、ピクニックなどが冒険をスリリングに盛り上げる。ピクニックのシーンによく出てくる「たっぷりのジンジャービール(lashings of ginger beer)」というフレーズは、じつは〈フェイマス・ファイブ〉原作のテレビドラマで使われているだけで、本のシリーズの中には一度も出てこない。こういった健全で理想的な子どもが描かれていることが、シリーズが支持され続けている理由だろう。ほぼ80年たった今でも、年間、約200万部が売れている。ブライトンが語ったところに

よると、ジョージはブライトン自身がモデルだ。

1940年代にはその後も新しいシリーズが続いた。『*The Island of Adventure* 冒険の島』(1944年)で〈冒険〉シリーズが始まった。さらに1940年代の終わりには、〈マロリータワーズ学園〉シリーズ、バーニーという少年と飼い猿のミランダが登場する〈Barney Mysteries バーニー・ミステリー〉シリーズ、仲間で力を合わせ

『フェイマス・ファイブ——宝島への大冒険』に初登場する
ジュリアン、ディック、アン、ジョージ。
「男の子みたい」なジョージは、絵も男の子のような外見になっている。

て事件を解決する〈シークレット・セブン〉シリーズ、ブライトンの作品群でいちばん有名で、木の人形のノディと妖精のビッグイヤーが登場する〈おもちゃの国のノディ〉シリーズなどが次々と出版された。ノディの一度みたら忘れられない愛らしい容姿を最初に手がけたのはオランダのイラストレーターのハルムセン・ファン・デル・ベイクだ。

エニード・ブライトンは、驚くほど多作の作家であると同時に、ブライトンブランドの優秀なプロモーターでもあった。その多くのシリーズは、最新作を求めてやまないファンをたくさん生みだし、何度かペンネームで執筆したときでさえ、読者はだまされなかった。本の裏表紙に「あなたに宛てたメッセージ」を載せることで、新刊への興味をそそった。本の表紙などにみられるエニード・ブライトンのサインは、品質保証のトレードマークだった。ブライトンは執筆のプロセスを、こう語っている。

「頭の中をからっぽにして待つんです。すると、本物の子どもが、登場人物が、心の中に現れて……最初の文がすっと浮かんでくるの。とくに考える必要なんてない。なんにも考えなくていいのよ」

❖ エニード・ブライトンの作品

『The Magic Faraway Tree 大きな魔法の木』(1943年)とそのシリーズ、『The Island of Adventure 冒険の島』(1944年)とそのシリーズ、『はりきりダレルは新入生——マロリータワーズ学園シリーズ』(1946年)とそのシリーズ、『Noddy Goes to Toyland ノディおもちゃの国へいく——おもちゃの国のノディ』(1949年)とそのシリーズ、『ひみつクラブとなかまたち——シークレット・セブン1』(1949年)とそのシリーズ。

ブライトンの人気シリーズ3作品。〈Old Thatch 古い草ぶき屋根の家〉(1934年-)、〈Wishing-Chair 魔法の椅子〉(1937年-)、〈おてんばエリザベス〉(1940年-)。

『星の王子さま』

Le Petit Prince(1943)

アントワーヌ・ド・サン゠テグジュペリ

Antoine de Saint-Exupéry(1900–1944)

『星の王子さま』は児童文学とは言い切れない。子ども向けに書かれたが、幅広い読者をひきつけ、あらゆる年齢層の人々にさまざまなメッセージを伝えているからだ。サン゠テグジュペリのたどった運命と最期も相まって、これを奇跡のような作品だと評価する人もいる。

別の星から小さな王子がやってきた。その王子が、砂漠に不時着した飛行機乗りの心のともしびとなる物語は発表と同時に、子どもも大人も心を奪われた。アントワーヌ・ド・サン゠テグジュペリは文章と絵をかいたが、その淡い水彩画も、ストーリーとともに愛されている。

サン゠テグジュペリは感性の鋭い言葉の遣い手——つまり文章の達人で、どの言葉もよく吟味した。『星の王子さま』には、サン゠テグジュペリが紡いだ物語に、作家本人の人生が反映されている。深く考えさせる作品で、選び抜かれた、しかしシンプルな言葉で書かれているため、フランス語初級者のリーダー教材としてよく使われている。

サン゠テグジュペリは20世紀初頭、フランスの航空時代の草分け的存在として活躍した。フランス陸軍航空連隊で飛行経験を積んだあと、民間の航空会社に就職し、フランスと北アフリカ、またフランスと南米をつなぐ、新たな航空郵便ルートを開拓した。このときのアルゼンチンでの体験を書いた『夜間飛行』(1931年)は、作家としての初ヒット作となった。

サン゠テグジュペリが作品を出すと、操縦士としての評判も高まった。とはいえ、飛行機乗りとしては、事故着陸が多かった。なかでもサハラ砂漠に不時着した1935年の事故は、一時は絶望視されるほどの騒ぎになり、発見されたときは同乗していた整備士とともにひどい脱水症状にみまわれ、幻覚をみるほどの状態だった。この事件にヒントを得て、〈タンタンの冒険〉シリーズのなかの『金のはさみのカニ』(1941年)に、ハドック船長の不時着事故のエピソードが書かれている。サン゠テグジュペリ自身はこの事故の体験を自伝的エッセイ『人間の大地』(1939年)に記し、のちに『星の王子さま』

ANTOINE DE SAINT-EXUPÉRY

Le Petit Prince

Avec des aquarelles de l'auteur

フランス語版『星の王子さま』はサン゠テグジュペリの死後、1945年にフランスで出版された。フランスがドイツに占領されていたヴィシー政権下では、フランス語版が出る前からサン゠テグジュペリの本は禁書扱いで、これを書いた作者はユダヤ人の擁護者だと強く叩かれた。

の設定のモチーフにした。

　サン゠テグジュペリは優秀とはいえ、注意散漫な飛行士だったといえるかもしれない。操縦の腕は抜群だが、飛行中にはいつも文章や絵を描いたり、本を読んだりしていた。着陸後のコックピットの床にはスケッチが散らばっていたのを、担当整備士はよくみかけた。また、小説を読み終わるまで1時間ほど着陸場の上空を旋回していたのも一度や二度ではなかったらしい。空を飛ぶ——それはサン゠テグジュペリにとって自分と向き合うことだった。そうやって、コックピットからみえる世界や、空のむこうの宇宙に

ついて考える時間や視点を得ていたのだ。

1940年、フランスがドイツに降伏すると、サン＝テグジュペリはアメリカに亡命した。そこで『星の王子さま』を書き始めるのだが、その一方でヨーロッパで起きている戦争へのアメリカの参戦を支持する講演を行っていた。「星の王子」にはモデルがいる。アメリカ滞在中に知り合った、ふたりの幼いブロンドの少年だ。ひとりは友人の哲学者チャールス・デ・コーニンクの息子。もうひとりはアメリカの飛行家チャールス・リンドバーグ（皮肉にもリンドバーグは激しく、アメリカの参戦反対運動を行っていた）の息子だ。王子の心にいつもあったふるさとの星のバラはおそらく、サン＝テグジュペリの南米人の妻をモデルにしたらしい。サン＝テグジュペリは妻を深く愛したが、強烈にぶつかることも多かった。

サン＝テグジュペリは祖国を愛するあまり、ドイツに降伏したフランスのために、なんとかして戦場に赴こうとした。そこで年齢制限を8歳も過ぎた43歳で、

本土陥落後もドイツに抵抗を続けていた自由フランス空軍に志願した。そして再訓練のさなか、ロッキード・ライトニングで墜落事故を起こす。ところが上層部はサン＝テグジュペリが自由フランス空軍に所属しているという宣伝的価値の大きさを考え、事故後の復帰を許す。1944年7月31日、サン＝テグジュペリはまた別のライトニング機での偵察飛行に出たが、地中海上空で消えた。風のように、あとかたもなく。その飛行機の残骸がみつかったのは2000年、マルセイユの沖合だった。

アメリカでの『星の王子さま』英語版は、サン＝テグジュペリが亡くなる1年前に世に出た。サン＝テグジュペリはこの本を心から誇りに思い、どこにいくときも持ち歩き、きいてくれる人がいればいつでも朗読した。国のための任務で命を落とした短い人生を悼み、この作品のフランス国内での著作権保護期間は100年に延長された。その期限が切れるのは2044年だ。

ANTOINE DE SAINT EXUPERY

Le Petit Prince

Avec dessins par l'auteur

REYNAL & HITCHCOCK · NEW YORK

『長くつ下のピッピ』

Pippi Longstocking(1945)

アストリッド・リンドグレーン

Astrid Lindgren(1907–2002)

児童文学作品のなかでも根強い人気を誇る『長くつ下のピッピ』は、編集者の選ぶ子ども向けおすすめ本リストの常連だ。2002年にノルウェー・ブック・クラブとノーベル研究所が発表した「世界最高の文学100冊」にも選ばれ、幅広い層に親しまれている。

ピッピはなにからなにまで型破りなキャラクターだ。このハチャメチャな少女のトレードマークは、2本のおさげ髪、金貨のいっぱい詰まったトランク、そしてけた外れの怪力だ。一方で、児童書にありがちな設定として、ピッピの生みの親でスウェーデン人作家のアストリッド・リンドグレーンは、この主人公も両親がいないことにした。だからこそ、ピッピはだれにも縛られることなく自由奔放な生活を送っている。ピッピの場合、母親は亡くなっていて、船長をしている父親は航海の途中で行方不明になった。

ピッピは、自分のことならひとりでなんでもできた。ところが、船の上で育てられたピッピにとって、陸の上でうまく舵を取るのはひと苦労。社会の常識がよくわからずに、問題を起こしてばかりいる。近所のきょうだいと友だちになったピッピは、ペットのサルと馬も連れて、

どこにいっても大暴れ。お呼ばれしたコーヒーの会、みにいったサーカス、とりわけ友だちの通う学校——自分もクリスマス休みや夏休みがほしいという理由で、ピッピはわざわざ学校にいってみる——で、ピッピは大混乱を巻き起こす。

「長くつ下のピッピ」というキャラクターの誕生エピソードは、児童文学の傑作の定番といっていい。もともとは、リンドグレーンが風邪で寝こんでいた娘のために、この物語を話して聞かせたのがきっかけだ。それは、1940年代前半のこと。リンドグレーンは娘から、「長くつ下のピッピ(ピッピ・ナガクツシタ)」という名前の女の子の話をしてほしいと頼まれた。第二次世界大戦中、スウェーデンは中立の立場を維持していた。一方で、隣国ノルウェーとデンマークはドイツ軍に占領された。それに対する北欧三国の当時の態度が、自分に指図してくる人々に従おうとしないピッピのふるまいに表れ

アストリッド・リンドグレーンは、物語に出てくる過激な描写を抑えたほうがよいと忠告を受け、
いっぱいになったしびんで火を消す場面などを削った。
また、6歳から10歳くらいの読者でもわかりやすい言葉で書くようアドバイスされ、会話の場面も書き直した。

ているのだろう。リンドグレーンが1939年から1945年にかけて書いた日記は、のちに『リンドグレーンの戦争日記 1939–1945』（2016年）として出版された。そこには、中立国スウェーデンに暮らしながらも作者が目にした、戦争による恐怖や喪失感がつづられている。

『長くつ下のピッピ』は、ある出版社に持ちこんで不採用になった。リンドグレーンはその原稿に手を加え、この物語の奇想天外な面白さをさらに強調することにした。その判断は正しく、書き直して出版された本は、1946年にスウェーデンの文学賞を受賞した。その後、続編として2冊の長編作品『ピッピ船にのる』（1946年）と『ピッピ南の島へ』（1948年）、そしてさらにいくつかの短編が書かれている。

ピッピは船の上で育ったという設定だが、リンドグレーン自身は航海生活にはなんの縁もなかった。生まれ育ったのはスウェーデンのヴィンメルビューという町（アメリカのノースダコタ州ファーゴと姉妹都市）で、そこは海から55キロほども離れていた。ここにはリンドグレーンの墓があり、ファンたちの聖地となっている。近くには、その作品世界を再現したテーマパーク、アストリッド・リンドグレーン・ワールドもある。

リンドグレーンは、世界で4番目に多く翻訳された児童文学作家だ。同じく北欧出身のハンス・クリスチャン・アンデルセン、ドイツのグリム兄弟、イギリスのエニード・ブライトンの次に多い。リンドグレーンの作品はこれまで90か国語以上に翻訳された。『長くつ下のピッピ』だけでも、現在40か国語以上で親しまれている。世界的な人気作家となったリンドグレーンは、スウェーデンの国民的な英雄だ。亡くなったときには、その死を悲しんだ国中の人々が葬儀に参列した。そこには、国王夫妻や首相の姿もあった。

❖ アストリッド・リンドグレーンの作品

『名探偵カッレくん』（1946年）とそのシリーズ、『やかまし村の子どもたち』（1947年）とそのシリーズ、『ミオよ わたしのミオ』（1954年）、『やねの上のカールソン』（1955年）とそのシリーズ、『ちいさいロッタちゃん』（1956年）とそのシリーズ、『エーミールと大どろぼう』（1963年）とそのシリーズ、『ひみつのいもうと』（1973年）、『山賊のむすめローニャ』（1981年）。

『機関車トーマス』

Thomas the Tank Engine (1946)

ウィルバート・オードリー

Reverend Wilbert Awdry (1911–1997)

鉄道ファンにとっての、J・R・R・トールキンの『ホビットの冒険』やC・S・ルイスの〈ナルニア国物語〉シリーズに登場する夢の世界——それがソドー島だ。この架空の島にはふとっちょの局長と、石炭で動く「ホビット」、機関車トーマスが暮らしている。

第一次世界大戦が終わってまだ間もない頃、ウィルバート・オードリー少年は夜になると子ども部屋のベッドのなかで目を開けたまま、機関車の動く音に耳をすませていた。当時住んでいた家のすぐそばにあったのは、悪名高き「ボックス・トンネル」[全長3キロものトンネルで、傾斜地に建設されているため、機関車にとっての難所だった]。このトンネルはイングランド南西部に位置し、そこを走るグレート・ウェスタン鉄道の蒸気機関車は、補助のタンク機関車と力を合わせなければ、貨物を引っ張りながらその1/100の急勾配を登ることができなかった。運転士にはそれぞれの汽笛の鳴らし方があり、ウィルバート少年はそのふたつの異なる汽笛をきき分けることができるような気がして、それが2台の機関車の会話にきこえたのだという。

やがてオードリーは成人し、1940年には息子のクリストファーが生まれた。そ

の息子が3歳ではしかにかかって寝こんだとき、元気づけようとオードリーが話してきかせたのが、ヘンリーとゴードンとエドワードという3台の機関車の物語だった。これが、〈汽車のえほん〉シリーズの第1作目となる。この絵本は1945年に、『3だいの機関車』として出版された。

オードリーは、息子クリストファーのために機関車エドワードの木製のおもちゃまで作ってやったが、持っていたほうきの柄は車体の大きなゴードンの車軸を作るには本数が足りなかった。そこで、小さなタンク機関車を作った。SLファンなら、タンク式機関車はたいがい水用タンクをボイラーの左右に装備していて自力で走れるので、トレーラーや炭水車が必要ないということをご存知だろう。もちろん、クリストファーはこの新しい機関車の物語もききたがった。そこで、この機関車トーマスは、1946年に出版されたシリーズ2作目の絵本に初めて

登場することになる。オードリーは、この本の冒頭で息子へのメッセージをこう書いている。

「クリストファーへ
これは、きみのともだち、
機関車トーマスのおはなしです。
トーマスは自分がはたらいている駅の構内をとびだして、外の世界をみたがっていました。
トーマスがどうやって外の世界にでていったのか、
この絵本を読んでみてください」

トーマスのデザインは、この本のイラ

The Three Railway Engines
by The Rev. W. Awdry

THE RAILWAY SERIES NO. 1
The Three Railway Engines
THE REV. W. AWDRY

イギリスの作家ラドヤード・キプリングは、1897年にはすでに鉄道機関車を擬人化した作品を発表していた。ところが、オードリーは機関車の世界をまるごと創り上げてしまった。最初に出版された絵本(上)のイラストは、ウィリアム・ミドルトンが担当。オードリーはこの絵が気に入らず、のちにレジナルド・ダルビーが描き直した。オードリーは機関車の小型模型を作っていたが、それが原因でダルビーともけんか別れすることになる。ダルビーが、ちびっこ機関車パーシーの模型を無視してイラストを描いてしまったからだ。

ストを担当したレジナルド・ペインが考案。のちにこのシリーズのイラストを担当することになったレジナルド・ダルビーによって描き直された。オードリーは、〈汽車のえほん〉シリーズを全部で26冊出版し、1972年にシリーズの執筆を終えた。1冊ごとに、ソドー島の路線図は広がっていき、トーマスの仲間も増えていった。まず、機関車のジェームズやパーシー、客車のアニーやクララベルなどが登場。そのほかにもトラクターのテレンスやバスのバーティー、ヘリコプターのハロルドなど、さまざまな乗り物が出てくる。第16作目に登場するディーゼル機関車のデイジーは、シリーズで最初の女性機関車だ。

　こうなればもう、息子のクリストファー・オードリーも、父親のような鉄道ファンに育つほかない。1983年には、父親の賛同を得て、新たな〈汽車のえほん〉シリーズを書き始め、〈Thomas and Friends トーマスとなかまたち〉シリーズとして出版する。クリストファーは、父親が出版した作品に16作品を加えた。2011年に出版された最終巻では、初めて「おしまい」という言葉を使い、シリーズの最後を締めくくった。

　牧師であったオードリーがソドー島という名前を思いついたのは、「ソドー・アンド・マン教区」という英国国教会の教区名からだ。この教区はかつて、スコットランドの南の島々（「ソドー」は古ノルド語で「南島」の意）とアイリッシュ海上のマン島を管轄していた。この教区はいま

も存在してはいるが、スコットランドの島々は管轄から外れ、マン島だけが残っている。1987年になるとオードリーは、おそらく自分が創り上げたソドー島の設定を記録しようと考えたらしく、弟のジョージと共同でこの島の全史『*The Island of Sodor: Its People, History and Railways* ソドー島——その住民・歴史・鉄道』を出版した。2005年には、それをクリストファーがさらにふくらませ、『*Sodor: Reading Between the Lines* ソドー島——行間を読む』を書き上げる。これは、この島に暮らすキャラクターの人名事典だ。

　1989年から始まった〈ブリット・オールクロフト社〉制作のテレビシリーズが大ヒットし、機関車トーマスは世界的に有名になった。その人気は生まれ故郷のイギリスから遠く離れた中国や日本にまで広がり、青い機関車のイラストがプリントされたパジャマや布団カバーが発売されているほどだ。

❖ **ソドー島についての本**
ウィルバート・オードリー作〈汽車のえほん〉シリーズ（1940–1972年、全26巻）、クリストファー・オードリー作〈Thomas and Friends トーマスとなかまたち〉シリーズ（1983–2011年、全16巻）。

『おやすみなさいおつきさま』

Goodnight Moon(1947)

マーガレット・ワイズ・ブラウン

Margaret Wise Brown(1910–1952)

幼児向けおやすみ絵本の名作『おやすみなさいおつきさま』は、多くの親や子どもにとって就寝前のお話というよりは、1日の終わりの儀式のようなものだ。その作者は型にはまらない女性で、子どもの本と教育に抜本的な改革を唱えた。

『**お**やすみなさいおつきさま』は、幼児が少しずつ眠くなるように話が進んでいく。まずは寝室へと導き、2行でひとつの脚韻を踏む文で、室内にあるものの説明をする。それから、それぞれのものに順番に「おやすみ」といい、最後に「いたるところの音におやすみ」という。言葉のリズムやくり返しだけでなく、クレメント・ハードの挿画も眠りを誘う。くり返される部屋のイメージは、「おやすみ」というごとに細部がわずかに変化する。部屋そのものは、ベッドの中の子ウサギが眠りに落ちていくにつれ、あたり一面を覆う薄暗さに徐々に包まれていく。

この絵本がもたらすのは、心地よさと安心感だ。朝起きれば、すべてのものが変わらずそこにあるだろう。『おやすみなさいおつきさま』は読み終える頃には眠くてたまらず、再読するたびにさらに眠くなっていく。この絵本はマーガレット・ワイズ・ブラウンによる、子ウサギを主人公にした3部作（といっても、緩やかなつながりにすぎないが）の2作目だ。1作目は『ぼくにげちゃうよ』(1942)で、2作目のあとに『ぼくのせかいをひとまわり』(1949年)が続く。この『ぼくのせかいをひとまわり』は、ハードの当時生まれたばかりの息子のサッチャーに捧げられた。サッチャー・ハードは現在、絵本の制作を手がけている。

マーガレット・ワイズ・ブラウンはクレメント・ハードと、マンハッタンにあるバンク・ストリート教育大学で出会った。この大学の付属校が提唱したのは、子ども中心の反応の早い教育的アプローチだった。「今ここでどうするか」を最優先に考え、融通の利かない教育者の会議などとはまったくちがっていた。創設者のルーシー・スプレイグ・ミッチェルは『*The Here And Now Story Book* 今ここでの物語』を1921年に出版した。これはお

とぎ話ではなく、初めて生活上の日課に焦点を当てた子どもの本の1冊である。ミッチェルはまた、1937年にバンク・ストリートにライターズ・ラボを設立し、ここからバンク・ストリートの教員養成機関「教師のための協同学校」の学生たちや児童書が生まれた。ブラウンとクレメントの妻イーディス・サッチャー・ハードはラボの初期メンバーで、ブラウンは同年の1937年に最初の本『When the Wind Blew かぜがふいたら』を出版した。

バンク・ストリート付属校に子どもを通わせていた父親のひとりがウィリアム・ルーファス・スコットだった。スコットは『When the Wind Blew かぜがふいたら』に感銘を受け、1938年に新しく始めた出版社の編集者としてブラウンを雇った。ブラウンの仕事は、トップクラスの現代作家に子ども向けの本を書くよう説得することだった。注目に値する成功を収めたのは、ガートルード・スタインの『世界はまるい』(1939年)で、クレメ

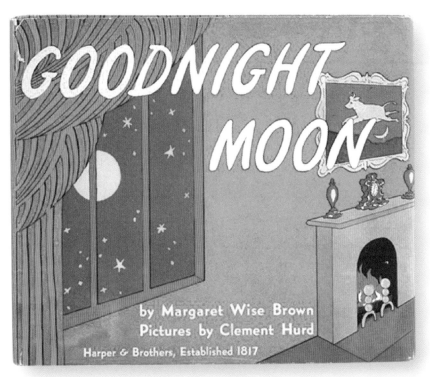

マーガレット・ワイズ・ブラウンは挿画を担当するクレメント・ハードに
『おやすみなさいおつきさま』の原稿を送った際、指示はほとんど与えなかった。
だが、インスピレーションが湧くようにと、ゴヤの「赤い服の少年」の複製画を同封した。
ニューヨーク公共図書館には「耐えがたいほどセンチメンタルな作品」といわれ、蔵書に加えられなかった。
それが許可されたのは1973年のことだった。

The
RUNAWAY
BUNNY

by Margaret Wise Brown
Pictures by Clement Hurd

マーガレット・ワイズ・ブラウンはウサギの話を書いていながら、ウサギを狩ることにはあまり後ろめたさを感じていなかった。子どもに対する態度にしても、はっきりしないところがあった。1946年に、結婚についてきかれたときはこう話している。「まあ、子どもも特に好きではありません。少なくとも、ひとつの集団としては。ただ小さいからといって、わたしは目をつむるつもりはありません」（『ぼくにげちゃうよ』、1942年）

ント・ハードが挿画を描いた。ハードはまた、W・R・スコット社から出版されたブラウンの最初の本『ぶんぶんむしとぞう——おおきいものとちいさいもの』（1938年）でも、挿画を担当した。ブラウンがイーディス・ハードをスコットに紹介したことにより、イーディスの初めての本『Hurry Hurry いそいで いそいで』（1938年）が出版された。

　マーガレット・ワイズ・ブラウンは、ウサギを擬人化することと、生涯にわたって楽しんだビーグル犬を使って行うウサギ狩りとの間に、何の矛盾も感じなかった。昔からハンターは徒歩でビーグル犬を追うことになっている。ブラウンは足が速く、ビーグル犬の群れに追いつけることで有名だった。ブラウンは健康が自慢だったが、それが命取りとなる。1952年、フランスのニースのビーチリゾートで、卵巣嚢腫の緊急手術を受けた

あと、看護師に脚を高く蹴り上げてみせたのだ。このとき知らないうちに、脚にできていた血栓が血流に乗って心臓に流れていってしまった。数日後、その結果生じた塞栓症で、ブラウンは亡くなった。

　ブラウンは型にはまらない自由な人生を送った。とりわけ、友人の9歳の息子、アルバート・クラークを甘やかした。ブラウンは遺言で、出版した作品のほとんどの印税をアルバートに残し、21歳になったら相続できるようにした。残念ながら、遺産を相続するかなり前に、アルバートは道を踏み外し、非行に走って犯罪人生を歩むことになる。その後、ブラウンの出版社から受け取った何百ドルもの大金は、保釈金や安易な生き方、お金に関する誤った判断につぎこまれた——これでは「おやすみ おかね」というしかない。

『アンネの日記』

The Diary of a Young Girl（1947）

アンネ・フランク
Anne Frank（1929–1945）

思春期の少女が心に秘めていた思いが読者の胸をえぐるのは、これを書いていたときに少女が知らなかったこと——少女は決して夢見ていた大人にはなれないということ——を読者は知っているからだ。

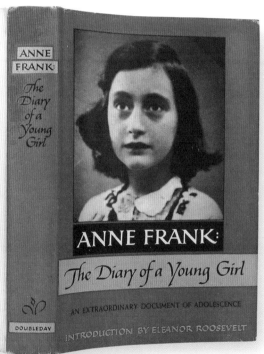

THIS IS A PAGE FROM
THE DIARY OF ANNE FRANK

ANNE FRANK:
The Diary of a Young Girl

ANNE FRANK:

The Diary of a Young Girl

AN EXTRAORDINARY DOCUMENT OF ADOLESCENCE

INTRODUCTION BY ELEANOR ROOSEVELT

DOUBLEDAY

『アンネの日記』は、オランダで最初に出版された。
アンネが日記を書き始めたのは1942年9月だった。
その後、1944年3月にロンドンに亡命していたオランダの教育大臣が
ラジオで「日常の記録、日記や手紙」を保存しておくように呼びかけたのをきっかけに、
アンネは将来の読者のために自分の日記を書き直すことにした。

ンネ・フランクが日記帳をもらったのは13歳の誕生日、1942年6月12日のことだった。それから2年と少し、アンネはその年頃の少女の頭を悩ますさまざまなこと——母親のいうことは本当に正しいのかという疑問や、隣人へのいらだち、プライバシーの欠如、男の子たち、そして将来への高まる希望——を、そこにつづった。アンネは文章を書くのが好きで、ジャーナリストになりたいと思っていたが、生きた時代の記録として日記を取っておくようにという呼びかけをラジオ放送できいてから、ますますその思いは強くなった。アンネは自分で文章を編集し、一部を削ったり、別の部分を書き直したりした。

　当時の社会情勢は厳しかった。アンネはユダヤ系ドイツ人で、アムステルダムに住んでいた。ドイツでヒトラーが政権についたため、1933年（アンネはわずか3歳）に家族で亡命してきたのだ。しかしドイツがオランダに侵攻し、フランク一家の命はふたたび危険にさらされた。父親のオットー・フランクがアムステルダムで経営していた食品会社の従業員が親身になって助けてくれたおかげで、一家が暮らすようになった隠れ家は、運河沿いにある会社のオフィスの建て増し部分で、本棚のうしろに秘密の出入り口があった。

　一家は26か月近くそこで暮らし、ナチスから逃れた人たちがさらに加わったため、住人は8人に膨らんだ。アンネの日記は1944年8月1日で終わっている。8月4日、ナチスの親衛隊将校に先導されたドイツ警察が隠れ家に踏みこんだ。支援者の娘であるナチスの支持者に裏切られたのか、それとも配給違反の取り締まりの最中にたまたまみつかってしまったのか、定かではない。

　一家を支援していた別の人が、アンネの日記が隠れ家に残されているのをみつけ、戦争が終わったら返そうと、保管していた。しかし、生き残って日記を受け取ったのは、父親のオットーだけだった。一家と同じ列車でアウシュヴィッツに移送された1019人のユダヤ人のうち、549人は到着と同時にガス室に送られた。アンネも姉も母親も、隠れ家に住んでいたほかのユダヤ人も、その後、強制収容所で死亡した。アンネはベルゼン収容所で起きたチフスの集団感染で死亡した1万7000人の被収容者のひとりだっ

1940年のアンネ・フランク。

た。第二次世界大戦中にオランダから移送されたユダヤ人10万7000人のうち、生き残ったのはわずか5000人だった。

　そのようなことはアンネの日記にはまったく書かれていないが、隠れ家に入る前後にオランダのユダヤ人に加えられた制限については書き残している。アンネにしか書けなかった時代の記録によって、彼女はその死後、志望していたジャーナリストになったのだ。オットー・フランクは日記を出版することに決め、1947年に『*The Secret Annex* 隠れ家の物語』として世に出した。初版はオットーが手を加えており、両親（特に母親）への批判や性への関心についての記述が削除されていた。削除された部分は、のちの版では復元されている。

　初めて英語版が出版されたのは1952年だった。当初、イギリスではほとんど関心を呼ばず、翌年、絶版になった。一方、アメリカではエレノア・ローズベルトが序文を寄せた初版本がセンセーションを巻き起こした。おそらくイギリス人にとって、この本で語られる恐怖は身近すぎたのだろう。

　目撃者の記録でもあり、個人的な日記でもあるこの作品は、10代にとって必読の書で、ヒラリー・クリントンも「無関心の愚かさと、それが若い世代に与える恐ろしい損害」に気づかせてくれると述べている。ネルソン・マンデラもまた、獄中でこの本を読んで慰められたという。日記の中のアンネ・フランクは、ひとりの生身の少女であると同時に、戦争で罪なく犠牲になったすべての人でもある。

『たのしいムーミン一家』と〈ムーミン〉シリーズ

Finn Family Moomintroll(1948) and series

トーベ・ヤンソン

Tove Jansson(1914–2001)

〈ムーミン〉シリーズのうち、初めて英訳された『たのしいムーミン一家』(1950年)は、実際にはシリーズ3作目にあたる。最終的には小説全9冊と絵本5冊が出版され、さらにはマンガが新聞に長期連載された。

トーベ・ヤンソンは、フィンランドのスウェーデン語圏に生まれた。そこは当時、革命前のロシア帝国の統治下にあった。ヤンソンは、ヘルシンキ、ストックホルム、パリで絵を学び、ヨーロッパをあちこち旅してまわった。第二次世界大戦中は風刺漫画を描いており、なかでも、おむつをはいた赤ちゃんヒットラーがだだをこねている絵が有名だ。

ところが、この大戦で生活が激変し、気分がふさぎがちだったヤンソンは、幸せで、無邪気な世界にあこがれを持つようになった。そうした思いから、ムーミンたちの物語が生まれたのだ。このやさしいカバのような生き物は、強いきずなで結ばれた幸せな一家で、彼らが暮らしているムーミン谷でちょっとした冒険をくり広げる。ヤンソン自身の願いをたくしたムーミンの世界は、幼い読者がその生き生きとした想像力で探検するには最

高の場所だ。

『たのしいムーミン一家』は初の英語版〈ムーミン〉シリーズの1冊目で、戦争が終わって落ち着いた頃に執筆された。もともとは、スウェーデン語のタイトル『*Trollkarlens Hatt* 魔法使いの帽子』で出版されたが、英語話者向けにシリーズ本として出版するにあたり、タイトルが変更された。

『たのしいムーミン一家』は、ムーミンママとムーミンパパのぼうやのムーミントロールの物語だ。ムーミントロールは山の上で飛行おにのシルクハットを見つける。その帽子には、中に入ったものの姿を変えてしまうという不思議な力があった。卵の殻は雲に、つる草はジャングルに、そしてかくれんぼ中に帽子の下に隠れたムーミントロールまで、へんな姿に変えてしまう。こうして次々とおかしな事件が起こったあとで、帽子の持ち

主である飛行おにがムーミン谷にやってきて、みんなの願いをかなえる。

　楽しい家族や仲間たちが描かれた『たのしいムーミン一家』は、幼い子どもたちにとって区別の難しい善悪に関する入門書としての役割も果たしてくれる。物語に登場するトフスランとビフスランのふたり組は、貴重なルビーやムーミンママのハンドバッグなどを盗んでしまう。ふたりは宝石泥棒の罪で裁判にかけられ

るが、物語の後半では、悲しみにくれるムーミンママをみて反省しハンドバッグを返す。本作品は、子どもたちに向けた、なんでもありのドタバタ劇を描いているが、親を満足させるだけの道徳的な味付けもしているのだ。

ヤンソンとムーミンは、このシリーズ3作目で世界的な成功を手にした。1970年以降になるとヤンソンの執筆に費やす時間は減っていくが、このシリーズは今も子どもたちのお気に入りの物語として確固たる地位を築いている。1993年には、テーマパーク〈ムーミンワールド〉がフィンランド南部に開園し、これに対してムーミンをディズニーランドのように商業化していると批判の声があがった。

このスウェーデン語の初版『Trollkarlens Hatt 魔法使いの帽子』は、古書の取り引きでは、「多少スレ傷あり」と書かれるだろう。

しかし、ヤンソンの著作権・商標権を今も管理するヤンソン家は、ディズニー・スタジオによる買収の申し出を拒否している。

とはいえ、ムーミンの小説は数え切れないほど、ヨーロッパの映画やテレビアニメ向けに脚色化あるいはスピンオフ化、さらには舞台化もされている。ヤンソンの想像では、ムーミン谷は音楽のあふれる場所で、フィンランド人作曲家エルマ・タウロとともに、実際にムーミン谷の歌も作られた。そうしてできた曲は、ヤンソン亡きあとの2003年に初めて1枚のCDにトリビュートアルバムとしてまとめられた。

トーベ・ヤンソンは、児童文学に対する永続的な貢献を称えられ、1966年に国際アンデルセン賞作家賞［児童文学で最高の栄誉とされている］を受賞した。50年以上たった今も、ヤンソンの与えてくれたものは、ムーミンたちの暮らす愉快で、幸せな世界に生き続けている。

✤ トーベ・ヤンソンのほかの作品

『小さなトロールと大きな洪水』(1945年)、『ムーミン谷の彗星』(1946年)、『楽しいムーミン一家』(1948年)、『それからどうなるの？』(1952年)、『ムーミン谷の夏まつり』(1954年)、『ムーミン谷の仲間たち』(1962年)、『ムーミン谷の十一月』(1970年)、『Songs from Moominvalley ムーミン谷の歌』(1993年)。

『カサンドラの城』

I Capture the Castle (1949)

ドディー・スミス

Dodie Smith (1896–1990)

1930年代のイギリスの美しい田園風景を背景に描かれるユーモアあふれる成長物語は、現代的で斬新な設定はあるものの、さながらジェイン・オースティンの小説のようだと思われたにちがいない。

モートメイン一家は、荒れた古城で貧しいながらも前向きに生きている。城は、近隣のスコートニーホールに住む家主に借りている。家賃の支払いが滞っているのは、12年前に初めて執筆した本が出版されて以降、父ジェイムズがまったく書けなくなってしまったからだ。ジェイムズには、愛らしい外見の姉ローズと、知的好奇心いっぱいの妹カサンドラというふたりの娘がいる。城の雑用をこなすスティーヴンは、亡くなった住み込みのお手伝いの息子だ。スコートニーホールは、家主のコットン氏の孫に相続されることになり、裕福でハンサムな兄弟サイモンとニールが、母親とともにアメリカからやってくる。

複雑な人間関係は現代のメロドラマと呼ぶにふさわしい。スティーヴンはカサンドラを一途に思っている。ローズは財産目当てでサイモンと結婚することに決める。サイモンはローズに心を奪われ、ふたりは婚約する。ここまでは順調だ。

だが、カサンドラはひそかにサイモンとキスをする。ローズとニールは人知れず恋に落ち、駆け落ちする。サイモンは傷つき、イギリスを去る。スティーヴンも城を出る。残されたカサンドラが希望を抱いて生きようとするところで物語は終わる。

全編、17歳のカサンドラがつづる日記の形で展開する。ひと夏の実らぬ恋を通してカサンドラは成長する。初めは少女だったカサンドラは、物語の終わりでは大人の女性としての自覚を持ち、自分の人生の夢を追求しようと決心する。現代的で斬新な設定が盛りこまれており、カサンドラの父親の再婚相手は裸で自然とふれ合うのが好きな女性として描かれている。ハッピーエンドはなく、姉妹そろっての結婚はないが、希望はある。サイモンはカサンドラに「帰ってくる」と告げ、父はふたたび書けるようになるし、コットン家の援助のもと、モートメイン家の暮らし向きはよくなっていく。結末

最もよく知られた作品は『ダルメシアン——100と1ぴきの犬の物語』だが、
ドディー・スミスがいちばん好きだった作品は『カサンドラの城』だ。
ディズニーは両作品の映画化権を買ったが、映画化したのはダルメシアンのほうだけだ。
1990年のスミスの死後、遺著管理者であり小説家でもあるジュリアン・バーンズが
映画化権を買いもどし、2003年に映画化が実現した。

は、明るい未来を予感させる。

　『カサンドラの城』が書かれたのは第二次世界大戦中だった。この頃、イギリス生まれのドディー・スミスは、良心的兵役拒否者［信仰または良心上の理由で参戦を拒否する人］の夫とともにアメリカで亡命生活を送っていた。執筆の理由のひとつには、イギリスが恋しくて、故郷で幸せだったときを再現したいという気持ちもあった。この作品はスミスが初めて書いた小説だが、その前に戯曲を出版している。戦前、スミスはロンドンで、フェイ・コンプトン、レイモンド・マッシー、ジョン・ギールグッドといった当時のスターが出演する戯曲を書いていた。それ以前は舞台女優をしていたこともあり、そのときの体験を、小説『*The Town In Bloom* 花盛りの町』(1965年)で書いている。舞台で成功しようする若い娘の話だ。

　戦後、イギリスに帰国したスミスは劇作家としての仕事を再開し、1954年『カサンドラの城』の脚本を自身で手がけて舞台化した。スミスの作品で最も有名なのは、2作目の小説『ダルメシアン──100と1ぴきの犬の物語』(1956年)だろう。執筆のきっかけは、友人がスミスの愛犬のダルメシアンについてこう語ったことだ。「この犬たちの毛皮でコートをつくったらすてきでしょうね」。スミスはポンゴという名前のダルメシアンを飼っており、『ダルメシアン──100と1ぴきの犬の物語』の主役の犬にこの名前を使っている。1961年、ディズニーにより

映画化され世界中の注目を集めると、スミスは続編『続・ダルメシアン──100と1ぴきの犬の冒険』(1967年)を書いた。

❖ ドディー・スミスの子ども向けの作品
『ダルメシアン──100と1ぴきの犬の物語』(1956年)、『*The Town In Bloom* 花盛りの町』(1965年)、『続・ダルメシアン──100と1ぴきの犬の冒険』(1967年)、『真夜中の子ネコ』(1978年)。

『ライオンと魔女』

The Lion, the Witch and the Wardrobe (1950)

C・S・ルイス

C. S. Lewis (1898–1963)

『ライオンと魔女』はキリスト教的な寓話でありながら、異教の物語に触発されたファンタジーでもある。つまり相反するふたつの要素が混ざり合った作品で、これまで何度も文学研究の対象になってきた。しかし、若い読者にとっては昔からよくある善と悪の戦いの物語である。

ピーター、スーザン、エドマンド、ルーシーの4人の子どもは、引っ越したばかりの家で古い洋服だんすの向こう側にナルニア国を発見し、ナルニア国を冬に閉じこめ続けている白い魔女に出会う。そこへ、ナルニア国の正当な王であるライオンのアスランが亡命からもどり、ナルニアに春をもたらす。アスランは自分を裏切り白い魔女につかまったエドマンドを助けるために自らの命を犠牲にする。ところがアスランは蘇り、子どもたちやナルニアの仲間とともに、白い魔女を打ち負かす。ナルニアの住民は4人の子どもに王位を与え、古代の予言を成就させる。

C・S・ルイスは北アイルランドで生まれ育ち、アイルランドの伝説と自然を好きになり、次に北欧伝説、そして家庭教師のおかげでギリシャ神話に興味を抱くようになった。彼はオックスフォード大学の個人指導教員をしているときに

『ホビットの冒険』の作者であるJ・R・R・トールキンと出会い、伝説や神話などの共通の趣味をきっかけに友情を育む。そして、トールキンとの出会いがきっかけで、10代の頃に捨てたキリスト教信仰を新たにした。

キリスト教との最も大きな類似点は、キリストの死と復活であるのはまちがいない。自分を裏切った少年を救うために自らの命を犠牲にしたアスランは、すべての罪人の代わりに死ぬキリストだ。また、アスランが殺害された石のテーブルがその翌朝に壊れているのは、十字架にかけられて死んだあと、イエスの墓の入り口にあった石が転がされていたのと似ている。そしてどちらも生き返っている。キリスト教の寓話を描くつもりはなかった、とルイスは常に主張していた。だが、信仰を新たにした者として、彼は自分の物語がたどる道を知っていたにちがいない。そして晩年には、自分の物語

THE LION, THE WITCH

and

THE WARDROBE

A Story for Children
by

C. S. LEWIS

C・S・ルイスは、ライオンのインスピレーションは雪に覆われた森で傘と小包を持っている
古代のローマ神ファウヌスのイメージで、そのイメージは16歳から持ち続けていたと思い返している。

が読者をキリスト教徒に導くことになるのを、彼は喜んだ。

『ライオンと魔女』の他の要素は、ルイスの人生のできごとに影響を受けている。たとえば物語のなかの子どもたちが新しい家に引っ越すのは、第二次世界大戦が始まってロンドンから疎開してきたためだ。そうした疎開は実際に行われており、ルイスもオックスフォードの自宅に疎開者を何人か受け入れていた。子どもたちがひとけのない大きな家を探検して洋服だんすをみつけるのは、ルイスが子どもの頃に新しい家に引っ越したときの記憶を反映している。ルイスは児童書作家のイーディス・ネズビットに借りがあるとも表明している。彼女の短編のひとつに、洋服だんすが魔法の世界の入り口になっているものがあるのだ。

　ナルニア国の風景は、ルイスが幼い頃に住んでいた北アイルランドの自宅近くにある花崗岩のモーン山地から生まれた。モーン山地はテレビドラマの『ゲーム・オブ・スローンズ』のロケ地にもなっている。ナルニアという名前は、ルイスが古代ローマの地図でみつけ、響きがよいという理由だけで選んだ。ナルニアは、ローマとアッシジの間にある都市、ナルニのラテン語名だ。

　ルイスは『ライオンと魔女』のあと5つの続編と1つの前編を書き、ナルニア国物語は大成功した。そのために他の作品は目立たなくなった。『悪魔の手紙』(1942年)は年配悪魔のスクルーテイプとその甥で新米悪魔ワームウッドとの架空の楽しい手紙のやりとりで構成されている。それは人をたぶらかす悪魔としての資質を問う機知に富んだ試験なのだが、ワームウッドは少し出来が悪い。ルイスは他にも、『マラカンドラ——沈黙の惑星を離れて』(1938年)から始まるルイスらしくないSF小説、〈別世界物語〉シリーズも書いているが、これらの物語はトールキンとの賭けから生まれた。

❖C・S・ルイスの作品

〈別世界物語〉3部作シリーズの『マラカンドラ——沈黙の惑星を離れて』(1938年)、『ペレランドラ——金星への旅』(1943年)、『サルカンドラ——かの忌まわしき砦』(1945年)、『悪魔の手紙』(1942年)。

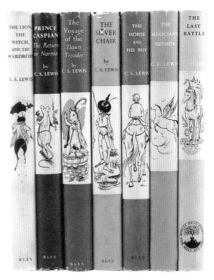

ナルニア国物語の7冊の本は、1949年から1954年にかけて続けざまに書かれた。

『シャーロットのおくりもの』

Charlotte's Web(1952)

E・B・ホワイト

E. B. White(1899–1985)

E・B・ホワイトは50年以上にわたり、文芸誌「ニューヨーカー」のライター、編集者を務めた。子ども向けの作品は、長い作家人生の後半で執筆した3点だけだが、児童文学への永続的な貢献が称えられ、名誉ある国際アンデルセン賞に二度ノミネートされた。

E・B・ホワイトの代表作である本書は、ブタとクモの間にめばえた友情を描く心温まる感動作だ。また、友情を描くことで、本書の主要テーマのひとつである「個性」をうまくとらえている。わたしたちはみんなそれぞれちがっていて進む道も異なるが、だからといってお互いに深い絆を結べないわけではない。友情の形も様々で、子ブタのウィルバーが最初に友だちになるのは人間の少女ファーンだ。

本作の主役であるウィルバーとファーンとクモのシャーロットは、物語が進むにつれ変わっていく。無邪気だったウィルバーとファーンは、成長とともにいろいろなことを学ぶ。シャーロットはさまざまな経験を重ね母となり、やがて最期を迎える。作者ホワイトは、こういった心や体の変化を、季節ごとの農場の仕事を背景に描く。季節と人生の移り変わりが織りなす風景を舞台に、『シャーロットのおくりもの』はつづられている。

全編に通奏低音として流れている死が直接語られることはない。冒頭の「父さんは、斧を持ってどこへいくの?」という台詞は、生まれたばかりのできそこないの小さなウィルバーが直面している運命を暗示している。農場の娘ファーンは必死に父親に頼み、子ブタの命を救うことに成功する。新しい飼い主のもとで成長したウィルバーは、ふたたび命の危機にさらされるが、今度は、新しい友だちシャーロットが巣に織りこんだ文字に救われる。

その後、ウィルバーが奇跡のブタと評判になり、命を永らえるのは、ファーンとシャーロットのおかげだ。ウィルバーは友情のおかげで生き延び、安心して暮らせるようになる。だが死はただ先送りされたにすぎず、いつかは必ず訪れる。シャーロットが514個の卵を産んだあと静かに死ぬ場面は、本書のクライマック

E・B・ホワイト(コーネル大学時代は、大学の創設者アンドルー・ディクソン・ホワイトにちなんで
「アンディ」と呼ばれていた)はメイン州に農場を持っていた。
スコットランドの国王ロバート1世のように、ホワイトもクモを観察して
意欲をかきたてられた(ホワイトの場合は、納屋でクモが糸を吐きだし、たまご袋を紡ぐのをみて)。

　　　　　　『シャーロットのおくりもの』

スであり感情を揺さぶられるが、春になりシャーロットの子どもたちが卵からかえる結末は明るい。新しい人生のサイクルがくり返されるのだ。

　ホワイトが、本書の創作のインスピレーションをどうやって得たのか、語ったことは一度もない。だが、『シャーロットのおくりもの』を書き始める1年前、「The Death of a Pig あるブタの死」という見出しの記事を発表しており、その記事の中で、病弱なブタの命を救えなかったことについて述べている。『シャーロットのおくりもの』は、死なせてしまったブタに罪ほろぼしをしようとして書いた作品だと考えられてきた。

　ホワイトは、個性、変化、死という重いテーマについて、幼い読者が傷つくことのないよう気を配り、飾らない文体でやさしく語っている。こうしてできた本書は、児童書の中でも絶大な人気を誇り、大きな成功を収めた。20か国以上の言語に翻訳され、世界の総売り上げは5千万部に迫る。『シャーロットのおくりもの』は、ホワイトの最高の功績であり、世界中の5世代にわたる子どもたち

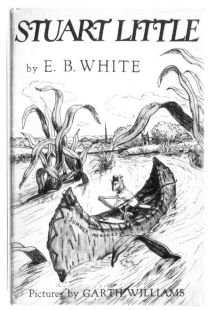

『スチュアートの大ぼうけん』はニューヨークにすむネズミのスチュアートの冒険を描いている。

の心をつかんできた。

❖ E・B・ホワイトの最もよく知られた作品
『スチュアートの大ぼうけん』(1945年)、
『シャーロットのおくりもの』(1952年)、
『白鳥のトランペット』(1970年)

『床下の小人たち』と〈小人の冒険〉シリーズ

The Borrowers(1952) and series

メアリー・ノートン

Mary Norton(1903–1992)

子どもたちを夢中にさせるミニチュアの世界。そこは人形の家や鉄道模型などでできている。メアリー・ノートンが描いた、人間が住む家の床下に暮らす、小さな人たちの物語の魅力はそこにある。

借り暮らしたちは小さな人々で、彼らが人間といいまちがえている大きな人々から必要なものを盗んで、いや、「借りて」暮らしている。借り暮らしたちにとっては、食べ物のかけらが食事で、針と糸はやりとロープだ。小人たちの名前も、住みかにしている物の名前を借りてつけられている。たとえば、スプーンやフォークがしまってある引き出しに暮らす借り暮らしの一家はステンレス家と呼ばれるだろう。この世界では、ブーツ置き場家、暖炉の飾り棚家、雨どい家などがある(人間の近くに住んでいるものほど位が高いといわれていて、レインパイプ家のひとりが、応接間で暮らすハープシコード家のひとりと結婚したときには、出世したといわれた)。

借り暮らしのクロック一家の物語は全5巻だ。14歳になる娘アリエッティのせいで、クロック一家には常に災難や危機

が降りかかる。1巻では、アリエッティが人間の男の子と友だちになったために、クロック一家の存在がその家の怖い料理人のおばさんにばれてしまう。おばさんは、アリエッティたちを害獣のように扱い、ネズミ捕り屋に頼んで駆除しようとする。一家に残された道は、一刻も早くその家から逃げるか、絶滅するかのどちらかだ。

1巻を最後まで読んでも、借り暮らしたちが無事だったのかどうかははっきりしない。この物語を語るのは、アリエッティと仲良くなった男の子の姉だ。今は年を重ねたこのおばさんが、めいに借り暮らしたちの話を語るという設定になっている。借り暮らしの存在を裏付ける唯一の証拠は、その男の子、つまりおばさんの弟が書いた記録だけだ。すべては男の子の想像したできごとだったのだろうか。1巻を読んだ読者はその真相を知る

ために、2巻『野に出た小人たち』(1955年)が出版されるまで待たなければならなかった。

メアリー・ノートンは、イギリスにあるレイトン・バザードという町の医者の娘で、美しい石造りのジョージアン様式

〈小人の冒険〉シリーズの1巻『床下の小人たち』は1952年に、
最後の5巻『小人たちの新しい家』は1982年に発表された。
心待ちに待っていた読者にとって、4巻刊行から5巻刊行までの21年間は途方もなく長かった。

の屋敷で育てられた。〈シダーズ〉と呼ばれたこの屋敷がクロック一家の最初の家のモデルとなった。すてきな歴史の偶然が起こり、今ではその建物に（それほどでもない）ちっちゃな人々、つまりレートン・ミドル・スクールの生徒たちがいる。

　第二次世界大戦中、ノートンは英国購買委員会と呼ばれる政府機関で働いていた。この政府機関はニューヨークに活動拠点を置き、イギリスが戦争を継続していくための武器や飛行機を調達していた。ちょうどこの頃、ノートンは小説を書き始め、初の小説『魔法のベッド南の島へ』（1943年）をアメリカで出版、その2年後にイギリスでも出版した。

　『魔法のベッド南の島へ』は、たちの悪い編集者たちのせいで台無しになるところだったという。もともと第二次世界大戦を物語の背景にしていたのだが、「特定の時代を定めない」よう、あとの編集で戦争への言及はすべて削られてしまった。だがのちに、マイケル・モーパーゴの傑作『戦火の馬』をはじめとする戦争を題材にした本が次々と発表されたことを考えると、子どもに歴史小説を読む力がしっかり備わっていることはいうまでもない。

　〈魔法のベッドかざり〉シリーズの続編『魔法のベッド過去の国へ』は、1947年に出版された。1957年に両作品は1冊にまとめられ、それぞれのタイトルを組み合わせた『*Bedknob and Broomsticks* ベッドかざりとほうき』［1作目の原題は『*The Magic Bedknob*（魔法のベッドかざり）』で、2作目の原題は『*Bonfire and Broomsticks*（かがり火とほうき）』］というタイトルで出版され、ウォルト・ディズニーの目にとまった。その頃、ディズニーはＰ・Ｌ・トラヴァースとの間で、『メアリー・ポピンズ』の映画化権をめぐる交渉が長引いていた。ディズニーはその代わりとなる作品として、『*Bedknob and Broomsticks* ベッドかざりとほうき』の映画化を思いつき、『メアリー・ポピンズ』の制作チームにこの作品を任せることにした。ディズニー映画の作詞作曲家で知られるシャーマン兄弟が歌を作り、『メアリー・ポピンズ』で父親役を演じたデイヴィッド・トムリンソンがエミリアス・ブラウン教授役に選ばれた。新米魔女のミス・プライス役には当初、女優ジュリー・アンドリュースが候補に挙がっていた。1961年、ようやく『メアリー・ポピンズ』の映画化が許可され、そのせいで『ベッドかざりとほうき』は『メアリー・ポピンズ』とあまりにも内容が似すぎているとして制作が延期になってしまう。映画がなんとか完成したのは1969年のことだった。

❖メアリー・ノートンのほかの作品

『魔法のベッド南の島へ』（1945年）、『魔法のベッド過去の国へ』（1947年）、『野に出た小人たち』（1955年）、『川をくだる小人たち』（1959年）、『空をとぶ小人たち』（1961年）、『どっこい巨人は生きていた』（1975年）、『小人たちの新しい家』（1982年）。

『ちいさなうさこちゃん』と 〈うさこちゃんの絵本〉シリーズ

Miffy (1955) and series

ディック・ブルーナ
Dick Bruna(1927–2017)

白いウサギのミッフィーが、子どもたちの本棚にやってきたのは1955年のこと。それから30冊以上も世に送り出されたこの〈うさこちゃんの絵本〉シリーズの特徴は、ディック・ブルーナのスタイリッシュで、大胆で、あざやかな色使いのイラストだ。このシリーズ以外にも、ミッフィーのたくさんの仲間たちが主人公の絵本が80冊以上出版されている。

デ ィック・ブルーナは、出版社を営むオランダの家庭に生まれた。ミッフィーは、ブルーナが息子のために作り出したキャラクターだった。きっかけになったのは、1955年の家族旅行中にみかけた、浜辺で走りまわる本物の白い野ウサギ。立体的な絵を描くことに苦手意識を持っていたブルーナが、どうにかそのウサギをスケッチしようとして、ミッフィーが生まれた。このキャラクターは、故郷オランダでは「うさちゃん」という意味の「Nijntje(ナインチェ)」と呼ばれている。

　現在のミッフィーは、オリジナルのデザインに少しずつ手を入れてできあがった。もともとミッフィーは男の子のウサギだった。ところが、ズボンよりスカートのほうがしっくりくると考えたブルー

ナは、女の子のウサギにすることにした。初期の絵本では、耳が横向きになっていて、もっとぬいぐるみっぽかった。それが1963年になる頃には、現在親しまれているデザインに落ち着いた。

　初めからブルーナは、限られた絵の具の色——黒、白、赤、黄、青、緑、オレンジ、茶——しか使わないことに決め、影は一切入れなかった。目立つ原色を使う、というこの工夫は幼児の心をばっちりとらえたが、そのこだわりからは少年時代にみていたウォルト・ディズニーのアニメーションの影響や、ブルーナ自身のアートへの情熱がうかがえる。成長するにつれてブルーナは、力強い線やはっきりとした色を特徴とするポスト印象派の画家にひかれるようになり、とりわけフランスのアンリ・マティスや故郷オラ

ンダのフィンセント・ファン・ゴッホに
あこがれた。

　また、ミッフィーのシンプルな構図に
影響を与えたのは、21世紀前半に起こっ
たオランダ発祥の抽象芸術運動「デ・ス
テイル」だ。芸術家ピエト・モンドリア
ンや建築家ヘリット・リートフェルトな
どがこの運動の中心となっていた。ブルー
ナは当時まだ幼く、この「デ・ステ
イル」運動の最初のムーブメントに参加
することはなかった。しかし、ブルーナ
がのちに教わることになる芸術学校の教
師たちは、おそらく当時この運動にどっ
ぷり浸かっていたにちがいない。ブルー
ナの絵本『まる、しかく、さんかく』
（1984年）は、「デ・ステイル」運動と同時

代、そのドイツ版ともいえるほど影響力
のあった「バウハウス」の思想に影響され
てできた作品だ。

　ブルーナはまず父親の出版社で働い
た。祖父が最初に立ち上げ、〈A・W・
ブルーナ＆ゾーン社〉（A. W. Bruna & Zoon
の Zoon はオランダ語で「息子」の意）として父
が引き継いだ会社だ。そこで、2000冊以
上ものペーパーバックの装丁を手がけ、
シェイクスピア作品のほか、さまざまな
探偵小説も担当した。ブルーナがオラン
ダ語版の装丁をデザインした探偵小説に
は、ジョルジュ・シムノンの〈メグレ警
視〉シリーズや、レスリー・チャータリ
スの〈セイント〉シリーズ、レイモンド・
チャンドラーの〈フィリップ・マーロウ〉

ミッフィーを世界的に
有名にした〈うさこ
ちゃんの絵本〉シリー
ズの1冊目と、続編の3
冊（次ページ）。故郷オ
ランダでは、ミッ
フィーは「Nijntje ナイ
ンチェ」の名前で親し
まれている。

シリーズ、イアン・フレミングの〈007〉シリーズなどがある。

　ブルーナのオリジナルキャラクターであるミッフィーはとりわけ日本での人気が高く、1974年に日本で誕生したハローキティはミッフィーに驚くほど似ている。ブルーナは2010年に、あるキャラクターをめぐって、ハローキティを生み出した〈サンリオ〉相手に訴訟を起こし、勝訴した。問題となったのは、キティの仲間のキャシーで、このウサギのキャラクターはミッフィーにそっくりだった。2011年になると一転、ブルーナの著作権を管理する〈メルシス社〉と〈サンリオ〉は係争中の訴訟をすべて取り下げてたちまち和解。両社は訴訟に伴う費用をすべて、その年に起きた東日本大震災への義援金として寄付することで同意したのだ。

　ほかの子ども向けの人気キャラクターと同じように、ミッフィーもTVアニメや映画になった。ミッフィーと仲間たちのTVアニメは3シリーズ制作され、2013年には長編映画も公開された。ミッフィーの名前は、ペルーで2008年に発見された新種のチャタテムシにまで使われ

た。チャタテムシは古い本の装丁に使われているのりを食べる虫のこと。この新種は、その肛上片（こうじょうへん）という尾のような部分がうさぎに似ていることから「Trichadenotecnum miffy トリチャデノテクナム・ミッフィー」と名付けられた。しかし、ミッフィーの人気ぶりが何よりもよくうかがえるのは、ブルーナの故郷ユトレヒトにある広場の名前だろう。ミッフィーの小さな像が飾られたこの広場は、「the Nijntjepleintje ナインチェ・プランチェ」と名付けられた。オランダ語で韻を踏んだこの名前は、日本語で「ミッフィーの小さな広場」を意味する。

❖ディック・ブルーナの絵本

『こいぬのくんくん』（1969年）とそのシリーズ、『かぞえてみよう』（1975年）、『ようちえん』（1979年）、『おおきくなったら』（1981年）、『In My Toy Cupboard おもちゃだなのなかには』（1988年）、『うさこちゃんのだいすきなおばあちゃん』（1997年）、『まる、さんかく、しかく』（2012年）。

『虫とけものと家族たち』

My Family and Other Animals(1956)

ジェラルド・ダレル

Gerald Durrell(1925–1995)

ナチュラリスト、つまり自然を愛するジェラルド・ダレルの少年時代を描いたこの作品は、彼が生涯持ち続けた精神が貫かれている。大げさで、大胆で、ユーモラスに、ダレルにとって動物学の世界の入り口となった、ギリシャのコルフ島での日々が描かれている。

ジェラルド・ダレルによれば、動物に親しんだ一番古い記憶は、幼い頃に訪れたインドの動物園だという。生まれた当時、父は技術者としてインドで働いていた。父が亡くなると、ダレル一家は1935年にギリシャのコルフ島に引っ越した。この島にはダレル家の長男で、小説家のローレンス・ダレルが住んでいたからだ。その後、家族はこの島で暮らし続けたが、1939年に第二次世界大戦が勃発するとイギリスに帰国する。

コルフ島での4年間、ジェラルドは学校に通わず家庭教師に勉強を教わった。「授業」がないときは島を歩き回り、動物の生態を調べた。その手ほどきをしたのが、生き物や自然のことにとても詳しい学者のセオドア・ステファニデス。彼はもともと、ジェラルドの別の家庭教師の友人だった。ふたりは観察用にいろんな生き物を捕まえてはそれを調べ、それを家族の住む家で飼おうとし、試験管から家族用のバスタブまで使えそうなものはなんでも利用した。このように、10歳を過ぎたばかりの頃、ジェラルド・ダレルの将来の仕事への道筋はしっかりとできていた。

ジェラルドはその頃すでに立派なナチュラリストだったが、しょせんはまだ子ども。末っ子だから、家では一番のちびだった。30歳になって書いた『虫とけものと家族たち』は、子ども時代の自分の目線で、兄や姉、大人たちを面白おかしく描いている。また、作家の兄ローレンスのアドバイスを取り入れ、うまくストーリーを盛り上げた——ジェラルドは話を盛り上げるためなら、喜んで細部を忘れたり、思い違いをしたりした。事実を多少曲げてでも、大胆なユーモアを優先させたのだ。この作品はいわゆる、〈コルフ島3部作〉と呼ばれるシリーズ最初の作品で、このあとに、『鳥とけものと親類たち』(1969年)、『風とけものと友

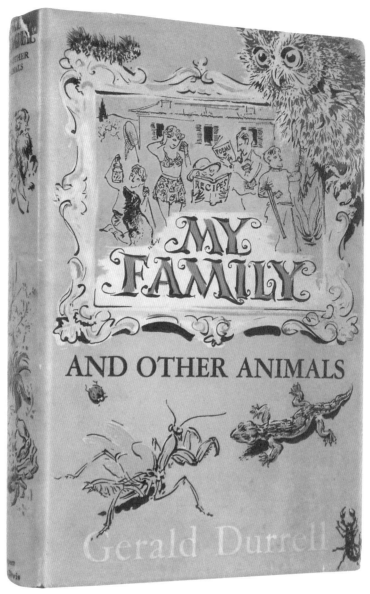

自伝的なスタイルで書かれているが、『虫とけものと家族たち』では
ジェラルド・ダレルの実体験のうち、かなりのことが省かれている。
兄のラリー（作家のローレンス・ダレル）はコルフ島では妻のナンシーとふたりで暮らしていたし、
この夫婦が、ダレル一家が住んだアネモヤニ荘にいたのはほんの2、3か月で、
その後は自分たちのコテージにもどっていた。
兄嫁ナンシーはこの物語に登場させてもらっていない。

人たち』(1978年)が続く。

　ジェラルド・ダレルはとびきり愉快な作品を書いたが、その目的は一度もぶれたことがない。野生動物調査の旅行にいく資金を稼ぐため、という姿勢は死ぬまで変わらなかった。動物保護に情熱を注ぎ、絶滅危惧種だけを集めた動物園をイギリスのチャネル諸島にあるジャージー島に作った。動物園を、世界中から集めた珍しい動物や美しい動物をみせるためだけに作ってはならない——この信念は揺るがず、動物を動物園で飼っていいのは、野生環境で保護する手立てがなくなったときだけにすべきだと、固く信じていた。

　この考え方は当時論争を引き起こし、多くの動物園がこれに反発した。そのひとつにロンドン動物園があったが、じつはここでジェラルドはある時期、働いていた。この運動をほとんどひとりで、自分なりに、真剣に行った。飼育環境での繁殖という考え方が今では定着したのはある意味、その努力が実を結んだからだともいえる。ジェラルド・ダレルのおか

げで以来、野生環境に近い餌や住居が動物園の動物に与えられるようになり、昔のように檻に閉じこめる飼育法はすたれたのだ。

　『虫とけものと家族たち』は発表と同時にヒットした。そこにある自然界への熱烈な興味はほほえましく、動物好きの子どもを魅了したのだ。また、そういう読者には（そのタイトルが示しているように）、ダレルの少年時代を彩る人々が、愛情こめてユーモラスに描かれたエピソードは痛快だ。この子たちにはそろそろ、大人へのいらだちや反抗心がめばえ始めているからだ。

❖ ジェラルド・ダレルの作品

『積みすぎた箱舟』(1953年)、『西アフリカの狩人　アフリカ原野に珍獣を獲える』(1954年)、『私の動物園』(1960年)、『動物の館』(1964年)、『鳥とけものと親類たち』(1969年)、『風とけものと友人たち』(1978年)、『*The Aye-Aye and I* アイアイとわたし』(1992年)。

『赤い風船』

The Red Balloon(1957)

アルベール・ラモリス

Albert Lamorisse(1922–1970)

『赤い風船』は、本から映画という従来のルートではなく、映画から本というルートで大成功を収めた児童書の数少ない例のひとつ。映画も本も大きな賞を受賞している。

ともとの話は、1956年に、フランスの映画監督アルベール・ラモリスが35分の短編映画の脚本として作ったものだ。ある日、パリに住む少年(ラモリスの息子パスカルが演じている)がヘリウムガスの入った大きな赤い風船をみつける。風船には意思があるようで、家、学校、教会など少年の行く先々についてくる。ときに笑いを誘うような不快感を示す大人にたびたび阻まれながらも、少年から離れることはない。最後の場面で、赤い風船は丘の上の空き地で、年上のいじめっ子に石を投げられ、踏んづけられて割れてしまう。だが、たくさんの風船がパリのあちこちから集まってきて少年のそばに舞い降り、満ち足りた顔の少年を空へと連れていく。

この映画は当時、大評判となり、カンヌ国際映画祭でパルム・ドール(短編部門)を、アカデミー賞で脚本賞を受賞した。両方を受賞した短編映画は今のところほかにはない。第二次世界大戦の傷跡が生々しいパリの街並みに浮かぶ鮮やかな赤い風船は、希望を象徴している。撮影のほとんどは、廃墟の残るパリのベルヴィル地区周辺で行われ、映画に登場する教会をのぞいてロケ地の建物のほとんどは、今は取り壊されてない。

この映画にはキリスト教的な色が濃く表れている。少年の心に入りこんで精神を高揚させる赤い風船、権威的な親や教師や聖職者による拒絶、殺風景な丘での風船の死。そして風船がほかの風船としてよみがえり、少年を天に連れていくという普遍的なテーマ。このストーリーは人間が心の奥底で必要としているものを掘り起こす。

この映画を小説化した絵本は1957年に出版された。ラモリスによるわかりやすい文章に映画の白黒のスチール写真が添えられているが、風船だけは赤を重ねてある。20世紀の中頃から幼い読者に根強い人気があり、今でも版を重ねている。この絵本は、初版が出版された年に、

THE RED
BALLOON

BY
A. LAMORISSE

DOUBLEDAY

アルベール・ラモリスの息子パスカルは映画と本で主役を務めている。

「ニューヨークタイムズ」紙の最優秀絵本賞を受賞した。

『赤い風船』より先に、アルベール・ラモリスの名を広く知らしめた作品がある。1953年に監督した短編映画『白い馬』だ。これはフランスの有名な児童文学作家ルネ・ギヨの小説が原作になっている（ルネ・ギヨの作品は、〈オックスフォード・チルドレンズ・プレス〉社から1960年代に英語に翻訳されている）。『白い馬』と『赤い風船』はどちらもDVDが販売されている。

1960年、ラモリスは『赤い風船』の続編ともいえる長編映画『素晴らしい風船旅行（Stowaway in the Sky）』（フランス語ではLe Voyage en Ballon）を制作した。少年（この作品でもラモリスの息子パスカルが演じている）が祖父といっしょに気球に乗って空に飛び立つのだが、祖父が作った気球は思っていたようには操縦できない。家族で楽しめるこの冒険映画では、ブルターニュからフレンチ・アルプスへとフランス中を気球で移動する。ヴェネツィア国際映画祭でOCIC賞を受賞。英語版のナレーターは、ジャック・レモン。この映画をとても気に入ったレモンが、アメリカでの配給権を買ったのだ。

ラモリスは、子ども向けの本をほかには書いていない。ドキュメンタリー映画の撮影のためにイランをヘリコプターで飛行中墜落し、若くして命を落とした。映画監督として残した作品のほかに、長年にわたって人気のボードゲーム「リスク」の考案者としても有名である。

❖ アルベール・ラモリスの子ども向けの映画
『白い馬』（1953年）、『素晴らしい風船旅行』（1960年）、『フィフィ大空をゆく』（1965年）。

『くまのパディントン』と〈パディントン〉シリーズ

A Bear Called Paddington (1958) and series

マイケル・ボンド
Michael Bond (1926–2017)

ぬいぐるみは、子ども向けの物語の主人公になりやすい。児童文学では特に2匹のくまの存在感が大きい——くまのプーさんとパディントンだ。だが、ロンドンの主要鉄道駅に像があるのは、片方だけだ……。

6 0年間に出版された27冊の本、そして最近公開された2本の人気映画が、くまのパディントンのあせることのない魅力の証だ。4世代にわたり、子どもたちはマーマレードが大好物の、ダッフルコートを着たペルー出身のくまの活躍を楽しんできた。

パディントンの名は、ロンドンの大きな鉄道駅にちなんでいる。1956年、そのパディントン駅の近くで、マイケル・ボンドは妻へのクリスマスプレゼントとして、くまのぬいぐるみを買った。2年後、そのくまの最初の物語が生まれた。そして1972年、くまのパディントンの最初のぬいぐるみがシャーリー・クラークソンとエディ・クラークソン夫妻によって作られた。夫妻からそのぬいぐるみの試作品をプレゼントされたのが幼い息子ジェレミー・クラークソン、のちにテレビ番組『トップ・ギア』や『グランド・ツ

アー』に出演した人気司会者だ。

パディントンはいつも礼儀正しいが、状況を誤解したり、正しいことをしようとして困った事態になったりすることにかけては天才だ。親はなく、鉄道の駅に——スーツケースを持ち、「このくまをよろしくおねがいします」と書かれた荷札をつけて——いたという設定は、マイケル・ボンドが戦時中の疎開児童から思いついたものだ。第二次世界大戦中、イギリス都市部の子どもたちは、わずかな荷物を持ち、身元が書かれた札をさげて、ドイツ軍の空襲のおそれが少ない地方の受け入れ家族のもとに送られた。

ボンド自身も子ども時代、戦争による混乱の影響を受けた。学校になじめず、1942年に14歳で学校をやめて、司法書士事務所で働き始めた。1943年に、働いていた建物が爆撃を受けた。上の階で仕事をしていたボンドは助かったが、41人が

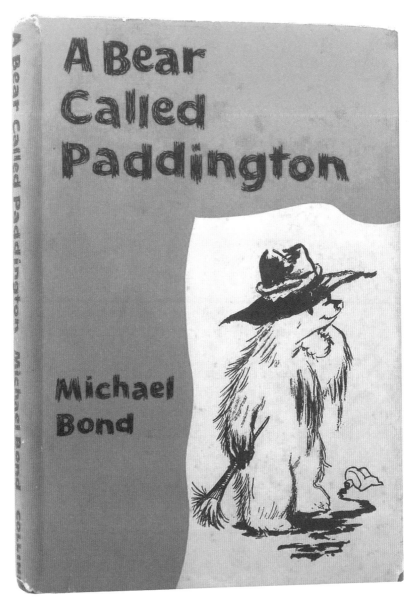

初版の表紙に描かれたパディントン。
1970年代にBBCで放映されたお話番組『ジャッカノーリ』でパディントンを知ったというイギリス人は多い。
劇作家のアラン・ベネットが朗読するオーディオブックで育った世代は、
パディントンの物語をベネットの愉快な語り口とともに思い出すだろう。
2017年にマイケル・ボンドがこの世を去ったとき、
人々はパディントン駅に立っているくまの像にマーマレードの瓶を供えた。

床や壁の崩壊で死亡した。

　戦後はBBCでエンジニアやカメラマンを務め、のちに子ども向けの長寿バラエティ番組『ブルー・ピーター』を担当するようになった。テレビのスタジオで大騒ぎを起こす話など、パディントンの初期の物語のなかには、この番組が毎年発行している雑誌に最初に掲載されたものもある。パディントンの物語はテレビアニメになり、さらに2本の大ヒット映画になった。『パディントン』と『パディントン2』はそれぞれ2014年と2017年に公開された。映画でパディントンの声を演じたベン・ウィショーは、新たにテレビで始まったCGアニメシリーズでもパディントンの声を担当している。

　ボンドはほかにも子ども向けの人気シリーズを書いている。ボンド家のペット、モルモットのオルガ・ダ・ポルガの物語だ。また、パディントンがテレビに登場する前に、イギリスの子ども向け人気アニメシリーズ『The Herbs ザ・ハーブズ』とそのスピンオフ『Parsley the Lion ライオンのパセリ』を書いている。大人向けにも、ぶきっちょで美食家の探偵パンプルムース氏というキャラクターを作り出し、ブラッドハウンドの忠犬ポムフリットとともに謎を解くシリーズは17作を数えた。パセリやパンプルムース氏やパディントンに共通する穏やかで乾いたユーモアは、幅広い年齢の読者に受け入れられている。パディントンの純粋さは、誕生以来60年以上、子どもと大人を魅了し続けている。

❖ マイケル・ボンドの作品
〈パディントン〉シリーズ(27作、1958–2018年)、〈オルガ・ダ・ポルガ〉シリーズ(14作、1971–2002年)、〈パンプルムース氏〉シリーズ(17作、1983–2014年)。

おなじみのダッフルコート姿のパディントンが描かれた『パディントンの煙突掃除』(1964)の表紙。

『みどりいろした たまごとハム』

Green Eggs and Ham(1960)［邦訳なし］

ドクター・スース

Dr. Seuss(1904–1991)

「50種類の単語しか使わずに物語が書けるのか？」——そんな難題に、物書きなら一度は挑んでみたいだろう。ドクター・スースはこれをユーモアたっぷりにやってのけ、読者を感動させた。この形で『*Green Eggs and Ham* みどりいろした たまごとハム』を超えられる作品はそうそうないはずだ。

ドクター・スース（本名はセオドア・ガイゼル）が出版社のこの難題にこたえ、50種類の単語しか使わない物語を書き上げたのは、1960年のこと。その頃スースはすでに、有名な作家として活躍していた。最初の絵本作品は『マルベリーどおりのふしぎなできごと』(1937年)。1940年に『ぞうのホートンたまごをかえす』で人気キャラクター「ぞうのホートン」を世に送り出し、1957年にはまた別の人気者「キャット イン ザ ハット」と「グリンチ」を続けてデビューさせていた。

スースというのは、母親の旧姓だ。このペンネームを使い始めたのは、禁酒法の時代にジンを飲み、学生新聞の編集長をクビになったときだ。どんなときもかたくなにリベラルな政治的スタンスをとっていたドクター・スースは、自分が手がける子どもの本も権威への抵抗であるべきだと考え、みずからを「危険分子」と名乗っていた。

『みどりいろした たまごとハム』の主人公は名無しの語り手。タイトルになったこのメニューなんか、食べたくないと思っている。そこに「サム・アイ・アム」というキャラクターが登場し、それをあの手この手で食べさせようとする。ところが、語り手がサム・アイ・アムの申し出を断るたび、その断りの文句が長くなっていく。

　たべてたまるか。ここだろうが、
　そっちだろうが。
　たべてたまるか。どこにいようが。
　たべてたまるか。みどりいろした
　たまごとハム。
　ぜったい、いやだよ、
　サム・アイ・アム。

単語50種類以内、という制約がむしろ、幼い子ども向けに書かれたこの本の魅力をのびのびと引きだしている。使え

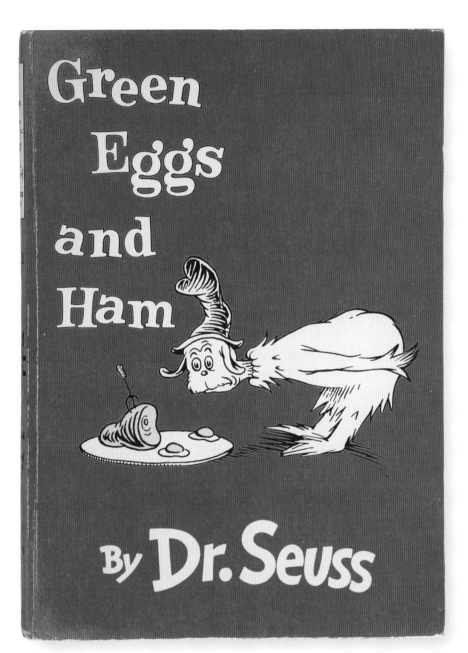

ドクター・スースの本は世界で6億部売れ、20か国語に訳されている。
食いしん坊なら、別作家によるスピンオフ作品『みどりいろした たまごと ハムのクックブック』をみつけたら、
まちがいなく喜んで飛びつくだろう。

　　　　『みどりいろした たまごと ハム』

る単語が限られているなら、スースは言葉をくり返すしかない。サム・アイ・アムが船やヤギ、雨、電車、暗闇、木、車、箱、キツネ、それに家やネズミを、一緒に食べる仲間、あるいは、食べる場所としていくら提案しても、主人公はがんとして断り続け、その断り文句はとんでもなく長くなっていく。そのくせ最後にいきなり緑色のたまごとハムを食べてもいいといいだして、読者をびっくりさせる。この本は、子どもが自分で読んでも面白いが、大人が読みきかせても楽しい。単語が50しか出てこないこの作品に対し、『キャット イン ザ ハット』には236の単語が出てくる。

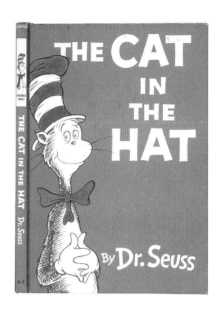

スースの徹底したリズムは、超マイペースな作品キャラクターたち──「キャット イン ザ ハット」、「シングワン」と「シングツー」、「グリンチ」、そしてもちろん「サム・アイ・アム」の性格をみごとに引き立てる。イラストは、なんでもありでめちゃくちゃな展開をうまくとらえている。曲線ばかりで、直線はない。本来まっすぐであるべきものもゆがんでいる。そのイラストを形容するのによく使われる言葉は、「ユルい」だ。

スースの短い本が映画化されたとき、原作に手を加え、内容を変えすぎてしまって、よく批判された。たとえば、実写映画版の『ハットしてキャット』(2003年)や『グリンチ』(2000年)がそうだ。とはいえ、こうした映画には批判もあるがファンも同じ数だけいて、『グリンチ』は家族で楽しめるクリスマス映画になっている。スースが得意とするのは、ちょっと変わったストーリーに社会や人としてのあり方について考えさせられるテーマを織りこむこと。だからスースの物語は、子どもからも大人からも愛される。

❖ ドクター・スースの児童書

『ぼくがサーカスやったなら』(1950年)、『ぞうのホートンひとだすけ』(1954年)、『キャット イン ザ ハット』(1957年)、『*One Fish Two Fish Red Fish Blue Fish* さかながいっぴき、さかながにひき、あかいさかな、あおいさかな』(1960年)、『*The Lorax* ローラックスおじさん』(1971年)、『*The Butter Battle Book* バターせんそうの本』(1984年)。

『マイロのふしぎな冒険』

The Phantom Tollbooth(1961)

ノートン・ジャスター

Norton Juster(1929–)

教育的な物語『マイロのふしぎな冒険』は、コメディアンのマルクス兄弟のギャグや、ラジオトーク番組にヒントを得た言葉遊びが楽しい。こういった、言葉から想像する情景のほうがテレビや映画より面白い。この本は読んで理解しにくい言葉や考えを子どもたちに与えてはいけないという慣習を打ち破るものだった。

マイロと呼ばれる男の子は、学校に通う意味がわからない。ある日、マイロは本物の高速道路の料金所を贈られる。マイロが小さな電気自動車に乗ってその料金所を通りぬけると、不思議なことに〈知恵の王国〉へと運ばれる。〈知恵の王国〉に到着したマイロは体の両側にめざまし時計がついた時の番犬タックと仲良くなる。さらに、予想官や魔女、〈知恵の王国〉のふたごの支配者、アザズ大辞典王と数のまほう使いに出会う。ふたりの支配者は自分たちの娘ひびきとひかりを〈無知の山脈〉の向こうにある〈空中の城〉に追放した。ひびきとひかりがいなくなった〈知恵の王国〉は混乱に陥る。王女たちを救いだして王国に連れもどし、国民と再会させられるかは、マイロとタックにかかっている。マイロはその過程を通じて学びが役立つことと楽しいこと、そして、失敗してもそこから学

びさえすればだいじょうぶなのだということに気づく。

『マイロのふしぎな冒険』は、常識にとらわれない。そのこっけいなおかしさは『不思議の国のアリス』と比較されるが、『マイロのふしぎな冒険』を書いたとき、ジャスターはまだ『不思議の国のアリス』を読んでいなかった。子どもの頃、ジャスターには音や色に意味を感じるという共感覚があった。共感覚によりジャスターが影響を受けたもののひとつが、言葉をきこえたまま理解することだった。たとえば、ラジオドラマの「ローン・レンジャー」のカウボーイが「インジン（インディアン）がたくさんくる！」と叫ぶと、ノートンは頭のなかで平原を横切る小さなエンジン（機関車）の群れをイメージした。

『マイロのふしぎな冒険』のなかに出てくるこうしたユニークな例をいくつか挙

THE PHANTOM TOLLBOOTH

NORTON JUSTER

Illustrations by

JULES FEIFFER

出版権を獲得した出版社、ランダムハウスには、単語が難しすぎると思ったスタッフもいた。
当時の児童書では、対象の読者層が習っていない単語は使わないという暗黙の了解があったのだ。

げると、マイロは途中でいきなり〈結論〉に飛んでいく。〈結論〉とは〈知恵の王国〉にある島だ。他にも、マイロがどうやって荷車を動かすんだろうと声に出してしまうと、「だまっていればうまくいく」と静かにするよう注意される。

ジャスターの言葉遊びとジョークは、マルクス兄弟の寸劇のように次々に飛び出す。ジャスターの父親は幼い息子にマルクス兄弟定番の長いやりとりをきかせるほどのファンだったが、ジャスターも父親と同じくらいマルクス兄弟の大ファンだった。ジャスターが彼らの軽妙なコメディをラジオできくと、共感覚によって彼らの二重の意味を持つ表現や語呂合わせが突飛なイメージとして浮かんだ。それが〈知恵の王国〉の裏に隠れている。

大人になってから人生の大半を建築家として過ごしてきたノートン・ジャスターだが、若い頃は大のいたずら好きだった。アメリカ海軍にいたときは、海軍通信というジャーナル誌をでっち上げ、そのインタビューと称して女性たちと会っていた。またマルクス兄弟のグルーチョ・マルクスが掲げていた「わたしをメンバーとして認めるクラブには参加したくない」というモットーに触発されたジャスターは、ガリバルディ協会を設立した。その協会の唯一の目的は、入会申請をすべて却下することだった。

初版の『マイロのふしぎな冒険』のイラストを描いたのは、ジャスターの家の近くに住んでいた有名な風刺漫画家ジュールズ・ファイファーだった。ファイファーは、ジャスターが言葉を書くのと同じように絵を描いた。ふたりはすばらしい友情で結ばれ、互いにいたずらをしあうことも多々あった。ファイファーがジャスターの物語の予想官（Whether Man）を描いてみせると、ジャスターは絵にできないものを書いてファイファーを出し抜こうとした。たとえば、ゆずりあいの3悪魔はこんなふうに説明されている。「1匹は背が低く太っており、もう1匹は背が高く痩せている。残る1匹はほかの2匹のどっちにもそっくりだった」

❖ ノートン・ジャスターの作品

『*The Dot and the Line: A Romance in Lower Mathematics* 点と線のロマンス』(1963年)、『*Otter Nonsense* カワウソのナンセンス』(1982年)、『こんにちは さようならのまど』(2005年)とその続編、『*The Odious Ogre* いやなオーガ』(2010年)、『ネビルってよんでみた』(2011年)。

『ウィロビー・チェースのおおかみ』

The Wolves of Willoughby Chase(1962)

ジョーン・エイキン

Joan Aiken(1924–2004)

ジョーン・エイキンは自宅で教育を受け、大学に通ったことはなかった。だが、作家の素質を持っていた彼女は、16歳のときに初の小説(未発表)を書き上げ、17歳で初の短編小説が出版された。『ウィロビー・チェースのおおかみ』(1962年)は初めて出版された長編小説である。

　　自宅学習の効果については、かなり意見が分かれているが、エイキンの場合はいうまでもない。ホームスクーリングで育ったエイキン家の3人の子どもは、ひとりは科学者、ふたりは小説家になった。エイキンはずっと作家になるつもりだった。18歳になる前に、短編がひとつ雑誌に掲載され、もうひとつはBBCのホームサービスラジオ番組『Children's Hour 子どもの時間』で放送された。父親はピューリッツァ賞を受賞した詩人だが、エイキンが5歳のときに家を出ている。したがって、子どもたちを成功に導いたのは母親といっていい。

　第二次世界大戦中とその後、エイキンは1942年の連合国共同宣言のあとに設立された国際連合広報センター(UNIC)に勤務していた。この機関は1942年に連合国26か国が発表した「連合国共同宣言」に基づいて設立された。1955年にUNICの同僚だった最初の夫が他界し、エイキ

ンはその後執筆活動を再開する。彼女は「アーゴシー」という文学誌から奨励金をもらって、多くの短編小説を掲載した。それと同時に、主人公の名前からとった『Bonnie Green ボニー・グリーン』というタイトルの小説を書いた。その小説は完成するのに7年かかり、タイトルも変わって、1962年に『ウィロビー・チェースのおおかみ』として出版されることになった。

　エイキンのゴシックホラーシリーズは〈おおかみ年代記〉と呼ばれており、全部で12冊出版されている。舞台はジェイムズ・ステュアート3世が治める架空のイギリスで、正史とちがってハノーバー家は侵略者として描かれている。『ウィロビー・チェースのおおかみ』の冒頭では、おおかみの群れが英仏海峡の下に新たに建設されたトンネルを通ってイギリスに渡り、地方に住む人々を脅威にさらしている。それと同時に、羊の皮をか

『ウィロビー・チェースのおおかみ』は、〈おおかみ年代記〉シリーズ全12巻の1巻である。
その後、『バタシー城の悪者たち』(1964年)、『ナンタケットの夜鳥』(1966年)、
先の作品より時代設定が遡る『ささやき山の秘密』(1968年)と続く。

ぶったおおかみともいうべき敵が、ウィロビー・チェースの当主であるサー・ウィロビーとレディ・グリーンの娘ボニーを襲おうとしている。ボニーの両親が養生のため暖かい地域に旅行しているあいだ、陰謀を企む3人——ボニーの遠縁の親戚であるスライカープ、グリムショー、残酷なブリスケット夫人——は家族の財産を奪う計画を立て、ボニーといとこのシルヴィアをブリスケット夫人の孤児院に閉じこめる。危険はウィロビー・チェースの内側にも外側にも潜んでいる。

これは、両親に置き去りにされた少女が機転と勇気を頼りに、自力で悪に立ち向かうという典型的な児童書である。初めて出版された本書の成功によりエイキンは専業作家となった。東ヨーロッパの民話の改作『海の王国』(1971年)はヤン・ピエンコフスキー（ピアンコフスキー）のイラストでケイト・グリーナウェイ賞を受賞した。幼い読者向けのアラベルとモルティマーシリーズは13冊が出版されており、イラストは1巻の『かってなカラスおおてがら』(1972年)から担当しているクェンティン・ブレイク。エイキンは豊かな想像力を用い、生涯を通じてあらゆる年

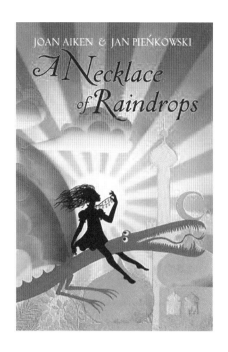

代向けの長編、短編小説を100以上書いている。

❖ジョーン・エイキンの作品

『しずくの首飾り』(1968年)、『海の王国』(1971年)、『かってなカラスおおてがら』(1972年)とそのシリーズ、『The Cocaktrice Boys コカトリスの少年たち』(1993年)、『In Thunder's Pocket 雷のポケット』(2000年)とそのシリーズ。

『ぼくと原始人ステッグ』

Stig of the Dump（1963）

クライブ・キング

Clive King（1924–2018）

クライブ・キングのとびきりユニークな物語が世に出るなりたちまち大ヒットしたのは、「ビートルマニア」の熱狂が世に広がり始めた頃だった。読者の心をつかんだのは、タイトルにもなっているこの生き物の毛むくじゃらでぼさぼさの見た目だったのだろうか、それとも耳慣れないおかしな言葉だったのだろうか……。

『ぼくと原始人ステッグ』は、魔法に対抗しようとするある種のアンチ・ファンタジーだ。ほら穴に住む原始人ステッグと現代に暮らす少年バーニーは時を超えて出会う。ただしこれは、タイムトラベルの物語ではない。バーニー以外には、ステッグの姿を実際にみた人も、本当にいると信じている人もほとんどいない。しかし、ステッグはそこにいる。これは、魔法で始まって、魔法で終わる物語ではないのだ。その舞台も、児童文学作品によく出てくる中世の妖精の王国などではない。すべてはごみ捨て場、それも今は使われていない採石場の「チョーク穴」で起こる。そこは、きわめて現代的な西洋社会の豊かさがガラクタとなってあふれかえっている場所だ。

この物語のテーマは、それまでにない友情の形。それも、時代ではなく世代を超えた友情だ。キングはよく、ステッグの年齢は1万歳だといっていた。たとえそれが本当だとしても、ステッグにはどこか子どもっぽさを感じる。というのも、原始人のステッグは、気がつくと現代にいたわけで、この世界について知らないことばかりだからだろう。そして、ステッグとバーニーはいっしょに遊ぶようになり、ごみ捨て場のガラクタを再利用してステッグの住むほら穴を修理する。ふたりには共通の言語などなく、言葉以外の方法で心を通わせる。そして、キングは直接言葉にすることなく、思いやり、そして、リサイクルの大切さを訴えた。物語の最後に、バーニーと姉のルーは一度だけステッグたち原始人の世界に足を踏み入れるが、魔法が描かれていないからこそかえって、この場面はますます不思議な魅力をもつ。これが「ただの夢」だとすれば、ふたりは同じ夢を

みたことになるのだから。

　クライブ・キングは、幅広いジャンルの小説を書いている。キング自身はそれが、イギリス海軍での経験と、ブリティッシュ・カウンシルというイギリスの言語や文化や教育を世界に発信する組織で働いていた経験のおかげだと考えている。こうした仕事を通してキングは世界各地を訪れ、自分が滞在したことのある場所を舞台に多くの作品を書いた。

『ぼくと原始人スティグ』は、1964年にBBCの学校向けラジオ用の番組として放送された。
しかし、その人気が一気に広がったのは、同じくBBCの子ども向けバラエティ番組
『Blue Peter ブルー・ピーター』でテレビシリーズ化されてからだった。

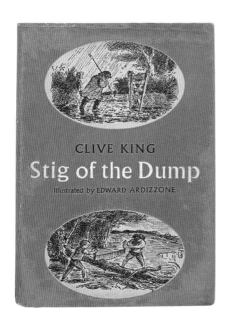

たとえば、『Hamid of Aleppo アレッポのハーミド』(1958年)は、シリアで暮らすゴールデンハムスターが、街の下にトンネルを掘っているうちに古代の遺物をいくつもみつけるという話だ。『The Twenty-Two Letters 22文字』(1966年)は、2500年前の東地中海沿岸を舞台にしている。文明の発祥地であるその場所で、3人の兄弟が故郷を敵の侵略から守るために、3つの新しい知恵——天文学、文字を理解し記録する能力、そして馬を使った戦術——を駆使して戦う。『The Night the Water Came 洪水の夜』(1973年)は、サイクロンで被災したバングラデシュを舞台にした作品だ。レスキュー隊による援助と、ひたすらもとの暮らしにもどりたいと願う少年の思いが対照的に描かれている。

『Snakes and Snakes ヘビとヘビ』(1975年)では、スリランカ人の少年が、自分のみつけた珍しいヘビは一体いくらで売れるのか知ろうとする。キングは、当時セイロンと呼ばれていたこの国に派遣され、第二次世界大戦中しばらくそこで過ごしていたことがある。この物語はのちに、『Good Snakes, Bad Snakes よいヘビ、わるいヘビ』(1977年)というBBCの子ども向けの劇になり、不定期のシリーズ番組『Stories Round the World 世界のおはなし』のなかで放送された。

キングは戯曲を4作、小説を20作手がけている。そのなかには、〈The Inner Ring インナー・リング〉というミステリーのシリーズもある。現在、キングの名が『ぼくと原始人ステッグ』の作家として知られているのは、バーニーとステッグを通して魔法を使わずに魔法のようなふたりの友情を生み出し、日常のなかにある不思議な世界を描き、ごみ捨て場に宝石が埋もれているということを示したからだろう。

✣ クライブ・キングの作品

『Hamid of Aleppo アレッポのハーミド』(1958年)、『南へ行った町』(1959年)、『The Night the Water Came 洪水の夜』(1973年)、『Snakes and Snakes ヘビとヘビ』(1975年)、『The Accident 事件』(1976年)と〈Inner Ring インナー・リング〉シリーズ、『The Seashore People 海辺のひとびと』(1987年)。

『かいじゅうたちのいるところ』

Where the Wild Things Are (1963)

モーリス・センダック

Maurice Sendak (1928–2012)

どんな子ども向け図書リストでも、それが10冊だろうと100冊だろうと、これまでに描かれた最も優れた子ども向け絵本の投票では『かいじゅうたちのいるところ』が常にトップに入る。この絵本が生まれたのは、ひとえにモーリス・センダックが馬の絵を描けなかったおかげだ。

モ　ーリス・センダックはニューヨークのブルックリンで、ポーランド系ユダヤ人の家に生まれた。センダックは子どもの頃、定期的に大勢の親戚が勢ぞろいする集まりで退屈しのぎに、おじやおばの特徴を誇張した似顔絵を描くようになった。芸術への強いあこがれは、ウォルト・ディズニーの画期的なアニメーション映画『ファンタジア』(1940年)をみてから、さらにその真剣さを増し、挿画家になりたいと思った。第二次世界大戦後、子どもの本の挿画の依頼を受けるようになり、1950年代に一連の賞を受賞した。センダックが挿画を描いた本の作者のなかには、兄のジャック・センダックもいた。

モーリス・センダックは『ケニーのまど』(1956年)で絵本作家としてデビューし、『*The Land of Wild Horses* やせいのうまたちのくに』の制作に取りかかった。ストーリーは、行儀の悪い少年が罰として自分の部屋に閉じこめられ、馬たちのいる国に逃げる想像をするというものだった。しかし、センダックは挿画を描き始めたものの、どうしても馬が描けなかった。編集者に「a land of wild things やせいのくに」に変えてはどうかといわれ、センダックは新たな案を思いつく。ユダヤ人移民の間で話されるイディッシュ語では、手に負えない子どものことを「vilde chaya」といい、これがまさに「野生動物(wild animals)」という意味だったのだ。

もとの話の筋からあまりそれないようにしながら、センダックは戦前に描いた親戚の似顔絵をもとに、新たなインスピレーションを得た。その結果、生まれたのが『かいじゅうたちのいるところ』だった。本の中では、マックスという男の子が、オオカミの着ぐるみを着て夢中になりすぎたあげく大騒動を引き起こし、夕食抜きで自分の部屋に閉じこめられる。

すると、部屋の中はジャングルに変わり始め、ここからマックスは船でかいじゅうたちのいるところへ向かう。かいじゅうたちは角や突き出た鼻があり、毛むくじゃらの体をしているが、オオカミの姿をしたマックスに恐れ入ってひれ伏す。それから、マックスはかいじゅうたちと、好きなだけ自由にはしゃぎ回る。だが、寂しくなったマックスは結局家にもどり、まだ温かい夕食が待っていることに気づくのだ。

この絵本は当初は評判がよくなかった。司書たちは、子どもたちに行儀が悪くてもいいといっているように感じたのだ。しかし、当の子どもたちは、この絵本をとても気に入った。今では批評家たちも、なじみのない強烈な感情と折り合いをつけながら成長する少年を見事に表した物語だと考えている。センダック自身が話しているように、本書と『まよなかのだいどころ』(1970年)と『まどのそとのそのまたむこう』(1981年)の2冊には共通のテーマがある。それは「子どもたちがどのようにさまざまな感情——危険、

1960年代の子ども向けの本では珍しく、『かいじゅうたちのいるところ』の表紙は60年近く変わっていない。

ホワイトハウスの芝地で行う、毎年恒例のイースターエッグロール（卵転がし）のときに、モーリス・センダックの絵本を読むバラク・オバマ前大統領とミシェル夫人。イースター・マンデー（復活の月曜日）に催されるこのイベントは、1878年に、ラザフォード・B・ヘイズ第19代大統領によって始められた。オバマ一家はこの特別な1冊を読むことを恒例行事にした。

退屈、恐怖、欲求不満、嫉妬——を抑制し、世の中の現実と向き合おうとするか」だ。

　この大成功にもかかわらず、センダックは続編で登場人物を復活させることは拒んだ。しかし、いくつかの脚色には関わっている。1983年の『かいじゅうたちのいるところ』のオペラ版では、以前は名前のなかった5匹のかいじゅうに、チッピー、モイシャ、アーロン、エミール、バーナードという親戚にちなんだ名前をつけている。

　バラク・オバマ前大統領に、ホワイトハウスの芝地で毎年子どもたちに読む本に選ばれたことで、本書は古典児童文学として不動の地位を約束された。もっとも、オバマ前大統領が『うんちしたのは

だれよ！』を声に出して読むはずはなかっただろうが……。

❖モーリス・センダックの作品

『ケニーのまど』(1956年)、『まよなかのだいどころ』(1970年)、『7ひきのいたずらかいじゅう』(1977年)、『まどのそとのそのまたむこう』(1981年)、『バンブルアーディ』(2011年)、『おふろばをそらいろにぬりたいな』(ルース・クラウスとの共作、1953年)、『キャンディいそいでお帰り』(マインダート・ディヤングとの共作、1953年)、『とてもとてもサーカスなフロラ』(ジャック・センダックとの共作、1957年)、〈こぐまのくまくん〉(E・H・ミナリックとの共作、1957年)とそのシリーズ。

『チョコレート工場の秘密』

Charlie and the Chocolate Factory (1964)

ロアルド・ダール

Roald Dahl (1916–1990)

ダールのこの最も有名な作品は、彼のすばらしい作品群の特徴すべてを備えている。不気味な邪悪さ、犯した罪に相応の罰、悪に対する善の勝利。ダールの奔放な想像力は、北欧にルーツを持つ両親と、彼の学生時代に深く関係している。

ロアルド・ダールは13歳の頃、イギリスのダービシャー州の寄宿学校レプトン校に入学した。学校からさほど遠くないところに、〈キャドベリー〉社のチョコレート工場があり、生徒は新製品のチョコレートの感想を書くのと引きかえに、チョコレートをただでもらえて味見ができた。この時代の学生生活で特筆すべきことは、教師によるむち打ちの罰と上級生によるいじめが正当化されていたということだ。このイギリスのパブリックスクールでのひどい経験が、ダールの作品に登場する多くの悪役の原型になっている。それに対して、作品の中で善良さと無邪気さを具現化しているのは、つねに子どもであり、『チョコレート工場の秘密』では、チャーリー・バケツがそのいい例だ。

お菓子屋にいる自分を夢見ない子どもなどいるだろうか。だが、『チョコレート工場の秘密』で、ダールは、この子ども時代の甘い夢をいったん子どもたちに与えたあと、あっさりと引っくり返す。5人の子どもたちが、ウィリー・ワンカ氏の工場で作られたチョコレートの包みの中から黄金切符をみつけだし、夢をかなえる機会を得る。黄金切符を手に入れた者は、ワンカ氏の菓子工場の見学ツアーができて、一生分のチョコレートとキャンディーをもらえるのだ。

だが、5人のうち4人は、ツアー中、行儀悪く振る舞ったり、わがままだったりしたせいでお仕置きを受ける。ただひとり、祖父のジョウといっしょに工場を訪れた心根のやさしいチャーリー・バケツだけが、ツアー中完璧に振る舞い、思いもよらないごほうびを勝ちとることになる。行儀の悪い4人の子どもと品行方正なチャーリーをながめながら、お菓子でいっぱいの工場を支配しているウィリー・ワンカ氏は、道徳観念など持ち合わせていない神のように振る舞う。彼は

まったく得体の知れない、恐ろしい人物なのだ。

ロアルド・ダールの物語の世界に挿画は欠かせないが、なかでもクェンティン・ブレイクの挿画はダールの作品になくてはならないものだ。1978年から1990年にかけて、ブレイクは『ぼくのつくっ

た魔法のくすり』(1981年)や、ダールの最後の作品『ことっとスタート』(1990年)を含む11作品の初版の挿画を描いた。ダールの死後、現在までに、さらに13の作品の新版に挿画を描いており、そのなかには、『チョコレート工場の秘密』の新版も含まれている。ちなみに、この作品の初

『チョコレート工場の秘密』の初版の表紙

版に挿画を描いたのは、アメリカ版では、ジョゼフ・シンデルマン、イギリス版ではフェイス・ジェイクスだ。ブレイクの自由奔放でラフで遊び心たっぷりの絵は、ダールの奇想天外な想像の世界とぴったり合っている。

『チョコレート工場の秘密』は、決して明快な善対悪のおとぎ話ではない。『オ・ヤサシ巨人BFG』の巨人たちのように、子どもも大人も善にも悪にもなりうる。ダールの想像力はノルウェー人の両親によって育まれた。両親がダールに

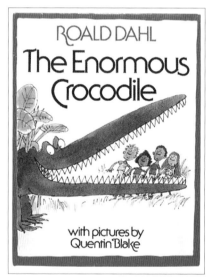

イラストレーターのクェンティン・ブレイクは、ダールの多くの作品に挿画を描いている。ふたりがタッグを組んだ最初の作品は『どでかいワニの話』(1978年)だ。絵本作家のドクター・スースは、初めての絵本『Great Day for Up! 目を覚まして！さあ上へ！』(1974年)の挿画を、自分で描くのではなくブレイクを信頼して任せた。ブレイクは、自分の本の制作と並行して、イギリスの児童文学作家ジョーン・エイキンやデイヴィッド・ウォリアムズなどの作品の挿画も手がけている。

語った、トロール、ゴブリン、水の精霊などが登場する北欧の民話は、イギリスの民話よりも総じて暗い。その影響の大きい作品が『魔女がいっぱい』だ。魔女が英国児童愛護協会と偽って集会を開き、おそろしい計画を立てる。この作品は、ノルウェーとイギリスの両方が物語の舞台となっている。

こういった北欧伝説は、ダールのブラックユーモアの原点にもなっているのかもしれない。8歳のとき、ダールは地元のお菓子屋の店主が大きらいだったので、大粒の固いあめ玉の瓶にネズミの死骸をかくした。物語の中で、ウィリー・ワンカ氏が子どもたちにみせる「永久ぺろぺろキャンディー」に、このエピソードの名残がみられる。幼児向けの白黒がはっきりした道徳規範に則った本から先へ進む準備のできた若い読者にとって、しきたりにとらわれない、いたずら心が溶けこんだ『チョコレート工場の秘密』は、楽しさあふれる読書体験となるだろう。そして、ロアルド・ダールの世界を通して、人生は、そう簡単にいかないものだということに気づき始めるにちがいない。

❖ ロアルド・ダールの作品

『おばけ桃が行く』(1961年)、『すばらしき父さん狐』(1970年)、『アッホ夫婦』(1980年)、『オ・ヤサシ巨人BFG』(1982年)、『魔女がいっぱい』(1983年)、『マチルダは小さな大天才』(1988年)

『おちゃのじかんにきたとら』

The Tiger Who Came to Tea(1968)

ジュディス・カー

Judith Kerr(1923–2019)

猛獣と一緒にお茶の時間を過ごすという奇抜な発想が受けて、ジュディス・カーの初めての絵本は、幼い子どもたちの間ですぐ大人気になった。本書で紹介しているほかの多くの名作と同じように、この絵本も子どもが寝る前に作者が聞かせた物語から始まった。

『おちゃのじかんにきたとら』は、ジュディス・カーが自分の幼い子どもたちと一日動物園で過ごしたあとで、話してきかせた物語だ。子どもたちはその物語が大好きで、カーはくり返しきかせることで話を洗練させていった。子どもたちが本を読めるくらいに大きくなると、次の一歩として当然、物語を書き留めることにした。カーはロンドンの中央美術工芸学校で絵を学んだことがあり、その「トラ」の話に挿画もつけた。

この物語では、小さな女の子ソフィーと母親がお茶の時間にしようとしていると、突然トラがやってくる。そして、トラは食べ物も飲み物もすっかり平らげて去っていく。帰宅したソフィーの父親はその話をきくと、ソフィーと母親をレストランに連れていく。翌日、ソフィーと母親は食料を買いに出かけ、トラの食べ物も買っておくのだが、トラがもどってくることはない。

動物園に出かけるとか、子どもを寝かしつけるときに話をするとか、今ではごくふつうのことだが、カー自身の子ども時代は平和や平凡とはまったくかけ離れたものだった。両親はドイツ系ユダヤ人だった。父親が書いた本はナチスによって燃やされた。もともとアルフレッド・ケンプナーと呼ばれていた父親は、ヒトラーが権力の座に就くことに批判的だったのだ。

アルフレッドはナチスの「死のリスト」に載っていた。1933年、カー一家はドイツを逃れ、スイスとフランスで過ごしたのち、1936年、イギリスに移住する。ジュディスは常に、わたしが描いたのはただのトラだといっていたが、これについては児童文学作家のマイケル・ローゼンのように、つい推測したくなる。つまり、ベルリンで子どもの頃住んでいた家に突然押し入られた経験が背景にあり、いつ降りかかるかわからない危険を象徴

The Tiger Who Came to Tea

Judith Kerr

『おちゃのじかんにきたとら』の最初の表紙では、ソフィーだけでなく母親もテーブルに着いていた。

しているのではないかと。家を壊すこともなく、ひとりの住人も殺さないトラを作り出すことで、おそらくジュディスは記憶の中にある「ナチスというトラ」を無意識のうちに無力化したのだろう。この本の中で、トラがまた食べ物をもらいにもどってこないのも、そのほうがいいからだろう。

『おちゃのじかんにきたとら』を描くのに、カーは1年かかった。この絵本が瞬く間に成功を収めたことで、カーはずっと夢見ていた作家の道を歩むことになった。本書のほかに、17冊の〈モグ〉シリーズが描かれているが、〈メグとモグ〉シリーズは別の作者によるものだ。〈モグ〉シリーズのほうは、ネコのモグというの

は同じだが、すっかり飼い慣らされているネコとその家族の物語だ。これは幼い子ども向けのシリーズなのだが、驚いたことにモグの冒険を描いてきた最後の17冊目『Goodbye, Mog さよなら、モグ』（2002年）では、ペットの死が描かれている。

ジュディス・カーはまた、ヤングアダルト向けの半自伝的な3部作「Out of the Hitler Time ヒトラーのいた時代」を書いた。第二次世界大戦前、戦中、戦後における世界の現実を、子どもの視点から著した作品だ。カーがこれを書いたのは自分の子どもたちに、映画『サウンド・オブ・ミュージック』[1965年のミュージカル映画。第二次世界大戦直前、ナチス侵略の迫るオーストリアの町ザルツブルクの物語]より

現実的な時代の見方を教えるためだった。

❖ ジュディス・カーの作品
〈モグ〉シリーズ──『わすれんぼうのねこ モグ』（1970年）、『Mog's Amazing Birthday Caper モグのABCえほん』（1986年）、『Mog's Kittens モグのこねこたち』（1994年）、『Goodbye, Mog さよなら、モグ』（2002年）。「Out of the Hitler Time ヒトラーのいた時代」3部作──『ヒトラーにぬすまれたももいろうさぎ』（1971年）、『Bombs on Aunt Dainty 爆撃されたディンティーおばさん』（もとの題名は『The Other Way Round あべこべに』、1975年）、『A Small Person Far Away 遠くにいる少女』（1978年）。『One Night in the Zoo あるよのどうぶつえん』（2009年）。

家族を困らせてばかりのネコのモグは、自分専用の出入り口があることも忘れてしまう。

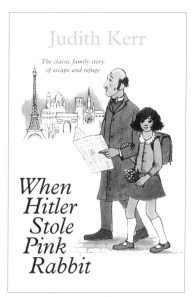

ジュディス・カーは1933年の忘れられないできごとを『ヒトラーにぬすまれたももいろうさぎ』の中で描いた。

『ウォンブル大かつやく』と〈ウォンブル〉シリーズ
The Wombles (1968) and series

エリザベス・ベレスフォード
Elisabeth Beresford (1926–2010)

1970年代初めまで、ロンドン郊外のウィンブルドンは、ローン・テニス・トーナメントの開催地としてしかほとんど知られていなかった。エリザベス・ベレスフォードが描いた、ウィンブルドンコモンに暮らすウォンブルや、彼らが持ち歩いているリサイクル用の手さげ袋によって、ウィンブルドンのイメージは決定的に変わった。

まだこの物語を読んだことのない読者のために説明しておこう。ウォンブルは地下の巣穴に住むシャイな生き物で、人間が落としていったゴミをリサイクルしながら暮らしている。世界のあちこちにいるのだが、ベレスフォードがおもに描くのはウィンブルドンコモンに暮らすウォンブルたちだ。この作品が世に出た1968年は環境問題への関心が高まり始めたばかりの頃で、ウォンブルの暮らしは一歩先をいっていた。彼らの合言葉は「汚いゴミもリサイクル」だ。

ウォンブルのアイディアは、ベレスフォードが1967年12月26日のボクシングデーに家族で散歩中、娘がウィンブルドンコモンをまちがって「ウォンブルドンコモン」と何度も発音していたのをきっかけに生まれた。ウォンブルの下の名前

は、家族旅行でいった場所からつけられ、それぞれの性格は作者自身の家族をイメージして作られた。たとえば、食いしん坊のオリノコ［南米の川の名］は息子、ブルガリア大おじさんは義理の父がモデルだ。主人公ブンゴ・ウォンブル［ブンゴは大分県にあった旧国名豊後国に由来］は、娘からインスピレーションを得て生まれた。

ベレスフォードの父親は小説家で、両親ともいろんな文学の会に関わっていた。両親の友人のなかには、小説家のD・H・ロレンスやサマセット・モームがいた。洗礼時の教父母は、詩人のセシル・デイ＝ルイス（イギリス人俳優ダニエル・デイ＝ルイスの父）とウォルター・デ・ラ・メアだった。

第二次世界大戦後、ベレスフォードはスピーチの代筆業から執筆活動を始め、

その後、ジャーナリストになりテレビやラジオのコラムを執筆するようになった。やがて、子ども向けの冒険物語に挑戦し、初の小説『*The Television Mystery* テレビ・ミステリー』（1957年）を発表。さらにファンタジーにも取り組み、初のシリーズ小説『*Awkward Magic* ぎごちない魔法』（1964年）を世に出した。この小説にはグリフィンや魔法のじゅうたんが出てくるので、イーディス・ネズビットの『火の鳥と魔法のじゅうたん』（1904年）と比較された。だが、成功の波に乗ったのは、『ウォンブル大かつやく』（1968年）からだった。

最初の2作品の挿画を担当したマーガレット・ゴードンは、とんがり鼻で毛むくじゃらのウォンブルを描いた。多少の

人気はでたが、ウォンブルマニアが本格的に現れ出したのは、1973年にBBCがテレビシリーズで短いストップモーション・アニメを放送し始めてからだ。ナレーションは俳優バーナード・クリビンズ、プロデューサーはアイバー・ウッド。ウッドといえばアニメーターの先駆者で、セルジュ・ダノの『*The Magic Roundabout* マジック・ラウンドアバウト』、マイケル・ボンドの『くまのパディントン』やその次の世代に向けた『ポストマン・パット』といったストップモーション・アニメのシリーズ制作に携わっていた。このふたりが組めば成功まちがいなしだった。放送時間は夕方のニュースの直前に組まれたので、イギリスのコメディ映画でクリビンズを知っていた大

初版『ウォンブル大かつやく』の表紙の絵は、マーガレット・ゴードンが描いた。

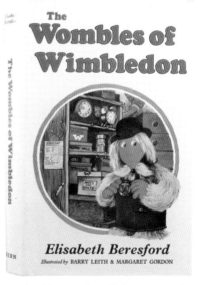

のちの版の表紙は、1970年代に放送されたテレビ番組の視聴者におなじみのアニメキャラクターが使用された。

人の視聴者も多く獲得した。

マイク・バットが作った耳に残るタイトルの番組テーマ曲は、驚くほどヒットして初のトップ40入りを果たし（最終的にトップ40に入ったウォンブルズのシングルは8曲）、1974年に英国のトップレコーディングアーティストに選ばれた。着ぐるみバンドのウォンブルズは、音楽番組『トップ・オブ・ザ・ポップス』やコントショー『ザ・グッディーズ』といった番組にゲスト出演もしている。2、3年の間、いたるところに活躍の場を広げ、商品化されたり、公の場に生出演したりした。暑苦しくて重い着ぐるみの中に入って、ロンドンのウエストエンドの劇場でミュージカルの演奏をした一流のミュージシャンのことを思うと気の毒になる。ところが、長編映画『Wombling Free ウォンブリング・フリー』が1977年に公開される頃、バブルははじけてしまった。そして若者文化は、ウォンブルマニアからパンクミュージックへと移っていった。

ベレスフォードは死ぬ直前まで、新しいウォンブルの物語を書き続け、約20冊発表した。そしてこんにちまで、商品化権は、マイク・バットとベレスフォードの子どもたちによって管理されている。ウォンブルマニアは今でもたまに現れ、2011年に開催されたグラストンベリー・フェスティバル［イギリスを代表する音楽イベント］では、観客がウォンブルズの演奏に熱狂した。ウォンブルズのモットーである、リサイクルはというと、かつてないほど意義のある行為となっている。

❖ エリザベス・ベレスフォードのほかの作品

『The Television Mystery テレビ・ミステリー』(1957年)、『Cocky and the Missing Castle コッキーと消えた城』(1959年)、『Awkward Magic ぎこちない魔法』(1964年)、『Sea-Green Magic シーグリーン・マジック』(1969年)、『Invisible Magic みえない魔法』(1978年)。

マイク・バットが全プロデュースを担当した着ぐるみバンド「ウォンブルズ」が、BBCの人気音楽番組『トップ・オブ・ザ・ポップス』で、ガンガンに攻めたロックを演奏しているところ。バットはこのバンドグループをしかけたのちに、ルイス・キャロルの不思議な叙事詩『スナーク狩り』をミュージカル化した。

『みんないちにち、なにしてる?』

What Do People Do All Day?（1968）

リチャード・スキャリー

Richard Scarry（1919–1994）

子どもの本で、資本主義の経済のしくみを一から教えてくれる本なんて、めったにない。リチャード・スキャリーの『*What Do People Do All Day?* みんないちにち、なにしてる?』はそれをやってのけた貴重な本だ。そこで絶妙なタッチで描かれているのは、かわいい動物がところせましと登場する町、その名も「ビジータウン」。アメリカのにぎやかな小宇宙だ。

ビジータウンは、スキャリーの人気作品の多くで舞台となっている。スキャリーの絵の魅力は、絵本でありがちな大胆なタッチや素朴な線ではない。にぎやかな雰囲気(busy-ness)だ。

『*What Do People Do All Day?* みんないちにち、なにしてる?』では、働く人々の世界を紹介する。「みんな それぞれ しごとがある」とスキャリーはこの本で最初にいいきる。続いて、どんな仕事も需要と供給のサイクルでつながっていることを紹介する。たとえば、農夫であるヤギのアルファルファはあまった作物を店屋のネコに売り、ネコはそれをビジータウンの町の人々に売る。また、農夫のアルファルファは作物を売ったお金で、仕立て屋を営むネズミのスティッチに新しいスーツを仕立ててもらい、農機具を売っているキツネから新しいトラクターを買い、それでまた畑で作物をたくさん作ろうとする。残ったお金は、銀行に預ける。

絵をよくみると、メインとなるストーリーと同時進行で、背景でもさまざまなことが起きている。だから、スキャリーの絵本は子どもの心をたちまち、つかんでしまう。

この本では、職人から会社員まで、つまりブルーカラーからホワイトカラーまで、幅広い種類の職業が描かれている。また、お金についての考え方にもふれているから、「今年みんなが持ってるスニーカー、ぼくはなぜ買ってもらえないの?」とか、「どうして学校にきてくれないの?」なんて答えに困る質問をし始める子どもにぴったりだ。

リチャード・スキャリーの家系は、アイルランドにルーツを持つ。スキャリー自身はアメリカのマサチューセッツ州ボストンで生まれ育った。ありがたいこと

に、この地で両親は店をうまく切り盛りしていたので、大恐慌時代でも暮らしにはゆとりがあった。ビジネスカレッジに進学したところをみると、スキャリーは家を継ぐつもりだったらしい。のちに『*What Do People Do All Day?* みんないちにち、なにしてる？』で経済活動を支える「基本のき」を子ども向けにさらりとわかりやすく説明するが、当時はビジネスの勉強が好きになれず中退。ボストン美術館の美術学校に入り直して、アートを勉強した。

リチャード・スキャリーは一生を通じ、驚くほど多くの作品を手がけ、
ゴールデン・ブックス社とランダムハウス社の2社からシリーズで出し続けた。
ロングセラーになってからも社会の変化を十分に配慮した修正が随所でなされている。
とくに、男女の役割の描き方には細心の注意が払われている。

スキャリーは第二次世界大戦が終わると、アート関連雑誌の仕事を渡り歩く。1949年に、イラストレーターとしてデビュー。1955年以降は自分でも文章と絵の両方を手がけた本を出すようになる。『あかちゃんうさぎとパパ』(1955年)は妻のパトリシアとのコラボレーション。「パッツィー・スキャリー」こと、パトリシアは学校教材のライターをしていた。全9巻のシリーズ物の第1巻〈ティンカーとタンカー〉は、ウサギとカバの不思議な友情を描いた物語で、1960年に発表された。

初めて世界的ヒットになった作品は、1963年の『スキャリーおじさんのとってもたのしいえいごえじてん』だ。この本では、スポーツや交通機関など、テーマ別に見開きで約1400語の単語を紹介し、イラストで説明している。まさにこのわくわくする、描きこんだ内容の充実ぶりが、のちの『*What Do People Do All Day?* みんないちにち、なにしてる？』にも受け継がれている。

『スキャリーおじさんのとってもたのしいえいごえじてん』はやがて、幼児絵本の手本となり、類書が次々に出る。また、英語とスペイン語の2言語表記をはじめ、さまざまな言語で出版され、ミリオンセラーとなった。

❖ リチャード・スキャリーの絵本
『スキャリーおじさんのとってもたのしいえいごえじてん』(1963年)、『*Best Nursery Rhymes Ever* とってもたのしい子どものうた』(1964年)『*Busy Busy World* スキャリーおじさんの にぎやかなビジーワールド』(196年)、『かぞえてみようスカーリーおじさんのかずの本』(1973年)、『*Busy Town, Busy People* ビジータウンとまちのひとびと』(1976年)、『スキャリーおじさんのおおきなことばえほん』(1985年)。

『はらぺこ あおむし』

The Very Hungry Caterpillar (1969)

エリック・カール

Eric Carle (1929–)

ジョージ・W・ブッシュ元大統領は、お気に入りの児童書としてこの絵本を挙げている。1分ごとに『はらぺこ あおむし』が売れているといわれている。あおむしの食欲が尽きることがないように、この絵本も求められ続けているのだ。

ある日曜日の朝、ちっちゃな卵から、ちっぽけなあおむしが生まれる。お腹がぺこぺこのあおむしは、それから7日間食べ続け、お腹はいっぱいになって体もどんどん大きくなり、やがて、さなぎになる。そして2週間が過ぎた頃、さなぎの皮を脱いで出てきたときには、もうあおむしではなくなっている。この絵本を通して、子どもたちは数の数え方を始め、さまざまなことを学ぶ。曜日について、あおむしの育ち方、食べ物を食べすぎたら（とくに絵本の中の土曜日のように）どうなるかということまで。

　文と絵を手がけるエリック・カールが、彼の作品のなかでもとびきり人気のあるこの絵本を思いついたのは、紙の束にパンチで穴を開けているときだった。小さなトンネルのような穴が虫に食べられたみたいにみえ、『*A Week with Willi the Worm* 虫のウィリーの1週間』というタイトルの絵本を描いた。だが担当の編集者がさりげなく、紙を食べる虫よりあおむしのほうが子どもたちには魅力的だろうと提案した。あおむしがチョウになるという自然な結末を気に入ったカールは、よろこんでその提案を受けいれ、絵本を描き直した。その後の売り上げは、編集者のいうことに耳を傾けたのは賢明だったということを証明している。

　エリック・カールは、ニューヨーク州中部のシラキュースで、ドイツ移民の家に生まれた。6歳のときに、家族とともにドイツに移住。第二次世界大戦中、父はドイツ軍に徴兵されたのちソ連軍の捕虜（りょ）となり、カールは15歳のとき、軍の仕事で塹壕（ざんごう）を掘らされた。

　1952年、ようやくアメリカにもどったカールは、「ニューヨークタイムズ」紙や広告業界でグラフィックデザイナーとして働くようになる。カールが広告に描いたロブスターが絵本作家のビル・マーチンの目に留まり、マーチンは自作の絵本

THE VERY
HUNGRY
CATERPILLAR

by Eric Carle

エリック・カールが初めに思いついたのは、
紙を食べる虫が本をかじってページに穴を開けるというストーリーだった。
その後、担当編集者の助言を受け、虫ではなく、あおむしになった。

の絵をカールに任せることにした。こう
して、カールが初めて絵を手がけたマー
チンとの共作の絵本『くまさん くまさん
なに みてるの？』(1967年)が誕生した。
カール独特のコラージュの手法で、筆で
色をつけた薄紙を切り貼りし、あざやか
で生き生きとした絵を作っている。『く
まさん くまさん なに みてるの？』で、
この手法が世間に認知され、マーチンと
カールは続編『しろくまくん なにが きこ
える？』、『パンダくん パンダくん なに
みているの？』、『こぐまくん こぐまく
んなに みているの？』を続けて合作した。
　カールは工夫をこらしたユニークな本

が好きで、それはドイツの絵本の独創性
に影響を受けているからだといっている。
例を挙げると『だんまり こおろぎ』
(1990年)には、こおろぎの鳴き声がきこ
えるしかけが、『さびしがりやの ほた
る』(1995年)には、ホタルのお尻が光るし
かけがある。カールの絵本には、ページ
を通常とは異なった形に切り取ったもの
も多く、こういった絵本を作るには従来
とはちがう印刷技術が必要になる。『は
らぺこ あおむし』では、ページに描かれ
た食べ物をあおむしが食べたという設定
で穴が開いているが、この穴を開けてく
れる印刷所をアメリカではみつけられな

かったため、初版は日本の印刷所で印刷することになった。

2002年、カールは妻とともに、マサチューセッツ州のアマーストに「エリック・カール絵本美術館」を創設した。この美術館は、想像力をかきたて、思い出を引き出す多様な絵本に興味がある人々のあこがれの場所となっている。世界屈指の絵本作家であるカールに授けられた数ある名誉のなかでも、最も奇抜なのは、イモムシと格好が似ているクモへの命名だろう。2019年、カールの90歳の誕生日と『はらぺこ あおむし』の刊行50周年を記念して、昆虫学者は、新しく発見されたクモに「ウロバルス・カルレイ（Uroballus carlei）」とカールにちなんだ名前をつけた。

ジャングルにいる動物たちは、なぜナマケモノがそんなにのんびりしているのか知りたがる。『ゆっくりがいっぱい！』(2002年)。

❖ エリック・カールの作品

『くまさん くまさん なに みてるの？』(ビル・マーチンとの共作、1967年)、『くもさん おへんじ どうしたの』(1984年)、『だんまり こおろぎ』(1990年)、『しろくまくん なにが きこえる？』(ビル・マーチンとの共作、1991年)、『さびしがりやの ほたる』(1995年)、『パンダくん パンダくん なに みているの？』(ビル・マーチンとの共作、2003年)、『こぐまくん こぐまくん なに みているの？』(ビル・マーチンとの共作、2007年)。

『神さま、わたしマーガレットです』

Are You There God? It's Me, Margaret. (1970)

ジュディ・ブルーム

Judy Blume (1938–)

児童文学には扱いにくいテーマが4つある。性、宗教、離婚、死だ。親にとって触れづらい問題だが、児童文学作家にとっても同じだ。だが、ジュディ・ブルームはちがう。彼女は、少年少女や大人と子どもの境目にいる若者にとってきわどいテーマを包み隠さず描いてみせる。

ジュディ・ブルームは子育て中、自分が子どもの頃、たびたび襲ってくる大人になることへの不安を、だれにも話すことができずに悩んでいたことを思い出した。デビュー作『ぼくはみどりのカンガルー』(1969年)は、かまってもらえない、3人きょうだいの真ん中の男の子の物語だ。2作目『イギーの家』(1970年)では、人種差別という難しい問題をとり上げ、近所に初めて引っ越してきた黒人家族に対する世代によって異なる考え方について書いた。3作目に出版されたのが『神さま、わたしマーガレットです』だ。

マーガレットは11歳で、母親はキリスト教、父親はユダヤ教だ。両親はマーガレットを無宗教で育てるが、それぞれの祖父母はそのような育て方を望んでいない。マーガレットはさまざまな宗教の神さまについて真剣に考えるようになるが、思春期に達した友だちはまったく別のことに興味を持っている。マーガレッ

トは、仲良しの女の子たちのなかでも発育が遅いほうで生理もこないので、自分は普通ではないのではないかと不安になる。登場人物のなかには、生理がきたと自慢する女の子や、しっかりとした宗教的信念を持っている人もいる。

ただし、必ずしも真実を話す人ばかりではないし、なかには他人を信じられない人も出てくる。マーガレットはどん底まで落ちこんだとき、神さまに話しかけるのをやめてしまうが、最後には、初潮を迎えて、ふたたび神さまにこう話しかける。「神さま、あなたはそこにいるのですね。なにがあっても、あなたはこのことを見のがさないはずですよね」

「神さま、あなたはそこにいますか？」そんな疑問が頭に浮かんできたのをきっかけに、いろいろな問題──性、男の子、初めてのブラジャー、初潮、宗教のちがい、対立する大人たち──が持ち上がってくる。マーガレットの母は、ユダ

ジュディ・ブルームは、10代の少年少女が知りたがっているテーマで作品を書いた。
これらのテーマは、それまでのヤングアダルト小説では当たり前ように避けられてきた。
『神さま、わたしマーガレットです』は、アメリカの図書館に置くのが難しかったという。

ヤ人の父と結婚したために、何年も両親と話していなかった。この本は、さまざまな難しい問題をひるむことなく投げかけながらも安易な答えを提示しないという姿勢が高く評価されているが、一方で頭の固い人々から、対象読者の年齢を考えるとあまりにも内容が露骨だと批判された。

次の作品『Then Again, Maybe I Won't たぶん ぼくはそうしない』(1971年)では、男の子の視線から思春期を描いている。二度の離婚を経験したブルームは、ばらばらになった家族が出てくる『It's Not the End of the World 世界のおわりじゃない』(1972年)と『一緒にいようよ！ステファニーとふたりの親友』(1987年)の2作品を書いた。学校のいじめをテーマにした『いじめっ子』(1974年)では、いじめられっ子になってしまった、元いじめっ子が語り手となっている。4巻シリーズの1巻目『ピーターとファッジのどたばた日記』(1972年)は、特定の問題ではなく、ファッジというあだ名の男の子のキャラクターに焦点をあてて描かれている。

2015年には、死というテーマに向き合い、『In The Unlikely Event ありそうもない出来事』を書いた。連続飛行機事故について書かれた一般向けの小説で、ブルームが子どもの頃、地元の近くで、58日間のうちに3回連続して実際に起こった飛行機事故にもとづいている。歯科医だったブルームの父は、犠牲者の歯から身元をわりだすという気のめいる仕事を引き受けることになった。ブルームはその記憶を頭のなかから消し去っていたが、ついに本に記すことにしたのだった。

❖ ジュディ・ブルームのほかの作品

『イギーの家』(1970年)、『Then Again, Maybe I Won't たぶん ぼくはそうしない』(1971年)、『It's Not the End of the World 世界のおわりじゃない』(1972年)、『ピーターとファッジのどたばた日記』(1972年)とそのシリーズ、『いじめっ子』(1974年)。

『It's Not the End of the World 世界のおわりじゃない』は、離婚を考えている両親に対する子どもの心の動きを描いている。

『ふたりはともだち』と〈がまくんとかえるくん〉シリーズ

Frog and Toad are Friends (1970) and series

アーノルド・ローベル

Arnold Lobel (1933–1987)

幼い子どもにとって、友だちでいることはむずかしい。アイスクリームで仲良くもなれれば、おもちゃの取り合いで仲たがいすることもある。アーノルド・ローベルのがまくんとかえるくんは、まったくちがう者同士でも、協力し、ゆずり合いながら親友でいられることを教えてくれている。

『ふたりはともだち』のがまくんとかえるくんが世に出たのは1970年。この題こそ、この本と続編3作のテーマを象徴している。ふたりの主人公は特徴的で、それぞれの性格がわかるように描かれている。かえるくんは背が高くて緑色、のんきで明るい性格。一方がまくんは背が低くずんぐりしていて茶色、まじめで心配性だ。ローベルは、このふたりは自分自身が持つふたつの面であり、このシリーズは内なる葛藤と折り合いをつける物語でもあると語っている。

ローベルはまず画家になり、その後文章も書くようになった。1960年代は「軽い読み物」を手がけ、昔ながらのシンプルな韻を踏んだ短い文章と、原色を使った鮮やかな絵を基本としていた。絵を描くようになったのは、子ども時代に長患いをし、孤独な時間を紛らわすためだっ

た。おそらくその孤独な時期に、友情についても考えるようになったのだろう。

ローベルが、妻で同じく画家のアニタに出会ったのは、1950年代に通っていた美術学校だった。ふたりは『*On Market Street* 市場通りのお店屋さん』(1981年)などで共作もしている。夫妻はブルックリンのプロスペクトパーク動物園の筋向かいに住んでいた頃、子どもたちをつれてよく訪れたことがあり、ローベルは『*A Zoo for Mister Muster* マスターさんの動物園』(1962年)、『*A Holiday for Mister Muster* マスターさんの休暇』(1963年)など、動物の物語を数多く出している。

しかし1960年代が終わる頃、ローベルは自分が考える物語の筋に満足できなくなっていた。読みごたえのある物語を書きたいと思いながら、子どもが喜びそうなお話ばかり書き続けた結果、自分の作

Frog and Toad Are Friends

by Arnold Lobel

An I CAN READ Book

〈がまくんとかえるくん〉シリーズの最初の4作には、それぞれシンプルな話が5編収録されている。
たとえば「すいえい」という話では、がまくんがだれにも水着姿をみられたくなくて、川から出てこようとしない。
そしてようやく出てきたがまくんをみて、かえるくんが笑う。

品には誠実さや感動が欠けているという思いが強くなったのだ。そこで、頭で考えて書くのをやめ、心で感じたままを書くようになった。大人である自分の感情も、子どもの気持ちとさほどかけ離れていないだろうと信じたからだ。同時に、原色ばかりだった絵も、さまざまな色を駆使した深みのある絵に変わっていった。『ふたりはともだち』は、この新たなアプローチの最初の作品で、その成果がはっきり表われている。

ローベルは、画家として、作家として、またその両方として、生涯で100冊近くの作品を手がけた。〈がまくんとかえるくん〉シリーズは人気を呼んだが、ローベルが画家として広く評価されるようになったのは、1987年に早世したあとのことだった。2008年に遺品が競売処分された際に発見された、3編の〈がまくんとかえるくん〉の未発表作品には、画風が異なるモノクロの絵が添えられていた。ローベルの娘エイドリアンがその絵に色をつけて2冊にまとめ、遺作としてシリーズに加えた。

アーノルド・ローベルは美術学校時代に将来の妻と学生演劇に関わり、その情熱は娘のエイドリアンに引き継がれた。エイドリアンは舞台美術家となり、2000年には『A Year with Frog and Toad がまくんとかえるくんの一年』のミュージカル版の制作に携わった。ミュージカルは2002年にオフブロードウェイで初演を迎え、エイドリアンの当時の夫で俳優のマーク・リン＝ベイカーががまくんを演じた。

『ふたりはともだち』の素朴で心温まる物語は、子どもたちに、たとえよい行いを気づいてもらえなくても——がまくんとかえるくんがそうであるように——心は満たされると教えている。

✤ アーノルド・ローベルのその他の主な作品

『ふくろうくん』(1975年)、『おはなしばんざい』(1977年)、『ローベルおじさんのどうぶつものがたり』(1980年)、『Ming Lo Moves the Mountain 山を動かしたミン・ロー』(1982年)。

『ミスター・ティックル（コチョコチョくん）』
Mr. Tickle (1971)

ロジャー・ハーグリーブス
Roger Hargreaves (1935–1988)

『ミスター・ティックル（コチョコチョくん）』は、〈ミスターメン〉シリーズのなかで最初にできたキャラクターだ。もともとセットのうちの1冊としてほかの5冊といっしょに1971年8月に出版された。ミスター・ティックルはもうすぐ50歳の誕生日を迎えるというのに、その長いうでをくねくねのばして今でも幼い子どもたちの想像力をくすぐっている。

イギリスのウェストヨークシャー出身のロジャー・ハーグリーブスが広告業界でクリエイティブ・ディレクターをしていた頃、6歳の息子アダムから「パパ、コチョコチョってどんなの？」と質問された。ロジャーは、あっというまにミスター・ティックル（コチョコチョくん）のイメージを絵にしてみせた。こうして驚くほどの人気を得た〈ミスターメン〉シリーズが誕生した。今では、ミスターメンとその女の子版リトルミスの世界に、およそ90ものキャラクターが生まれ、28か国で100万部をはるかに超える売り上げを記録している。

キャラクターは、それぞれの性格にちなんで名前がつけられている。たとえば、最初に出版された6冊のうちミスター・ティックル以外のキャラクターは、ミスター・グリーディ（くいしんぼうくん）、ミスター・ハッピー（ハッピーく

ん）、ミスター・ノージー（しりたがりくん）、ミスター・スニーズ（くしゃみくん）、ミスター・バンプ（ドジドジくん）だ。キャラクターたちの短い冒険を通して描かれるのは、それぞれの特徴と、それによって引き起こされるさまざまなできごとで、どれも最終的にちょっとした道徳的教訓が読みとれるようになっている。だがミスター・ティックルは例外だ。その長いうでを好き放題に使って、先生や警察官といったえらい人たちをくすぐっても、怒られずにすんでいるのだから。この絵本から得られる人生の教訓といえば、ミスター・ティックルはいつコチョコチョくすぐりにくるかわからない、ということくらいだ。

ロジャー・ハーグリーブスの絵は、簡単に描けそうで難しい。彼はマジックペンであっというまにキャラクターを描く。だが、イラストレーターとしての目

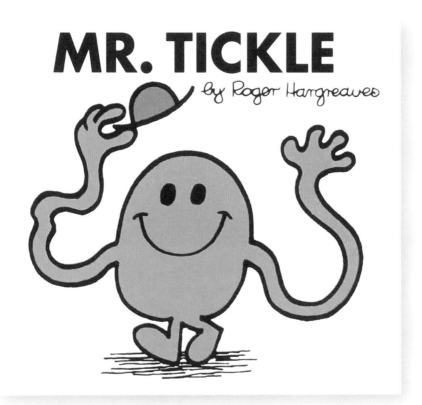

世界的に有名になったミスター・ティックルが冒険を通して、
人生の教訓を教えてくれることはほとんどない。

2016年に、ロジャー・ハーグリーブスが残した、とくに人気のある絵本のキャラクターの切手が発行された。

　　　　　　『ミスター・ティックル（コチョコチョくん）』

は鋭く、細部にこだわりながら最小限の線と色でキャラクターを表現している。息子のアダムは成長するにつれて、父の作品が子どもっぽくみえ、軽くみるようになったが、自分で描いてみるようになってその見方が変わった。

ロジャーが40のミスターメンと21のリトルミスを残してこの世を去ると、アダムがミスターメンに関連するおもちゃ、テレビアニメシリーズ、使用権や販売権などですでに巨大化していたビジネス帝国を引き継いだ。ところが、父のように物語を作ったり、絵を描いたりするのは思っていたよりもずっと難しかった。アダムがのちに語ったところによれば、完璧な作品を作るためには何年も試行錯誤をくり返さねばならず、先輩である父の絵とユーモアのセンスに対して、新たな尊敬の念が生まれたという。

アダムは、今や新たなキャラクターをいくつか生み出し、父の名で発表している。ときには企業などと提携し、その活動を広げてもいる。たとえば、リトルミス・プリンセス(プリンセスちゃん)は英国ロイヤルファミリーの結婚式に合わせて作られたし、ミスター・グルッグ(ごぼごぼくん)はミネラルウォーターの会社〈エビアン〉の限定オリジナルキャラクターとして作られた。

ロジャーはほかにも、『*Walter the Worm* ミミズのウォルター』や〈John Mouse ネズミのジョン〉シリーズの絵本を描いている。29冊の楽しい絵本シリーズ〈Timbuctoo ティンブクトゥ〉は、ミ

ミスター・トール(のっぽくん)は1976年に登場。その4年前の1972年にミスター・スモール(スモールくん)、その2年後の1978年にミスター・スキニー(やせっぽちくん)が登場した。

スターメンと同じ構成で描かれ、それぞれの動物の鳴き声がタイトルになっている。たとえば、『*Woof* ワンワン』、『*Meow* ニャーニャー』、『*Oink* ブーブー』といった具合だ。彼の作品が今も子どもたちを笑わせ続けているのは、彼こそがミスター・ティックルだからかもしれない。

❖ ロジャー・ハーグリーブスのほかのシリーズ作品

『*Mr. Men* ミスターメン』(1971年)、『*Little Miss* リトルミス』(1981年)、『*Walter the Worm* ミミズのウォルター』(2018年)、〈John Mouse ネズミのジョン〉シリーズ(1973年)、〈Timbuctoo ティンブクトゥ〉シリーズ(1978–1979年)。

『メグとモグ』と〈メグとモグ〉シリーズ

Meg and Mog(1972) and series

ヘレン・ニコル[文]、ジャン・ピエンコフスキー[絵]

Helen Nicoll(1937–2012), Jan Pieńkowski(1936 –)

イギリス人作家ヘレン・ニコルとポーランド人挿絵画家ジャン・ピエンコフスキーは40年以上にわたってパートナーを組んでいた。ふたりは、1960年代にBBCの子ども向け番組の制作をきっかけに共同制作を始めた。おとぼけ魔女メグと、モグというがまん強いネコの物語は、子どもたちに楽しまれ、読み継がれている。

コルがピエンコフスキーに、魔女の本を書こうと思っているの、と相談すると、ピエンコフスキーは、呪文が苦手な魔女の話なら絵を描いてもいいよ、と返した。そうして生まれた1作目『メグとモグ』はとても愉快な話で、イギリスの大手出版社〈ハイネマン〉はすぐに2作目を依頼した。

〈メグとモグ〉シリーズは、正真正銘の共作で、単に文章に絵を添えて完成させた作品ではない。ふたりは、互いの家の中間にある高速道路のサービスエリアで待ち合わせ、全作品の構想をねった。取材旅行にもふたりで出かけ、『*Meg's Castle* メグのおしろ』の制作中には、城を見てまわるためにウェールズまで足を運んだという。

このシリーズの面白さは、絵と文の両方が見事にひとつになっているところだ。1946年にイギリスに移住したピエンコフスキーは、中央ヨーロッパの伝統的な民話とともに育った。それらは概して、イギリスの民話よりずっと恐ろしかった。ピエンコフスキーは次のように語る。子どもの頃、祖母が話してくれた物語のせいでさんざん悪夢にうなされたから、メグは愉快な魔女にしたかったんだ、と。

ヘレン・ニコルは徹底した完璧主義者だった。その性格のおかげで、BBC初の女性プロデューサーのひとりに選ばれ、さらにはやり手の起業家にもなった。母親にプレゼントしたオーディオブックが残念ながら簡略版と知り、オーディオブック会社〈カバー・トゥ・カバー〉を立ち上げ、子ども向けと大人向

け両方の文学作品の完全版オーディオブックを専門に扱ったのだ。この方針に感銘を受けたJ・K・ローリングは、〈ハリー・ポッター〉シリーズをオーディオブック化する権利を5000ポンド［約65万円］でニコルに売った。のちにこのシリーズは世界的に大ヒットした。朗読を担当したのはイギリス人俳優のスティーヴン・フライだ。ニコルは2000年に、

〈カバー・トゥ・カバー〉社をBBCの元同僚たちに売ったが、J・K・ローリングの書籍をオーディオ化する権利は売らなかった。

ピエンコフスキーは、ニコルのほかに、不思議な世界を描く児童文学作家ジョーン・エイキンとも仕事をしている。ピエンコフスキーは凝ったしかけの3Dポップアップ絵本も手がけており、

1970年代初め、しまもようのネコたちが大人気だった。まずは白と黒のしましまネコのモグ、それから、イギリスの子ども向けテレビ番組にピンクのしましまネコ、バグプスが登場した。モグが最後にメグと空を飛んだのは2010年のこと。

なかでも『おばけやしき』は広く翻訳され100万部を売り上げた。また同じような趣向を凝らした演劇作品の舞台装置もいくつか制作している。

　メグとモグの物語は、デイヴィッド・ウッドの脚色で、1981年にロンドンの劇場街ウエストエンドにあるアーツ劇場の舞台に進出した。メグ役に抜擢されたのはモーリン・リップマン。この共同制作がきっかけで、ニコルは〈メグとモグ〉シリーズのオーディオブック化を決め、リップマンにナレーター役を頼んだ。また、BBCの音響チーム〈レディオフォニック・ワークショップ〉で働く仕事仲間に音響効果を担当してもらった。2003年にはテレビアニメ化され、メグ役に俳優フェイ・リプリー、モグ役にコメディアンのフィル・コーンウェル、そしてフ

クロウ役には、この人しかいないと思われる劇作家アラン・ベネットが声優出演した。

　メグとモグの友だちで、たまにふたりとつるんでいる賢いフクロウのホーは、40年間で17作品に登場し、ニコルが亡くなった年に出版されたシリーズ最後の『Meg Goes To Bed メグのおやすみ』にも姿をみせてくれている。

❖〈メグとモグ〉シリーズ作品

『メグとモグ』(1972年)、『Mog's Missing モグはどこ』(2005年)、『Meg's Mummy メグのママ』(2004年)、『Mog in the Fog きりのなかのモグ』(1984年)、『Owl at School ホー がっこうにいく』(1984年)、『Meg's Veg メグのやさいばたけ』(1975年)、『Meg Goes To Bed メグのおやすみ』(2010年)。

『ウォーターシップ・ダウンの ウサギたち』

Watership Down(1972)

リチャード・アダムズ

Richard Adams(1920–2016)

リチャード・アダムズのこの冒険ファンタジーでは、身を寄せ合って暮らすウサギたちが命がけの活躍をし、子どもも大人もとりこにする。ただし、物語は骨太だ。これは、かわいいウサギがぞろぞろ出てきて愉快なことをしでかす、よくある児童書とはまったく違う。

アダムズはこの作品をいつも、ウサギがぞろぞろ登場するだけの話だと言い張っていたが、そこで起きるできごとや独特の設定は、古代ギリシャ・ローマ時代の名作、叙情詩『オデッセイア』や『アエネイド』のような雰囲気を漂わせている。当時、似たような階級の家庭で育った同世代の子どもの例にもれず、アダムズもこんな作品を学校で読まされていたのだろう。

ウサギたちは自分たちの集落のあるサンドルフォードが滅ぼされる予感につき動かされ、新たな定住の地を探す旅に出る。そのきっかけは、ファイバーというウサギのみた不吉な夢だった。かくしてファイバーの兄ヘイズルは、この旅のリーダーとなる。一行はアナグマや車に行く手を阻まれ、危険な目に何度もあいながらもなんとか、ウォーターシップ・ダウンにたどり着くがこのあと、この地で安心して長く暮らせる集落を作り、近くに住む攻撃的なウサギの群れから仲間を守らなければならない。

この愛と勇気の物語の舞台はどれも、アダムズが育ったイギリスのバークシャー。サンドルフォードの集落や、ウォーターシップ・ダウンの丘は実在の場所だ。この本も児童書の傑作によくあるパターンだが、もともとはアダムズがストラトフォードオンエイヴォンに向かう車の旅で、子どもに思いつくままきかせた話だった。アダムズは国家公務員として働きつつ、時間をみつけては娘のジュリエットとロザマンドに読みきかせる短い話を書いていたのだ。運転中に娘たちに新しいお話をせがまれたときのことをアダムズは回想し、「昔、ヘイズルとファイバーというウサギがいてね

Watership Down
A novel by
Richard Adams

リチャード・アダムズのデビュー作は、いくつもの出版社に持ちこんで断られ続けた。
ところが、ようやく世に出るとたちまち、ベストセラーに。
イギリスのハンプシャー州に実在するこの丘陵地帯は、
この作品のファンにとっての聖地となった。

『ウォーターシップ・ダウンのウサギたち』

……」と話し出したら、あとはストーリーがひとりでに出てきたと語っている。

　このときの話をのちに文字に起こすとき、アダムズは無意識のうちに、少年時代に親しんだ名作文学の知識に導かれていた。精力的にウサギたちが活躍する架空の世界を創り上げ、ウサギたちには独自の言葉や、文化や、代々受け継ぐしきたりを与えていった。

　実際のウサギの生態について参考にしたのは、ナチュラリストであるロナルド・ロックリーの書いた『The Private Life of the Rabbit アナウサギの生活』という、ウサギのすべてを網羅した資料だ。ロックリーは、ウサギと海鳥しかいない島で何年も暮らしていた（ほかにも、『The Private Life of Gannets カツオドリの知られざる生活』というネイチャー映画のさきがけとなる作品も手がけている）。『ウォーターシップ・ダウンのウサギたち』の刊行後、ロックリーとアダムズは知り合い、友情を深めた。アダムズは自分の3作目『疫病犬と呼ばれて』（1977年）のなかに、ロックリーを登場させている。

　『ウォーターシップ・ダウンのウサギたち』はアダムズのデビュー作だ。アダムズは児童文学や擬人化した動物を描くことにこだわっていたわけではなかったものの、3作目の『疫病犬と呼ばれて』では、動物実験ラボから脱出する2匹の犬という、1作目と似たモチーフにもどっている。また、『女王陛下の船乗り猫』（同じく1977年）は海賊ネコが主人公の子ども絵本で、イラストはビートルズのア

ルバムイラストなどで有名なアラン・オルドリッジが手がけた。ちなみにこの作品の正式なタイトルは、『The Adventures & Brave Deeds of the Ship's Cat on the Spanish Maine: Together with the Most Lamentable Losse of the Alcestis & Triumphant Firing of the Port of Chagres スパニッシュ・メインでふねにのったネコのぼうけんとゆうかんなかつやく──および、どうにもなげかわしいアルケスティス号の損失と、チャージ港でのかがやかしいしゃげき』という。

　南北戦争が舞台の歴史小説『Traveller トラベラー』（1988年）は、合衆国側の北軍と戦った南軍のロバート・E・リー将軍が乗った馬の視点から語られる。タイトルは、この馬の名だ。

　1996年にリチャード・アダムズは『Tales from Watership Down ウォーターシップ・ダウンのこぼれ話』という後日談を書いた。1作目に登場した群れの仲間や、ウサギたちの間で代々受け継がれる神話に登場するキャラクターが出てくる短編集だ。このスピンアウトは、すでに完成されている原作のウサギの小宇宙に新たな命を吹きこみ、生き生きとよみがえらせている。

❖ リチャード・アダムズの児童書
『女王陛下の船乗り猫』（1977年）、『疫病犬と呼ばれて』（1977年）、『The Iron Wolf, and Other stories 鉄のオオカミ、その他の物語』（1980年、挿絵はジェニファー・キャンベル）、『Traveller トラベラー』（1988年）。

『帰ってきたキャリー』

Carrie's War (1973)

ニーナ・ボーデン

Nina Bawden (1925–2012)

主人公のキャリーと同じように、ニーナ・ボーデンは第二次世界大戦中、南ウェールズの炭鉱町に疎開した。『帰ってきたキャリー』がリアルに感じられるのは、ニーナの戦時中の経験に裏付けられているからで、学校では文学と歴史の両方の授業で取り上げられることが多い。

キャリーは夫を亡くし、ふたりの子どもを連れて、戦争中に弟とともに疎開していた町にもどると、心のどこかにあった記憶がよみがえる。それは同じように疎開していた少年アルバートとの初めてのキスの思い出だ。しかし、当時のキャリーは、かつて町を出たときに自分が呪いをかけて親しい友人たちの人生をめちゃめちゃにしてしまったと思いこんでいた。

疎開中のできごとを子どもたちに話しながら、キャリーは自分が幼い頃このウェールズの町にすっかり溶けこんでいたことや、まわりの大人や子どもの生活に巻きこまれていたことに気づく。特にキャリーが深く関わっていたのは、ぎくしゃくしていた3人の大人のきょうだい、気難しいエバンズさんとその姉妹で、姉のほうはエバンズさんと疎遠になったまま死の床につき、妹は兄に虐げられ、逃れる方法を探していた。エバン

ズさんは本当に、キャリーが思っていたような悪人だったのだろうか？　当時のキャリーには判断がつかなかった。そしてエバンズさんは悲しみのうちに世を去り、今はもういない。

成長期の少女の目を通して語られる物語は、読者の心を動かす。キャリーにとって、戦時中の世の中は、成熟しつつある自分の感情と同じくらいよくわからないものだった。成長期のキャリーは、町で、そして遠い戦地で起きている大人のいさかいから影響を受ける。『帰ってきたキャリー』が10代の読者にも、教師にも人気があるのはうなずける。特に大きな戦争を経験していない世代には、強い印象を残す。

ニーナ・ボーデンの後半生は、悲劇が影を落とした。2002年、ふたり目の夫と乗っていた列車が転覆して夫が死亡、ボーデン自身も大けがを負った。また、3人の子どものうちふたりに先立たれ

Carrie's War

NINA BAWDEN

フェイス・ジャックスが絵を手がけた『帰ってきたキャリー』の初版。
ニーナ・ボーデンはエセックスのイルフォードに住んでいたが、
14歳のときにウェールズのアバデアに疎開した。

た。息子のひとりが1981年に自死し、娘のパーディタはボーデンより数か月早く世を去った。最後の作品となった『Dear Austen オースティンへの手紙』(2005年)は亡くなった夫に宛てた長い手紙の形式で、48年間をともにした夫を奪った事故の意味を問うている。

ボーデンが児童文学作家として順調にキャリアを築いた頃に書いたのが『帰ってきたキャリー』で、23作目の小説だった。ボーデンはさまざまなジャンルに積極的に挑戦した。最初の作品『Who Calls the Tune? だれがその調べを選ぶのか？』(1953年)は昔ながらの殺人ミステリーだ。初期の子ども向け作品ですぐれているのが『On the Run 逃走中』(1964、アメリカでの題は『Three on the Run 逃走中の3人』)で、『帰ってきたキャリー』とは対照的だ。キャリーが大人の世界に飛びこんだのに対し、『On the Run』の3人の子どもは、ボーデンいわく「大人の世界から、たとえ一時的とはいえ、実際に逃げ出す」のだ。

『The Witch's Daughter 魔女の娘』(1966年)は、物語も挿画も興味深い。主人公の少女は、死んだ母親が海に呪いをかけ、島人の生活を危険にさらしたとして、迷信深い島でつまはじきにあう。少女の名はボーデンの実の娘と同じパーディタ。挿画は、作家として『ぼくのワンちゃん』や〈Alfie アルフィー〉シリーズの文章も書いているシャリー・ヒューズだ。

ボーデンの『The Birds on the Trees 木の上の鳥たち』(1970年)も、新たな挑戦だ。19歳のトビーは中流階級の両親の期待にこたえられず、上を目指せという両親からのプレッシャーに耐えきれずにドラッグに走り、退学になって家を飛び出し、親身になってくれる祖母のもとにいく。『ペパーミント・ピッグのジョニー』(1976年)は19世紀の話で、ふたりの子どもと、とっぴな行動で笑わせてくれるペットのブタの忘れられない1年を描いている。魅力的な設定とかわいらしい題名で、評価も高い作品だが、ぞっとするような暴力的な場面も多いため、幼い読者には薦められない。

❖ニーナ・ボーデンのその他の主な作品
『On the Run 逃走中』(1964年)、『The Witch's Daughter 魔女の娘』(1966年)、『The Birds on the Trees 木の上の鳥たち』(1970年)、『ペパーミント・ピッグのジョニー』(1976年)。

『ちょうちょうの舞踏会と バッタの宴会』

The Butterfly Ball and the Grasshopper's Feast(1973)

アラン・オルドリッジ[絵]、**ウィリアム・プルーマー**[文]

Alan Aldridge(1938–2017), William Plomer(1903–1973)

著名な奴隷制度廃止運動家による一風変わったファンタジーから、ロック バンドのディープ・パープルのメンバーによるロックオペラまで、『ちょう ちょうの舞踏会とバッタの宴会』は2世紀以上もの間、さまざまな装いで若 い人たちを楽しませている。

リ ヴァプール生まれのウィリアム・ ロスコー(1753–1831)は、物語詩 『ちょうちょうの舞踏会とバッタの宴会 (*The Butterfly's Ball and the Grasshopper's Feast*)』 (ロスコーのタイトルにのみButterflyに"'s"がつ いている。1807年)の原作者だが多彩な顔 を持っている。奴隷制度廃止運動家、銀 行家、歴史家であり、リヴァプール王立 協会とリヴァプール植物園の創設者でも ある。ロスコーは大の植物好きで、父親 が所有していた野菜農園のために奨学金 を使ったかと思うと、ターメリック、 ショウガ、クズウコンを含む植物の分類 についての重要な本を発表した。

花の受粉において昆虫はとても重要な 役割を果たすが、おそらくロスコーは、 それにインスピレーションを得て『ちょ うちょうの舞踏会とバッタの宴会』を書 いたのだろう。この物語詩はヴィクトリ ア朝を通じて人気があった。20世紀に入 ると、古風で風変わりな作品として受け 止められるようになるが、この物語詩 は、児童文学史においてくり返し用いら れている動物の擬人化という手法を使っ た代表的な初期作品だ。

1970年代には、パディントン、ウォン ブル、がまくんとかえるくん、『ウォー ターシップ・ダウンのウサギたち』のウ サギといったキャラクターが続々と登場 していたが、これらは児童文学史におい て無視することのできない、比較的新し い擬人化された動物のキャラクターであ る。このようにして受けいれられやすく なった環境のなか、1973年にアラン・オ ルドリッジが、ロスコーの昆虫物語の挿 画を新たに描き下ろした。そのきっかけ は、『不思議の国のアリス』の初版の挿画 家のジョン・テニエルが、『鏡の国のア

リス』の挿画を描く際にルイス・キャロルにいった「かつらをかぶったスズメバチはどうしても描けない」という言葉

だった。

オルドリッジは1960年代、〈ペンギンブックス〉社のアートディレクターとし

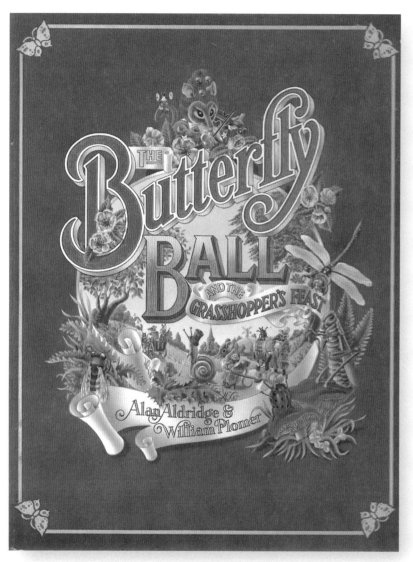

エルトン・ジョンのアルバム『Captain Fantastic and the Brown Dirt Cowboy
キャプテン・ファンタスティックとブラウン・ダート・カウボーイ』（1975年）のファンなら、
すぐにオルドリッジの独特の絵のスタイルに気づくだろう。

て有名になり、SFの表紙を専門に描いた。その絵は時代の空気をうまくとらえていた。自分のスタジオを設立したのち、ザ・フーのアルバム『A Quick One ア・クイック・ワン』(1966年)のジャケット、ビートルズの『Illustrated Lyrics イラスト入り歌詞集』(1969年)の表紙やイラスト、エルトン・ジョンのアルバム『キャプテン・ファンタスティック』(1975年)のジャケットなど、それぞれの作品の顔となるようなデザインを手がけた。

オルドリッジの絵に合わせて、ロスコーの詩を新しく書き直したのはウィリアム・プルーマーだ。プルーマーは作曲家ベンジャミン・ブリテンの台本作家であり、小説家イアン・フレミングの担当編集者でもあった。『007 ゴールドフィンガー』(1959年)は、フレミングがプルーマーに捧げている。サイケデリックでくらくらするほど色彩に富んだ挿画のついた『ちょうちょうの舞踏会とバッタの宴会』の新しい版に、子どもたちは心を奪われ何時間も見入った。巻末には登場する動物や昆虫についての詳しい注釈が、本文にはクイズもあり、50年近くたった今でも子ども向けの本として人気がある。そして歴史学者にとっては、ウィリアム・ロスコーの時代の素朴な児童文学と現代とを結びつける役割を果たしている。

オルドリッジとプルーマー版が出版された1973年当時、人気のある動物のキャラクターはアニメ化されるのが当然と考えられていた。先ほども例に挙げたが、パディントンやウォンブルや『ウォーターシップ・ダウンのウサギたち』のウサギなども同じ道をたどっている。そこで1974年、オールドリッジの絵をもとにした短編アニメが発表された。音楽はヘビーメタルロックバンドのディープ・パープルのベーシスト、ロジャー・グローヴァーが担当し、長編アニメ映画のための布石としてつくられた。長編アニメが実現することはなかったが、グローヴァーはサウンドトラックを完成させ、本作品と同じタイトルでLP盤のアルバムが発売された。

続いて、オルドリッジは『ウォーターシップダウンのウサギたち』の著者リチャード・アダムズの『女王陛下の船乗り猫』(1977年)でイラストを担当した。また、ロスコーによるこの物語詩には、続編がある。それらはロスコーが存命中に出版されているが、作者はロスコーではなく、当時子ども向けの詩人として人気のあったキャサリン・アン・ドーセットだ。作品名は『くじゃく家の祝宴』(1807年)、『The Lion's Masquerade ライオンの仮装舞踏会』(1807年)、『The Elephant's Ball and Grand Fâte Champetre ゾウの舞踏会と田舎の祝宴』(1807年)。さらにオルドリッジも続編を手がけている。作品名は『The Peacock Party くじゃくのパーティ』(1979年)、『The Lion's Cavalcade ライオンのパレード』(1980年)だ。

〈大魔法使いクレストマンシー〉シリーズ

Chrestomanci series(1977–2006)

ダイアナ・ウィン・ジョーンズ

Diana Wynne Jones(1934–2011)

歴史の「もし」という仮説は、異なる結果がもたらされるパラレルワールドを作り出す。もし火薬陰謀事件［1605年に発覚した国王ジェームズ1世らを爆殺する陰謀］が成功していたら？ もしフランスがアジャンクールの戦いに勝利していたら？ それが大魔法使いクレストマンシーの世界である。

〈クレストマンシー〉シリーズはダイアナ・ウィン・ジョーンズのファンタジー小説で全7巻が出ている。クレストマンシーとは、最高の魔法使いが就く役職名だ。クレストマンシーたちはジョーンズの描くすべての世界に存在する。その世界で物語の中心にいるのがクレストマンシーのクリストファー・チャントだ。クレストマンシー城を拠点とするイギリス政府で、クリストファーは魔法の使用を監視する部門の責任者を務めている。

クリストファーは7冊のうち5冊でクレストマンシーを務めている。残り2冊はクリストファーが子どもの頃と10代の頃の話だ。キャットとして知られているクリストファーの養子エリックは、1巻の『魔女と暮らせば』(1977年)で9つの命を持っている［英語では猫には九生|命が九つ|

ある(容易に死なない)ということわざがある］ことが判明し、クリストファーの後継者として認められる。シリーズの最初の巻で、キャットは悪巧みをしている姉のグウェンドリンを倒さなければならない。グウェンドリンは自分の魔法の力を高めるため、キャットの命を盗んでいたのだ。後に出版された巻が1巻の前日譚となっているが、『魔女と暮らせば』はクレストマンシーの世界に浸りたい人たちにとって最高の出だしとなっている。

ダイアナ・ウィン・ジョーンズは、子ども向けファンタジーの歴史において、重要なつなぎ役を務めている。彼女はオックスフォード大学に通っていた頃、初期の偉大な作家J・R・R・トールキンとC・S・ルイスの文学講義に出席していた。テリー・プラチェット、ニール・ゲイマン、J・K・ローリング、フィ

『魔女と暮らせば』はイギリスのパラレルワールドが舞台になっており、その世界では魔法が認められ、政府によって使用が規制されている。

リップ・プルマンといった作家は、彼女に多大な影響を受けたとたびたび語っている。ゲイマンとジョーンズは互いに相手を高く評価し、それがきっかけとなって、お互いの本でも献辞を送るようになった。彼女の作品の多くは、後続の作家たちによって影が薄くなり絶版になっていたが、J・K・ローリングの驚異的な成功のおかげで、ふたたび新たな関心を集めることになった。

ジョーンズは〈クレストマンシー〉シリーズ以外にも、全4巻からなる歴史ファンタジー、〈デイルマーク王国史〉シリーズを書いている。〈デイルマーク王国史〉は、15人の戦争好きな伯爵によって統治されている中世の架空の国が舞台

になっており、『*Cart and Cwidder* 詩人たちの旅』(1975年)から始まる。英語のタイトルにあるクィダー（Cwidder）とは魔法の楽器リュートだ。〈デイルマーク王国史〉はこうしたシリーズ作には珍しく最初の3冊は年代を遡っていく。つまり、2巻は1巻の、3巻は2巻の前の時代設定になっている。

　『魔法使いハウルと火の悪魔』(1986年)は、魔力は強いが欠点のある魔法使いハウルを描く物語で、シリーズ全3巻の最初の1巻だ。ハウルはうぬぼれが強く、うっかり者で、面倒なことから逃げ出せるとなれば身勝手な嘘をつくこともある。そんな欠点は、火の悪魔を生かし続けるため悪魔に心を渡してしまったせいかもしれない。とはいえ、それは魔力を強めることにもなった。『魔法使いハウ

ニール・ゲイマンはダイアナ・ウィン・ジョーンズの作品と大魔法使い〈クレストマンシー」シリーズの大ファンである。彼のノンフィクション作品を集めた『*The View from the Cheap Seats* チープ・シートからの眺め』のダイアナ・ウィン・ジョーンズの章は、彼女の作品とその影響力について書かれている。

ルと火の悪魔』は出版時には注目を集めなかったが、ジョーンズの著作のなかでは現在、公共図書館で最も多く所蔵されている本で、文学賞が授与されていない過去の優れた作品に贈られるフェニックス賞を2006年に受賞している。本書への関心が再び高まったのは、これをもとにスタジオジブリが宮崎駿監督で2003年に長編アニメーション『ハウルの動く城』を作成したからだ。これはアカデミー賞にノミネートされた傑作で、アニメファンの間ではカルト的人気がある。

　ジョーンズは多作な作家で、SFを含むさまざまな分野で100冊以上出している。また、彼女の描いた魔法のファンタジー作品は多くの称賛を浴び、このジャンルの愛情のこもったパロディの出版にもつながった。『ダークホルムの闇の君』(1998年)とその続編『グリフィンの年』(2000年)は、ときに剣と魔術の不条理な世界をやんわりとからかっている。『ダイアナ・ウィン・ジョーンズのファンタジーランド観光ガイド』(1996年)は、旅行者向けのガイドブック〈ラフガイド〉シリーズ［英国初の人気ガイドブック］のように、ファンタジー作家向けのルールや決まり文句をユーモラスに分析した本だ。

❖ ダイアナ・ウィン・ジョーンズの作品

『詩人たちの旅』(1975年)と〈デイルマーク王国史〉シリーズ、『魔法使いハウルと火の悪魔』(1986年)とそのシリーズ、『ダークホルムの闇の君』(1998年)と『グリフィンの年』(2000年)のダークホルム2部作。

『ぼくのワンちゃん』

Dogger（1977）

シャリー・ヒューズ

Shirley Hughes（1927–）

シャリー・ヒューズは子どもの本に人生を捧げた作家で、挿画と文の両方で50年以上ものキャリアがある。子どもの素朴な心の機微をたくみにとらえて描く彼女の能力によって、ヒューズは子どもたちのお気に入りの作家となった。

シャリー・ヒューズは多くの賞と名声を得ているが、栄誉あるケイト・グリーナウェイ賞を二度受賞している数少ない作家のひとりだ。英国図書館員協会によって与えられるケイト・グリーナウェイ賞は、19世紀を代表するイギリス人絵本作家の名前にちなんで名付けられた。ヒューズが受賞した2作品は、2003年のシンデレラを題材にした『*Ella's Big Chance* エラの大きなチャンス』と、ヒューズの作品のなかでも一番人気のある、なくしたおもちゃを（この先ネタバレ注意）取りもどす『ぼくのワンちゃん』だ。

タイトルの「ワンちゃん」は抱きしめたくなるようなかわいい犬のぬいぐるみだが、持ち主のデイブはバザーでワンちゃんを失う。そしてデイブがなくしたワンちゃんをみつけた人が、悪気なく売ってしまうのだ。大切なぬいぐるみを失った子どものつらさは、親ならだれもが知っている。『ぼくのワンちゃん』のスリリングな展開は幼い読者をまちがいなくひきつける。ワンちゃんが売られた日、デイブは弟思いの姉ベラのやさしさで救われる。

この短い物語にはたくさんの挿画が入っている。この物語を書いた頃、ヒューズはすでにイギリスの出版社で20年以上、挿画家として安定した仕事の依頼を受けており、彼女の経歴は申し分のないものだった。ヒューズがプロのイラストレーターを目指したのは、前世代の挿画家、W・ヒース・ロビンソンやアーサー・ラッカムに触発されたからだ。

リヴァプール・スクール・オブ・アートとオックスフォード大のラスキン絵画学校で美術を学んだあと、1950年代–1960年代のイギリスの偉大な児童文学作家たちに挿画を提供したこともある。そのなかには、ノエル・ストレトフィールドや、ヒューズの絵が初めて広く世間

の注目を集めた『きかんぼの ちいちゃい いもうと』シリーズで有名なドロシー・エドワーズがいる。これまで、ヒューズは200冊を超える児童書の挿画を描いている。

イラストレーターとしても、作家としても、ヒューズがデビューしたのは1960年である。そのデビュー作は、子どもたちの日常を描いた絵本『*Lucy and Tom's Day* ルーシーとトムの一日』だ。ルー

The classic story about losing your favourite toy

ワンちゃんは、もうひとつの失われたアイテム〈ボンティング〉と類似点がある。
〈ボンティング〉とはアルフィーが庭でみつけた完璧な石につけた名前だ。
アルフィーと〈ボンティング〉は永遠に友だちでいるはずだったが……。

『ぼくのワンちゃん』

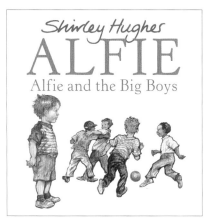

シャリー・ヒューズの才能は、だれもがよく知っているとても細かいところに子どもの感情をとらえるところだ。

2018年に出版された『*Snow in the Garden* 庭の雪』は、詩や物語などを集めた最新作だ。

シーとトムは『*Lucy and Tom's Christmas* ルーシーとトムのクリスマス』（1981年）と『*Lucy and Tom at the Seaside* うみべのルーシーとトム』（1992年）で時間をあけてもどってくる。その頃には、『ぼくのワンちゃん』によってヒューズの本は世界中の本棚の定番になっていた。もうひとつの彼女の不朽の名作〈Alfie アルフィー〉シリーズもだ。

いたずら好きのアルフィーは、『*Alfie Gets In First* アルフィーいちばんのり』（1981年）で初めて登場して以来、7つの物語で子どもがよくぶつかる問題で奮闘する。アルフィーはあちこち動き回る元気で無邪気な男の子で、長靴を左右逆にはいてしまうなど、幼い時期ならではの問題に直面する。アルフィーの妹アニー・ローズを主役にした話も、〈Alfie アルフィー〉シリーズがうまくいったおかげで本になった。

シャリー・ヒューズは50冊以上の本を書いている。そのため、彼女が2015年、88歳で初めて長編小説を書いたというのは驚きである。それもヤングアダルト向けの作品で、タイトルは『*Hero on a Bicycle* 自転車に乗ったヒーロー』。これは1944年のイタリアが舞台で、ヒトラーとムッソリーニ率いる枢軸国に抵抗するパルチザンの歴史上の事件がもとになっている。

❖ シャリー・ヒューズの本

『*Lucy and Tom's Day* ルーシーとトムの一日』（1960年）とそのシリーズ、『*Alfie Gets In First* アルフィーいちばんのり』（1981年）とそのシリーズ、『*Ella's Big Chance* エラの大きなチャンス』（2003年）、『*Hero on a Bicycle* 自転車に乗ったヒーロー』（2015年）。

『スノーマン』
The Snowman（1978）

レイモンド・ブリッグズ
Raymond Briggs（1934–）

熟練した画家で、挿絵画家でもあるレイモンド・ブリッグズは、そのテーマが冷ややかで残酷な場合が多いにもかかわらず、物語に温かく思いやりのある人間性を感じさせる。核戦争から冬の物語まで、ブリッグズの漫画の登場人物は、40年以上にわたってわたしたちの心をとらえてきた。

レイモンド・ブリッグズが『スノーマン』の物語を描こうと思ったのは、1977年から78年にかけての冬のことだった。この冬、イングランド南部は例外的な大雪に見舞われた。物語は、少年の作ったゆきだるまが、真夜中に動き出すところから始まる。少年とスノーマンは家の中を一緒にみて回る。それから、一面雪に覆われ、静まりかえった風景の上を、ブリッグズにインスピレーションを与えた風景の上を飛んでいく。イングランドの南海岸上空を飛んでいた少年とスノーマンは、日が昇るのをみて家へもどる。ブリッグズは、自身のほかの多くの作品と同様、不思議なできごとと物悲しさを混ぜ合わせる。少年の冒険は——あれはただの夢だったのだろうか？——翌朝、ゆきだるまが溶けているのをみた少年の悲しみを和らげてくれる。

この物語のアニメ版は、原作の出版からわずか4年後にイギリスのテレビ向け

に制作され、ブリッグズのクレヨンで陰をつけたちらちらと光るスタイルを巧みに表現することに成功した。アニメ版では、原作にいくつかの変更が加えられている。原作では時季についてふれていないが、アニメ版では、はっきりとクリスマスに設定されている。また、プレゼントの荷札から、少年の名前がジェイムズであることが明かされる（原作では少年に名前はない）。ジェイムズとスノーマンはイギリスの海岸線で飛ぶのをやめるどころか、北極まで飛んでいき、ゆきだるまたちのパーティーに参加してサンタクロースに会う。サンタクロースがジェイムズにくれたプレゼントのマフラーが、翌朝、それが夢ではなかったことの証になる。

ブリッグズは最初の2冊の本『さむがりやのサンタ』（1973年）と『サンタのたのしいなつやすみ』（1975年）で、サンタクロースの暮らしぶりを詳しく描いた。ブリッ

The Snowman

Raymond Briggs

THE ORIGINAL CLASSIC STORY

『スノーマン』は世界中で500万部以上を売り上げた。
珍しいことに、この絵本は文字がなく、絵だけで語られる。

『いたずらボギーのファンガスくん』では、地底人ボギーの仕事に精を出している、平均的なボギーのありふれた1日が描かれている。

グズのほかの多くの本と同じように、だれもが知っている有名人物の裏の顔を探り、ほかのみんなと同じだと描いてみせたのだ——「ひどい雪」にうんざりし、休暇では慣れない生活習慣にうろたえる姿を。そして、3冊目の本『いたずらボギーのファンガスくん』(1977年)では、陰気なコミック・キャラクターに心の内を明かさせた。べとべとしている緑色のボギーは、人間を怖がらせる仕事に飽き飽きし

ているのだ。このファンガスの半端なく不快な世界への反動もあり、レイモンド・ブリッグズは『スノーマン』で冬の清らかさを描いた。

『スノーマン』以後、ブリッグズの作品のテーマは大人向けになっていく。トイレ掃除人『ジェントルマンジム』(1980年)の現実離れした生活、ジムのその後を描いた『風が吹くとき』(1982年)での悲惨な核戦争の体験。『エセルとアーネスト ほんとうの物語』(1998年)では、ブリッグズの両親の結婚生活の描写に深く感動させられる。

『THE MAN おぢさん』(1992年)と『くまさん』(1994年)では、ブリッグズが『スノーマン』で初めて掘り下げたテーマのいくつか——夢と現実、子どもの心の中の世界、秘密の友だち——にもどったのがわかる。『Ug アグ』(2001年)は石器時代の物語で、創造的な想像力の大切さについて描いている。これまでの作品を通じ、ブリッグズはヒーローらしくないヒーローの胸の内を明かしてきた。ブリッグズは若い読者に、人間であることの意味を理解できるよう手助けする——たとえ、読者がボギーだろうと、ゆきだるまだろうと。

『おばけやしき』

Haunted House(1979)

ジャン・ピエンコフスキー

Jan Pieńkowski(1936–)

これはただの飛び出す絵本ではない。この本は、その域をはるかに超えている——歯車を回し、つまみを引っ張り、カーテンをめくり、ドアというドアを開くことができる。『おばけやしき』は、図書館員が「動く絵本」と呼ぶ大傑作なのだ。

『おばけやしき』は、ジャン・ピエンコフスキーの代表作で、ペーパーエンジニア（紙を使った立体デザインなどの設計士）のトーア・ラクヴィグが制作に参加している。その細かいしかけは、絵本を読み返すたびにうまく動くよう丁寧に作りこまれている。そのおかげで、なんだかおかしいような、びくっとして思わず苦笑いしてしまうような、怖くてぎょっとしてしまうような、絶妙なバランス感覚の作品に仕上がっている。

この本は、こんな文章から始まる。「どうぞお入りください、お医者さん。古めかしくてすてきな家でしょう。ちょっとばかり冷えますが」。この屋敷の住人は、さまざまな病気の症状に悩まされ、診察してもらうために医者を呼んだ。ページをめくるとすぐに、なぜこの家にいると食欲がなくなり、夜も眠れなくなってしまうのか、その理由がわかってくる。読者はこの屋敷のなかを順番

に、玄関、キッチン、リビング、お風呂場、寝室、そして屋根裏部屋と案内され、どこにいってもおばけや気味の悪い生き物に出くわすことになる。「これはぜんぶ、気のせいなのでしょうか？」と、患者は医者にたずねる。「あれ、お医者さん？」気がつくと、その医者はもう逃げ帰ったあとだった。

衣装ダンスのなかにはガイコツ、階段下の物置には幽霊、浴槽にはワニがいて、便器のなかにはネコが潜んでいる。タコが皿洗いをしているかと思えば、屋根裏に置いてあるトランシルヴァニアと書かれた木箱からは「なにか」か「だれか」が出てこようとしている。キッチンの食器棚には、どの扉の奥にもゾッとしてしまうものが隠れている。

ピエンコフスキーの『おばけやしき』はまちがいなく、それまでにない複雑な動きをみせる作品として「動く絵本」という新たな道を切り開いたといえる。そこに

見開きでたったの6場面だが、ページをめくるたびにおもわず手を止めて見入ってしまう。最初の場面ではゴシック調の階段が立体的にせり出し、最後の場面では天井の梁にぶら下がっているコウモリが飛び出してくる。

トーア・ラクヴィグによる『おばけやしき』のペーパーエンジニアリング（紙を使った造形）は、驚くほど手が込んでいて立体感を見事に表現している。

は、昔からの技術がたくさん応用されている。ヴィクトリア朝の人々は、切り絵を重ね合わせ、有名な童謡などの場面を紙で表現した奥行きのある作品を好んだ。ピエンコフスキーは、このアイディアに再び着目して、切り絵絵本『ファースト・クリスマス』(2000年)を出版した。よく使われる視覚的トリックで、つまみを引っ張ると馬の絵がシマウマに変わるというしかけがあるが、ピエンコフスキーはそれを応用して幽霊が寝室のカーテンの後ろから姿を現すしかけを作った。

「ヴォルベル」と呼ばれる回転盤は、回すと切り取られた枠の部分からいろんな絵がのぞいたり、そのまわりに並ぶ絵や文字の組み合わせが変わったりする仕掛け。これは1000年以上も前に生まれたアイディアだ。これを古代ペルシャの天文学者は月の満ち欠けを予測するのに使い、同じアイディアをロックバンドのレッド・ツェッペリンが3枚目のアルバムのジャケットに使った。ピエンコフスキーはこのしかけを使って、リビングの暖炉の火がちらつく様子や、キッチンにあるガラス瓶の中身がうごめく様子を表現した。

ポーランドに生まれたピエンコフスキーは、第二次世界大戦の影響で落ち着かない子ども時代を過ごした。1948年には12歳でイギリスに移り住み、大学では英語・英文学を専攻した。そんななか、アートへの関心はずっと尽きることがなかった。ピエンコフスキーはわずか8歳で父親のために絵本を作り、大学卒業後

にはグリーティングカードの会社を始めて大成功している。

『おばけやしき』を出版する前から、ピエンコフスキーはほかの作家の本のイラストレーターとしてすでに有名になっていた。児童文学作家のジョーン・エイキンと1960年代にいっしょに仕事をしたり、ヘレン・ニコルと〈メグとモグ〉シリーズを共作したりした。『おばけやしき』でピエンコフスキーは、二度目のケイト・グリーナウェイ賞を受賞している。

❖ ジャン・ピエンコフスキーの動く絵本

『ロボット』(1981年)、『ごちそうさま』(1981年)、『*Christmas* クリスマス』(1989年)、『*Good Night: a Pop-Up Lullaby* おやすみなさい とびだす子守唄』(1999年)、『ファースト・クリスマス』(2000年)、『みんなあつまれ！ ノアのはこぶねより』(2003年)、『*The Fairy Tales* おとぎばなし』(2005年)。

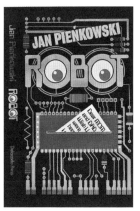

『ロボット』(1981年)も続けてヒットした。この作品のペーパークラフトもまたすばらしい。

『いまは だめ』

Not Now, Bernard（1980）

デイヴィッド・マッキー

David McKee（1935 –）

夜眠りにつく前の小さなモンスターたちにぴったりの絵本『いまは だめ』は、かまってもらいたがっている子どもたちに耳を傾けないと、どんなに大変なことになるかを描いている。子どもたちは何か大切なことを伝えようとしているかもしれないのだ。

　|か|わいそうな小さいバーナードは、ママとパパに話をきいてもらおうとしている。何か大切なことを伝えようとしているようだ。ところが、ふたりとも自分のことに夢中で、「いまは だめ バーナード」と知らん顔。じつは、バーナードは庭にいるむらさき色のモンスターのことを伝えようとしていたのだ。ひとりきりで外へ様子をみにいき、モンスターに食べられてしまうバーナード。それでも、ママとパパは家にいるのがバーナードではなくモンスターだと気がつかず、いつものように寝る前のしたくをさせる。「おれはモンスターなんだぞ！」そう訴えるモンスターに、ママは「バーナード、いまは だめ」といって、部屋の電気を消してしまう。

　大人がこの絵本を読むとたいてい、なんとなく悲しい気持ちになるのは、モンスターのようにふるまう子どもにさえ注意を向けない親がいるということがほの

めかされているからだ。一方、子どもはというと、小さなモンスターに変身して、おもちゃをこわしたり、パパの足にかみついたりするアイディアは大好物。子どもからすれば、バーナードのパパとママはだまされたふりをして遊んでいるだけで、ママの最後のせりふ「バーナード、いまはだめ」も本気でいっているようにはきこえない。子どもたちは、1日の終わりには何もかもうまくいって、すべて許してもらえるので、安心して眠りにつくことができるのだ。

　デイヴィッド・マッキーは、イングランド南西にある美術学校に通いながら、新聞社や雑誌社へ漫画を売りこみ絵の仕事を始めた。彼の作品は、月刊雑誌「リーダーズ・ダイジェスト」や、残念ながら今は廃刊となっているイギリスの週刊風刺漫画雑誌「パンチ」などに掲載された。1964年には、初の絵本『*TWO CAN TOUCAN* オオハシ とよばれるように

ミスター・ベンとパッチワークのカラフルなぞうのエルマーは、テレビアニメシリーズ化された。
バーナードはというと、いつものように、無視されてしまった。

なったわけ』を発表している（描き直され、1985年に再版された）。

1960年代終わり、ミスター・ベンのキャラクターが誕生した。ミスター・ベンは、おだやかな性格の、山高帽子をかぶった銀行員だ。たまたま立ち寄った衣装屋で試着したあと、店の奥にある魔法の扉を開けると、そこは選んだ服にぴったりの世界。冒険の始まりだ。〈ミスター・ベンのふしぎなぼうけん〉シリーズ4作目が発表されると、BBCから連絡があり、短編アニメにして連続放送されることになった。たった13話だったが、ある世代の大人にとっては、心に残る特別作品だ。

1970年代終わりには、ついてないロロ王さま——飼いネコのハムレットのほうが賢い——のシリーズに着手し、さらにはアニメ制作会社〈キングロロフィルム〉を立ち上げてテレビアニメ化した。この制作会社は、エリック・ヒルの〈コロちゃん〉シリーズや、トニー・ロスの〈タウザー〉シリーズ（これもまたイヌの絵本）といった、ほかの児童文学作家の物語もアニメ化している。

1989年に、マッキーの作品のなかで最も有名なシリーズの1作目『ぞうのエルマー』が世に出た。これは、1968年に出版された単発の作品を描き直したものである。パッチワークのようにカラフルな正方形が並んだ体のエルマーは、陽気な性格で、仲間のぞうたちにいたずらをしかけるのが大好き。エルマーの物語やそのスピンオフ作品は、今のところ40冊以上にのぼる。

マッキーは深刻なテーマについても、驚くほどシンプルな絵と文で子ども向けの物語として描いた。『六にんの男たちなぜ戦争をするのか？』（1972年）では、欲や権力、戦争の原因を取り上げているし、『じろりじろり　どうしてけんかになるの？』（1978年）では、偏見や人種差別を取りあげ、黒いぞうと白いぞうの争いを描いている。黒いぞうと白いぞうの闘いが終わっても、灰色のぞうがでてきて、やがてそのなかで大きい耳と小さい耳のぞうに分かれ、新たな争いの予感が生まれる。とはいえ、彼の作品は総じてゆかいで、やんわりと大切なことを教えてくれている。実際に、フェスティバル通り52番地に暮らしている銀行員の物語のような作品を読めばわかるだろう。

❖ デイヴィッド・マッキーのほかの児童書
『ミスター・ベンとあかいよろい』（1967年）とそのシリーズ、『六にんの男たち なぜ戦争をするのか？』（1972年）、『じろりじろり どうしてけんかになるの？』（1978年）、『ロロ王さまとパン』（1979年）とそのシリーズ、『*TWO CAN TOUCAN* オオハシとよばれるようになったわけ』（1985年）、『ぞうのエルマー』（1989年）とそのシリーズ。

『コロちゃんはどこ?』

Where's Spot? (1980)

エリック・ヒル

Eric Hill (1927–2014)

子ども向けのシリーズ本の文とイラストの両方を手がけて、ヒットさせただけでなく、新しい本のジャンルも開拓したといえる作家はそうそういない。その筆頭が、エリック・ヒル。『コロちゃんはどこ?』は史上初の子ども向けしかけ絵本で、今でも世界中で大人気だ。

　それまで出版社がページにしかけを作るとしたらせいぜい、大きな地図やイラストを入れるか、なぞなぞの答えを隠すのにページを折り返すくらいだった。これには製本のときに、よけいな手間がかかる。工程の途中でしかけ部分を折らなければならないからだ。しかしよくよく考えると、これはただ、1ページだけほかのページより大きな紙を使っているだけだ。エリック・ヒルの思いつきは、レベルが違う。

　ヒルはもともと、広告業界のグラフィック・デザイナーだった。それがあるとき、当時3歳だった息子のクリストファーをみて、ひらめいた。パパの机の上に置かれた紙をしきりに持ち上げ、その下に何があるかをのぞきこんでいる様子をみているうちに、身の回りのものにしつこく興味を持つ子どもの好奇心をうまく満たすアイディアを思いついたのだ。

コロは世界中で有名な犬だ。

Where's Spot?

Eric Hill

ディック・ブルーナの『ちいさなうさこちゃん』や
ジャン・ド・ブリュノフの『ぞうのババール』と同じように、コロちゃんシリーズの素朴なイラストは
しかけをめくる動作を覚えたばかりの幼い読者の心をとらえる。
だから、しかけがちぎられたり、ページから引き抜かれたりしないよう、
親がみていなければならないこともある。
一方、ジャン・ピエンコフスキーも『おばけやしき』でいくつもしかけを使ったが、
同じしかけでもこの本にはゴキブリや、モンスターになったスパゲティが出てくるので、
子どもは、こわごわ扉を開くようになる。

　　　　　　　　『コロちゃんはどこ？』

ヒルはイラストそのものにしかけを組み入れた。それもただ、ページを小さく折りたたむしかけではない。だから子どもたちは、やんちゃな子犬のコロちゃんを見つけるまで、大きな時計の扉を自分で開けてみたり、ピンクのピアノのふたを持ち上げてみたり、ベッドのすそかざりの下をのぞいてみたりできる。もちろん、そのどこにもコロちゃんはいない。別の生き物が1、2匹ひそんでいる。たとえばピアノのなかには、背中に鳥をのせたカバが隠れているように。

はさみこまなければならないしかけをどのページにも作ると、製本の手間も時間も、費用もよけいにかかる。ほとんどの出版社が敬遠するなか、ペンギンブックスで子ども向けシリーズを専門に扱うパフィンブックス社だけが、このアイディアに賭けた。『コロちゃんはどこ？』は発売後、数週間でベストセラーになる。このしかけに、好奇心いっぱいの年頃の子どもが本を読む楽しさのとりこになった。今でも、〈コロちゃん〉シリーズが本好きの子どもを増やしてくれてうれしいという声はたえない。

シンプルなストーリーと言葉は、60以上の言語に翻訳されており、コーンウォール語、ウェールズ語、スコットランド・ゲール語といったイギリスの希少言語にも訳されている。エリック・ヒルが手がけたコロちゃんのシリーズは全9作。また、このシリーズからはさらに、紙媒体やテレビで、数多くのスピンオフ作品が生まれている。

シリーズ6作目の『コロちゃんののうじょう』は1987年に出たが、デビュー7年目でも犬のコロの人気はまだまだ衰えない。1993年にはイギリス北部の地方紙「ウエストモーランド・ガゼット」がその人気にあやかろうと、伝統あるコンテストのタイトルを「ボールを探せ」から「コロを探せ」にわざわざ変えた。これはもともと、サッカーの試合の写真のなかからボールをみつける懸賞クイズだったが、趣向を変えた。牧羊犬が写真のどこに隠れているのかを、やはり写真に写った群れの羊の反応をみて読者に当てさせることにしたのだ。

❖エリック・ヒルの絵本
『コロちゃんのたんじょうび』(1982年)、『コロちゃんのかいすいよく』(1985年)、『コロちゃんののうじょう』(1987年)、『コロちゃんのこんにちはおじいちゃん』(1996年)。

『戦火の馬』
War Horse(1982)

マイケル・モーパーゴ
Michael Morpurgo(1943–)

自分の作品がイギリスの国立劇場付属劇団によって上演されたり、スティーヴン・スピルバーグが監督する映画になったりすれば、意義のある仕事を成し遂げたと思うだろう。しかし、マイケル・モーパーゴはそもそも『戦火の馬』を書くことに、大きな不安を抱えていた。

マイケル・モーパーゴは高学年向けの物語の名手だ。読者を子ども扱いすることも大げさに語ることもない。モーパーゴが伝えようとするドラマと深い感動に満ちた力強い物語が読者を引きつける。人間性にあふれる現実味のある作品ばかりだ。

『戦火の馬』に登場する馬のジョーイは、第一次世界大戦で多くの兵士がたどった悲しみと苦しみの旅を経験する。農場で働いていたジョーイは軍隊に買い上げられ、恐ろしい塹壕で仕事をさせられる。ところが仲良くなった別の馬とともにドイツ軍につかまり、大砲を引いたり、救急馬車で傷ついた兵士を運んだりすることになる。ジョーイは友の死を目撃し、自分もけがを負いながら、ふたたびとらえられ、ついには戦争前に暮らしていた農場の息子アルバートと再会する。『戦火の馬』には続編『*Farm Boy* 農場の少年』(1997年)がある。戦争が終わって

からアルバートとジョーイはどうなったかとたびたびたずねられ、モーパーゴが書いた作品だ。

モーパーゴが子どもを理解しているのは、作家になる前に小学校教師としてキャリアを積んでいたからだ。1976年には妻とともに慈善団体「町の子どものための農場」を設立し、都会で暮らす子どもたちに農業や地方での暮らしの実地体験の機会を提供している。この活動のおかげで、モーパーゴは『戦火の馬』を書く決意をした。

モーパーゴが馬の視点から第一次世界大戦を描こうと最初に考えたのは、自分が住む村で、多くの老人から、戦争中に馬と一緒に従軍したときいたことがきっかけだった。だが興味はあっても、そのような変わった視点で戦争物語を書けるのか、自信がなかった。そんなとき、慈善団体の活動で農場を訪れたビリーという少年に背中を押されたのだ。

MICHAEL MORPURGO

WAR HORSE

『戦火の馬』の初版では、ジョーイがフランス人の少女エミリーと
その祖父の世話を受けている絵が表紙になっている。

ビリーは吃音症で、モーパーゴはビリーの教師から直接話しかけないでほしいと念を押されていた。話さなければならない状況におかれることは、ビリーにとって大きな恐怖だからだ。モーパーゴはいわれたとおりにしていたが、ビリーの滞在最後の晩、たまたま馬小屋にいくと、ビリーが馬房の前に立っているのがみえた。

ビリーはただ立っていたのではなく、馬に話しかけていた。口から言葉があふれ出していた。馬のほうもただ立っていたのではなく、耳をそばだててきいていた。「馬にはすべての言葉がわかったわけではないだろう」とモーパーゴは30年後に語っている。「しかしそこに立って子どもに寄り添うべきだということを、ちゃんと心得ていたのだ」。戦争中に双方の陣営で働いた何千頭という馬もまたそうだったのだ。モーパーゴは書く価値のある物語であることを確信した。

ビリーは『戦火の馬』には登場しないが、モーパーゴの次の作品『子ギツネたちのゆくえ』(1984年)の主人公のモデルになった。吃音症のビリーという少年が自然と出合い、人間として成長する物語だ。第二次世界大戦の太平洋戦域を舞台にした別の作品『ケンスケの王国』(1999年)では、海で遭難した少年が、戦争が終わっても島に残っていた日本人医師と親しくなる。ふたりは協力して島のサルたちを守り、自然を大切にする。

❖ マイケル・モーパーゴのその他の主な児童書

『子ギツネたちのゆくえ』(1984年)、『アーニャは、きっとくる』(1990年)、『*Farm Boy* 農場の少年』(1997年)、『ケンスケの王国』(1999年)、『兵士ピースフル』(2003年)、『希望の海へ』(2006年)。

『*Farm Boy* 農場の少年』(1997)は『戦火の馬』の後日談で、デヴォンの農場でのジョーイとアルバートの暮らしを人間の視点から描いている。

『子ブタ シープピッグ』

The Sheep-Pig(1983)

ディック・キング=スミス

Dick King-Smith(1922–2011)

ディック・キング＝スミスの家では200年以上にわたってブタと紙が身近だった。彼の一番人気のある作品がベイブと呼ばれる食用の勇敢な子ブタなのも、不思議ではない。ベイブは牧羊犬になろうと奮闘する。

ディック・キング＝スミスの一家は18世紀後半から、製紙工場を経営していた。最初はロンドン北部のワトフォードだったが、20世紀にはグロスタシャーの田舎に引っ越した。ほかにも、農業を営み、ワトフォードの近所の人たちとホワイト・エンド農場を運営し、それがきっかけで1825年、ロンドンにあるコヴェント・ガーデンにベーコン専門店をオープンすることになった。

スミスが育ったグロスタシャーでは、一家の農場は製紙工場の社員食堂に牛乳と卵を供給していた。ディックは第2次世界大戦で戦功をあげ、農業から教師の仕事をへて、1978年『*The Fox Busters* キツネをやっつけろ』を発表した。

スミスは動物に囲まれて育った子ども時代の体験のおかげで、動物を主役とした多くの農場の物語を残した。彼は死ぬまでに130以上もの動物の話を書いており、ブタやウマ、ヤギ、アヒル、ネズミ、クモ、カタツムリ、ナマケモノ、な

かには恐竜の話まであった。

4作目の『子ブタ シープピッグ』は1983年に出版された。1985年には『*Babe the Gallant Pig* 勇気のあるブタ、ベイブ』とタイトルを改め、アメリカで出版された。それは羊牧場にいる唯一のブタ、ベイブのすばらしい物語だ。ベイブは毛むくじゃらの友だちを集める才能をみせ、飼い主である農場主のホゲットさんはベイブを地元の牧羊犬のコンテストに参加させる。その結果はなんとも心が温まるものだ。

ベイブはそれだけで魅力的な物語だが、道徳的な教えがあるとしたら、なにごとも決してみかけで判断してはいけないということだ。ブタがヒツジにいうことをきかせられるとはだれも思わない。だが、ベイブはできる。また、だれもがヒツジは賢くないと思っているが、ベイブとのやりとりからそうではないことがわかる。ベイブは負け犬ならぬ負けブタだが、最後には勝利する。

ほかの多くの児童書と同じく、『子ブタ シープピッグ』は映画を通して世界中の注目を集めた。
本作は、アメリカでは『*Babe the Gallant Pig* 勇気のあるブタ、ベイブ』とタイトルを変えて出版された。

昨今の多くの児童書と同じく、ベイブは原作と同じくらい映画の評価も高い。映画は人間と動物の動きを、リズム＆ヒューズ・スタジオとジム・ヘンソン工房によるアニメーションとアニマトロニクス［SFXの一種で、ロボットの体を人工皮膚で覆い動かす技術］とを組み合わせている。1995年に封切られた『ベイブ』は、アカデミー賞で作品賞を含む7部門にノミネートされ、アカデミー視覚効果賞を受賞している。

　ディック・キング＝スミスは2011年、生まれ育った農場からわずか10キロほどしか離れていないバースで死去した。彼の存命中に『子ブタ シープピッグ』は舞台劇にもなり、その影響で『ベイブ』の続編映画『ベイブ／都会へ行く』が1998年に制作された。映画の興行収入は2作合わせて3億2300万ドル。『子ブタ シープピッグ』の最後でホゲットさんはベイブにこういう。「やったな、ベイブ。やったな」

『女王の鼻』は、どうしてもペットを飼いたいのに両親に許してもらえない女の子、ハーモニー・パーカーの話だ。

❖ ディック・キング＝スミスの本

『女王の鼻』(1983年)、〈ソフィー〉シリーズ(1988–1995年)、『おふろのなかからモンスター』(1990年)、『トラねこマーチン ねずみをかう』(1991年)、『*Dragon Boy* ドラゴンに育てられた少年』(1993年)、『歌うねずみウルフ』(1997年)、『ワビシーネ農場のふしぎなガチョウ』(2003年)。

〈スイート・ヴァレー・ハイ〉
シリーズ
Sweet Valley High series(1984–1998)

フランシーン・パスカル
Francine Pascal(1938 –)

〈スイート・ヴァレー・ハイ〉シリーズは、カリフォルニアにある架空の学校スイート・ヴァレー・ハイスクールに通う生徒たちの日々を描いたロングシリーズだ。サイドストーリーをのぞいても181巻刊行されており、15年間、平均して年に12冊以上、あるいは月に1冊以上出版されている計算になる。

本作品で描かれる女子高生たちの日々を読めばわかるように、〈スイート・ヴァレー・ハイ〉シリーズは、ロングランのメロドラマと複雑なロマンスの要素を合わせ持っている。物語は一卵性のふたごを中心に展開する。妹のジェシカは活発で外交的、姉のエリザベスは聡明で思いやりがある。シリーズ1巻目『恋はおまかせ』(1984年)では、ふたりそろって、理想の少年トッド・ウィルキンズを好きになってしまう。真実の愛にたどりつくまでの道のりは決して平たんではなく、181巻の間にトッドはそれぞれと付き合ったりもするし、ときには同時期にふたりと付き合うこともある。

数あるスピンオフ作品でおもに描かれているのは、スイート・ヴァレーの小学校、ミドルスクール、ジュニアハイ［ミドルスクールとジュニアハイは日本の中学校に

あたる］を舞台にした過去のできごとだ。後日談を描いた小説も刊行され、スイート・ヴァレー大学に進んだ生徒たちの日々、大人になってからの社会人生活が描かれている。2001年には、学校を卒業したエリザベスの成長を描いた6巻のシリーズが出版されたが、ジェシカを主人公にした、このようなサイドストーリーはない。

フランシーン・パスカルが執筆を始めたのは、夫であり作家のジョン・パスカルと出会ってからだった。ふたりは1960年代半ばに、アメリカのテレビ局〈ABC〉［アメリカン・ブロードキャスティング・カンパニー］で放送された昼のメロドラマ『*The Young Marrieds* 新婚カップルたち』の脚本を共作していた。フランシーンの兄マイケル・スチュワートは劇作家で、『*Hello Dolly!* ハロー・ドー

リー！』や『Mack and Mabel マック＆メイベル』といったヒット作を書いている。ジョン、フランシーン、マイケルの3人が共作した『George M! ジョージM！』は、1968年から1970年までの2年間、ブロードウェイで上演された。フランシーンは、1987年にマイケルが若くして亡くなったあと、兄の脚本に修正を加えた。

こうしたメロドラマの脚本の経験は、〈スイート・ヴァレー・ハイ〉シリーズを制作するうえでよい修業となり、ドラマ時代に書いていたエピソード満載で、にわかには信じがたいメロドラマ的展開が小説に書きかえられた。全シリーズはフランシーンの名で刊行されているが、ゴーストライターチームがあったからこそ、短期間で数多くの作品を世に出すことができた。フランシーンは、複数の作家が制作にかかわることで、より多くの読者に楽しんでもらえる作品になるという合理的な考え方を持っていたのだ。また彼女は、シリーズ初期の読者は「知識

学園恋愛物の小説といえば『ビバリーヒルズ高校白書』が有名だが、
出版は〈スイート・ヴァレー・ハイ〉シリーズのほうが早い。

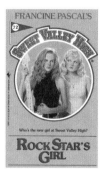

が広く教養も深かった」のだが、今はそうではなくなっていったとも語っている。

最初のヤングアダルト小説『*Hangin' Out with Cici* シシといっしょに』（1977年）は、13歳の少女がタイムトラベルして、10代の頃の母親に会う物語だ。その続編『*My First Love and Other Disasters* 初恋はトラブルだらけ』（1979年）と『*Love & Betrayal & Hold the Mayo* 恋と裏切り──マヨネーズはいれないで』（1985年）も出版された。ほかにも10代の恋愛を描いた〈Caitlin ケイトリン〉シリーズ（1985–1987年）は、〈Love 愛〉の3部作、〈Promise 約束〉の3部作、〈Forever 永遠〉の3部作から成っていて、付き合っては別れてをくり返すカップル、ケイトリンとジェド

のプロポーズから結婚までの恋愛模様を描いている。

フランシーンは〈スイート・ヴァレー・ハイ〉シリーズの核となる部分を書き終えると、新しいスパイもののロマンスアドベンチャーに着手し、『*Fearless* フィアレス』（1999年）を発表、その後36巻まで執筆した。本シリーズは、1巻目のタイトルをとって〈フィアレス〉シリーズと名付けられた。これは主人公の少女ガイア・ムーア17歳が、スパイの世界に巻きこまれながら、恐怖という感情を失ってしまった原因を探っていく物語だ。

フランシーンは大成功の代償として、それぞれのシリーズ最新作を待ちわびているお腹を空かせたファンを数多く抱えることになった。桁外れの作品数は、ひとりの人間にこなせるものではとうていなく、次第にゴーストライターチームに頼って、たくさんのシリーズ最新作を制作するようになる。たとえば、〈ケイトリン〉シリーズは現在、10代向けに恋愛ものを執筆している作家ジョアンナ・キャンベルの名でも出版されている。

❖ フランシーン・パスカルのほかの作品

『*Hanging Out with Cici* シシといっしょに』（1977年）、『*The Hand-Me-Down Kid* おさがりばっかり』（1980年）、『*The Caitlin Love Trilogy* ケイトリンの愛の3部作』（1988年）と続編、『*Fearless* フィアレス』（1999年）とそのシリーズ、『*The Ruling Class* 彼女たちにはさからえない』（2004年）。

『ゆかいな ゆうびんやさん おとぎかいどう 自転車にのって』と〈ゆかいな ゆうびんやさん〉シリーズ

The Jolly Postman (1986)

ジャネット・アルバーグ［絵］、**アラン・アルバーグ**［文］

Janet Ahlberg (1944–1994), Allan Ahlberg (1938–)

エリック・ヒルの『コロちゃんはどこ？』(1980年) には、扉やふたをめくると何かがあるという、子どもの好奇心をくすぐるしかけがついているが、ジャネット＆アラン・アルバーグの〈ゆかいな ゆうびんやさん〉シリーズは、ページについたポケットの中から手紙を取りだすというさらに一歩進んだしかけがついている。だれかの手紙を読めるなんて、これほどわくわくすることがほかにあるだろうか。

```
ある日のこと だれかが
自転車にのって やってきた
それは ゆかいな ゆうびんやさん
```

『ゆかいな ゆうびんやさん おとぎかいどう 自転車にのって』で、郵便屋さんは5つの有名なおとぎ話の主人公に6つの郵便物を配達する。受取人のなかには、まめの木農園に住む大男、ヘンゼルとグレーテルをつかまえた魔女、赤ずきんちゃんのおばあさんの家に勝手に住んでいる悪いオオカミなどがいる。

　アランの韻を踏んだリズミカルで陽気な文章と、ジャネットの表情豊かな絵によるこの絵本には封筒を模したポケット

がついていて、読者はそれぞれの郵便物をポケットから取り出して読むことができる。たとえば、悪いオオカミが赤ずきんちゃんの弁護士から受け取った、タイプライターで打った立ち退き請求書、ひとり暮らしの魔女が楽しみにしている小悪魔商会のカタログ、シンデレラに届いた王子との結婚祝いの絵本などだ。

　封筒型のポケットや手紙などを組みこむ複雑なつくりのため、この絵本は出版にいたるまで5年を要したが、この難題は解決する価値があったといえるだろう。永遠に魅力の尽きない、すばらしい絵本が誕生したのだから。子どもたちが何度でも隅々まで目を凝らしたくなる細かい絵、リズミカルな楽しい文章、ほか

のだれか宛の手紙を開くというわくわく感、どれも決して古びることはない。

　子どもが『ゆかいな ゆうびんやさん』を読んでいるのをみてうらやましく思う人には、似たような大人向けの絵本を紹介しよう。絵本作家ニック・バントックによる〈不思議な文通〉シリーズ（1991–2016年）だ。3部作の第1部の題名にもなっている主人公のグリフィンとサビーヌ

が、遠く離れた地で文通し合う恋愛ストーリー。この絵本では主人公のふたりのラブレターや絵はがきを読むことができる。だが、この手法を最初に考えついたのはジャネット＆アラン・アルバーグ夫妻だ。

　『ゆかいな ゆうびんやさん おとぎかいどう 自転車にのって』は、学校でも家庭でも人気があり、幼少期の読者がおとぎ

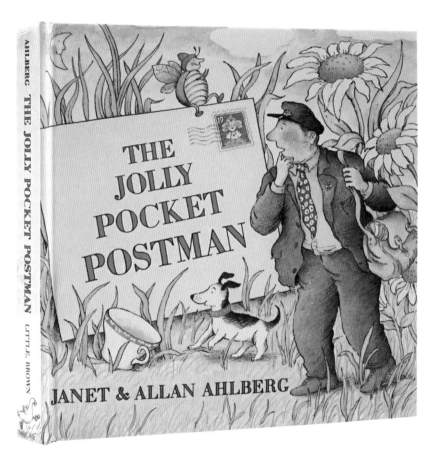

『ゆかいな ゆうびんやさんのだいぼうけん』でも、郵便屋さんをうまく使って
有名なおとぎ話の登場人物を紹介し、ページの封筒のポケットに手紙を入れるという
ジャネット＆アラン・アルバーグのアイディアが生かされている。

話の登場人物を知ったり、職業や気持ちのやりとりについて学んだりするのにうってつけの絵本となっている。郵便屋さんってどんな仕事をするんだろう? 金髪の女の子ゴールディロックから、くまの家でしたいたずらを謝った手紙を受け取った赤ちゃんぐまは、ゴールディロックを許したほうがいいだろうか?

『ゆかいな ゆうびんやさん おとぎかいどう 自転車にのって』はジャネット&アラン・アルバーグが手がけた本のなかで最も成功した作品だ。ふたりはほかにも多くの絵本を共作している。『ドロボービルのものがたり』(1977年)のほかに、『もものき なしのき プラムのき』(1978年)では、マザーグースや童話の登場人物が出てきて、前のページでみつかった人物が、次のページで別の人物をみつけるというしかけになっている。戦時のイギリスを舞台にした『なに みてる?』(1981年)は赤ちゃんのためのすばらしい絵本で、ページに開いた小さな穴から次のページを少しだけみることができる。知名度はやや落ちるが、『それは、あらしの夜だった』(1993年)は、山賊にさらわれ、ほら穴に連れてこられた少年が、おもしろい話をして山賊を楽しませながら、うまく逃げ出す話だ。

ふたりの共作絵本のうち5冊は、絵本の画家に贈られるケイト・グリーナウェイ賞にノミネートされ、そのうちの2冊『もものき なしのき プラムのき』と『ゆかいな ゆうびんやさんのクリスマス』(1991年)は賞を受賞した。シリーズ3部作の最後の絵本『ゆかいな ゆうびんやさんのだいぼうけん』(1995年)には、『不思議の国のアリス』のアリスや、『オズの魔法使い』のドロシーへの手紙が入っている。

『ゆかいな ゆうびんやさんのだいぼうけん』はジャネットの早すぎる死のあとに出版された。ふたりの娘ジェシカは14歳だった。いまジェシカは本のイラストレーターとして独立し、『Half a Pig 半分にされそうになったブタ』(2004年)や『3びきのくまとおんなのこ ゆかいなもりでおおさわぎ』(2012年)などで父といっしょに仕事をし、アルバーグ夫妻が築いてきたものを受け継いでいる。

❖ ジャネット&アラン・アルバーグによる作品
『ドロボービルのものがたり』(1977年)、『もものき なしのき プラムのき』(1978年)、『なに みてる?』(1981年)、『それは、あらしの夜だった』(1993年)。

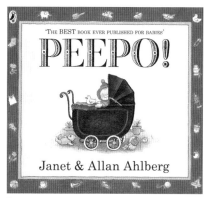

『なに みてる?』では、1940年代の赤ちゃんの1日が語られており、ページに開いた小さな穴から次のページを少しだけみることができる。

『リーマスじいやの話 完全版』

Uncle Remus: The Complete Tales (1987)［邦訳なし］

ジュリアス・レスター

Julius Lester (1939–2018)

けっして品行方正とはいえないブレア・ラビットは、何百年もまえに誕生した。ブレア・ラビットの悪ふざけの物語は、19世紀から20世紀にかけて、リーマスじいやによって、若い世代に向けて繰り返し語り継がれてきた。

　ブレア（「ブラザー」の意）・ラビットの話は、アフリカ大陸の西部や南部の昔話に似ているものが多い。セネガルの民話にもルークと呼ばれる似たようなウサギが登場する。また、ブレア・ラビットの逸話に似たものが、いまも黄金海岸で語られるクモのアナンシの話に残っている。そのため、ブレア・ラビットは、アフリカから奴隷として強制的に移住させられた人々によって、北米やカリブ海地域に伝えられたと考えられている。

　ブレア・ラビットはこざかしいいたずら者で、めんどうに巻きこまれては、あまり感心しない方法で難を逃れる。その典型的な話が「タールぼうや」だ。ブレア・ラビットの宿敵ブレア・フォックスがタールで人形を作り、木綿の服を着せる。フォックスが話しかけ（るふりをし）ても子どもが答えないのをみて、ブレア・ラビットは生意気だといって子どもを殴る。するともちろんフォックスのもくろ

みどおり、タールぼうやはブレア・ラビットの体にくっついて離れなくなる。フォックスが本当のことを教えると、ラビットはたのむからそこのイバラの茂みにだけは投げこまないでくれと懇願する。フォックスはすぐさまラビットをイバラに放りこむが、とげだらけのイバラはウサギのすみかで、ブレア・ラビットはそれを利用してタールぼうやから自由になり、逃げてしまう。

　意外なことに、ブレア・ラビットの話が最初に活字になったのは1845年、アメリカ先住民族の新聞「チェロキー・アドボケイト」だった。アメリカ先住民族の文化にはウサギの伝説が多く、神霊ナナボーヅがブレア・ラビットと同じようにずる賢く難を逃れる話がある。第26代大統領セオドア・ローズベルトの伯父ロバートは、19世紀後半にブレア・ラビットの話を精力的に収集した。

　ブレア・ラビットの最初の本格的な物語集を出版したのがジョエル・チャンド

Uncle Remus

THE COMPLETE TALES

WITH A NEW INTRODUCTION

as told by JULIUS LESTER
illustrated by Jerry Pinkney

作家ジョエル・チャンドラー・ハリスはマーク・トウェインと同世代の民俗学者で、
アメリカ南部のアフリカ系アメリカ人の口承文学を収集して、「リーマスじいや」の名で出版した。
作家のジュリアス・レスターは画家のジェリー・ピンクニーと共にハリスの物語にひとひねりを加えた。

ラー・ハリスで、架空の話し手リーマス
じいやが語るという設定だった。この
『ウサギどんキツネどん――リーマスじ
いやのした話』(1880年)はすぐに人気を呼
び、ヨーロッパの民話やおとぎ話とは
まったくちがう、子どものための新しい
読み物となった。その後、少なくとも9
作の続編が出たのち、1948年にはエニー
ド・ブライトンによる再話が出版された。

ハリスは保守的なことで知られるアメ
リカ最南部で人種統合を主張していた
が、黒人文化を盗用した白人として激し
い批判を浴びた。非難の声は1950年代か
ら1960年代にかけて公民権運動が活発に
なるにつれて、ますます高まった。一
方、ジュリアス・レスターは黒人解放運
動「ブラックパワー」の活動家で、プロテ
ストソングのアルバムを2枚録音し、
1968年には最初の著書『*Look Out,
Whitey! Black Power's Gon' Get Your
Mama!* 白人たちよ、気をつけろ！ ブ
ラックパワーがママを奪いにいくぞ！』
を出版している。アフリカ系アメリカ人
とユダヤ人の文学、そして社会史を研究
する教授としても尊敬を集めていたレス
ターは、ハリスの物語を新たに黒人らし

く語り直した。ハリスが考え出したリー
マスじいやをそのまま使いながら、細部
をいくらか現代的にして、人気があるも
ののやや古びてきた名作に新しい息を吹
きこんだ。

『*The Tales of Uncle Remus: the
Adventures of Br'er Rabbit* リーマスじい
やの話――ブレア・ラビットの冒険』と3
冊の続編は、ジェリー・ピンクニーによ
る挿画も高く評価された。レスターとピ
ンクニーはほかにも児童書を共作してお
り、そのすべての作品でアフリカ系アメ
リカ人が重要な役割を果たしている。

❖ ジュリアス・レスターとジェリー・ピンクニーの その他の児童書

『*John Henry* ジョン・ヘンリー』(1994
年)、『おしゃれなサムとバターになった
トラ』(1996年)、『*Black Cowboy, Wild
Horses: A True Story* ブラックカウボーイ
と暴れ馬――本当にあった話』(1998年)、
『*Albidaro and the Mischievous Dream* アル
ビダロといたずらな夢』(2000年)、『*The
Old African* オールド・アフリカン』(2005
年)。

『うんちしたのはだれよ!』

The Story of the Little Mole Who Knew It Was None of His Business(1989)

ヴェルナー・ホルツヴァルト［文］、ヴォルフ・エールブルッフ［絵］

Werner Holzwarth(1947–), Wolf Erlbruch(1948–)

うんちを題材にしたユーモラスな作品のなかでも、これほど子ども(や大人)から笑いを引き出す絵本はないだろう。もともとのドイツ語のタイトルは、いかにもドイツらしく単刀直入で『頭の上にしたのはだれなのか知りたかった小さなモグラについて *(Vom Kleinen Maulwurf, der wissen wollte, wer ihm auf den Kopf gemacht hat)*』だ。

ある朝、地面から顔を出したとたん頭にうんちを落とされたモグラの話が、刊行から30年で300万部を売り上げている。現在までのところ33か国の言語に翻訳され、世界中の子どもたちがモグラのちょっとした不幸なできごとを読んで笑っているのだ。絵本の中で、モグラは犯人を突き止めようと、出会った動物のうんちを次々と調べていく。最後のほうで2匹のハエ(うんちの専門家)に犯人を教えてもらったモグラは、犯人の頭にうんちをして仕返しをする。

『うんちしたのはだれよ!』はヴェルナー・ホルツヴァルトの絵本作家としてのデビュー作で、イラストレーターのヴォルフ・エールブルッフとの共作はこの絵本だけだ。ホルツヴァルトはドイツの首都ベルリンの、エールブルッフはドイツ西部のエッセンの美術学校に通った。その後、ホルツヴァルトは広告業界でコピーライターとして活動。顧客には

航空会社の〈ルフトハンザ〉、ジーンズブランドの〈リーバイス〉、男性用カミソリブランドの〈ジレット〉などの企業も含まれていた。1980年代の初め、ホルツヴァルトは「シュテルン」誌を含む多くのドイツの新聞や雑誌の記者として南アメリカに赴いた。同時期まで、エールブルッフは「シュテルン」でイラストレーターとして活躍していた。

エールブルッフが初めて絵を描いた絵本は、ジェイムズ・アグリー作の『*The Eagle Who Didn't Want to Fly* 飛びたくなかったワシ』(1985年)だった。イラストレーターを探していたホルツヴァルトがエールブルッフを選ぶと、エールブルッフは自分の出生地ヴッパータールにある、アグリーの出版社をホルツヴァルトに紹介した。『うんちしたのはだれよ!』は出版後たちまち世界的大ヒットとなり、この成功はふたりのキャリアアップにも大いに貢献した。1990年、ホルツ

ヴァルトは広告代理店を設立し、ドイツ中東部のヴァイマルにある名門バウハウス大学で、ヴィジュアルコミュニケーションの教授として、一時期教壇にも立った。だが、絵本作家としての活動も続け、2012年についに専業作家となる。

ホルツヴァルトのその後の作品には、彼が南アメリカに滞在していたときのことを下敷きにしていると思わせるものがある。『I'm José and I'm Okay ぼくはホセ、負けたりしない』（1996年）は、ユーモアに富んだ元気の出るストーリーで、11歳にしてすでに仕事をし、責任を負っている典型的なボリビアの少年が描かれている。もともと読み書きの能力を向上さ

せる目的でボリビアのラパスで出版されたこの作品は、ある子どもの実体験に基づいている。

エールブルッフも、ヴッパータール大学のイラストレーションの教授として教壇に立ったことがある。イラストレーターとしての仕事が多いが、絵だけでなく文も手がけた絵本も何冊かあり、考えさせられるテーマを扱ったものも少なくない。絵と文の両方に取り組んだ初めての作品『レオナルド』（1991年）は、レオナルドという6歳の息子のために書かれたもので、犬がこわいのを克服したくて妖精に願いごとをし、犬に変身する男の子の話だ。死を真正面からとらえた『死神さんと

『うんちしたのはだれよ！』で大成功を収めたにもかかわらず、ホルツヴァルトとエールブルッフによる、モグラが主役のその後の物語はない。モグラくんはどうやら仕返しができて満足したらしい。しかけ絵本版『とびだす！うごく！えほん　うんちしたのはだれよ！』もある。

アヒルさん』(2008年)は、やさしく美しい語りで、死神と友だちになるアヒルの物語をつづっている。エールブルッフはこう語っている。わたしの作品すべてに共通するモラルは、わたしたちは自分を、そして自分の中にある善と悪を受けいれるべきであり、出会った人に対しても同じようにするべきだということである。

❖ ヴェルナー・ホルツヴァルトの作品
『*I'm José and I'm Okay* ぼくはホセ、負け

たりしない』(1996年)、『*I Wish I Were A ⋯⋯* あんなふうになりたいな⋯⋯』(2012年)。

❖ ヴォルフ・エールブルッフの作品
『死神さんとアヒルさん』(文と絵、2008年)、『*The Bear Who Wasn't There* 自分探しのクマ』(オーレン・ラヴィ文、2014年)、『*I'll Root for You* きみを応援するよ』(エドワルド・ファン・デ・フェンデル文、2019年)。

『トラッカーズ』

Truckers(1989)

テリー・プラチェット

Terry Pratchett(1948–2015)

テリー・プラチェットは、全41冊の〈ディスクワールド〉シリーズの作者として有名だ。そのプラチェットがほかにも創り出したのが、人間の気づかないところで暮らす、身長12センチほどの「ノーム」たちの世界。この3部作は、ファンタジー作品を初めて読む子どもたちにぴったりの楽しい作品だ。

〈遠い星からきたノーム〉シリーズ（イギリスでは〈ノーム3部作〉、アメリカでは〈ブロメリア3部作〉）──『トラッカーズ』(1989年)、『ディガーズ』(1990年)、『ウィングズ』(1990年)──の主人公は、高速道路のそばに暮らすノームたち。キツネに襲われたり、車にはねられたりして、その数はどんどん減っていた。そこでノームたちは、トラックに潜りこんでもっと住みやすい場所を探しにいこうと思いつく。乗りこんだトラックがたどり着いた先はデパートで、そこにはすでに「ストアノーム」と呼ばれる別のグループが暮らしていた。

ストアノームたちは、自分たちが生まれ育ったデパートの「すべてのものはひとつ屋根の下に」という経営モットーをすっかり真に受け、外からきたノームたちが暮らしていた世界の存在を信じようとしない。しかし、デパートの外にもほかの世界が本当にあるのだと知り、じつ

はもともとノームたちはみんな別の星からやってきたということがわかると、ふたつのグループは協力し合うようになる。ノームたちは団結して、故郷の星を目指すことになる。『ディガーズ』と『ウィングズ』は、『トラッカーズ』に登場するキャラクターたちのその後を同時に描いた続編で、二手に分かれたノームたちが同じ時間軸のなかで起こる騒動をそれぞれ乗り越えながら、共通の結末に向かっていく。

〈遠い星からきたノーム〉3部作ではシリーズを通して、新しい知識を受け入れれば今までと違うものがみえてくるということを訴えている。物語の中では、カエルについてのたとえ話がくり返し出てくる。その種類のカエルは、ブロメリアという植物の葉の間で暮らし、外の世界にはまったく気がつかないまま一生を終える。これは、それまでの考え方にとらわれて、新しいことを受け入れようとしないノームたちのこ

とを指している。そのため、柔軟な考え方を持ったノームたちは、仲間の中にいるそうした疑り深いグループを説得するのに苦労する。

この物語は、プラチェットらしいユーモアと言葉遊びを交えながら展開していく。ストアノームたちの苗字も、「De Haberdasheri ド・ハバダッシェリー(紳士用小物)」、「Stationari ステーショナリ(文房具)」、「Del Icatessen デル・イカテッセン(デリカテッセン、つまりお惣菜)」など、デパートの売り場になぞらえたしゃれになっている。すべてを備えたディスクワールドという世界を創り出したプラチェットが、H・G・ウエルズやアーサー・C・クラークやアイザック・アシモフなどの、SF界の巨匠の作品を読んで育ったと

イラストレーターのマーク・ビーチは数々の挿画を担当し、テリー・プラチェットがアルツハイマー病で亡くなるまでずっと一緒に仕事をしてきた。プラチェットの遺言どおり、遺産を管理するロブ・ウィルキンスは、未完成原稿をすべて破棄するためにスチームローラーでパソコンのハードディスクドライブを破壊し、プラチェットとの約束を果たした。

いうのは、たしかに納得がいく。しかし、プラチェットの作風に影響を与えたのは、定番のファンタジー作家ではなかった。それよりも、プラチェットが名前を挙げたのは、代表的なユーモア作家たち。マーク・トウェイン、G・K・チェスタトン、P・G・ウッドハウス、トム・シャープなどだった。こうした作家のように、プラチェットは破天荒なコメディを好み、そのなかで自由な想像力をめいっぱいはばたかせることを楽しんだ。そのため、作品の主人公たちは、は

ちゃめちゃな展開を乗り越えながらも、最後は無事ハッピーエンドを迎える。

『The Carpet People カーペット・ピープル』(1971年)はテリー・プラチェットのデビュー作で、この子ども向け作品の主人公もまた存続の危機に直面した小人たちだ。対立する派閥同士で互いの考えを受け入れながら、この小人たちもなんとか生き残ろうとする。プラチェットは、この作品で初めて平面の世界を描こうと試みた。のちにその世界はより完成された形で、〈ディスクワールド〉シリーズの舞台となる。このシリーズは児童書として出版されたわけではなかったが、もちろん子どもにも読みやすく、この作品世界のいくつかの物語は実際にヤング・アダルト向けに書かれている。『天才ネコモーリスとその仲間たち』(2001年)は、そのなかで初めてカーネギー賞を受賞した。この賞は、イギリスでその年に出版された最も優れた児童文学に贈られる。

プラチェットは、『トラッカーズ』で描いた架空の町、ブラックベリーをふたたび物語の舞台にして、子ども向けの3部作を書いた。主人公のジョニー・マックスウェルは、ごく普通の少年。ただし、複雑な家庭環境に育ち、ほかの人にはみえないもの──幽霊や、宇宙人や、タイムトラベラーなど──がみえてしまう。プラチェットはほかにも、『Nation ネーション』(2008年)という19世紀の南太平洋にある架空の島についての子ども向け歴史フィクションや、『Dodger ドジャー』(2012年)というチャールズ・ディケンズの『オリバー・ツイスト』に登場する「はやわざドジャー」を主人公にした物語も書いている。

❖ テリー・プラチェットの児童書

『The Carpet People カーペット・ピープル』(1971年)、〈ジョニー・マックスウェル〉3部作──『Only You Can Save Mankind 人類を救えるのはきみだけだ』(1992年)、『ゴースト・パラダイス』(1993年)、『Johnny and the Bomb ジョニーと落とされた爆弾』(1996年)、『天才ネコモーリスとその仲間たち』(2001年)、『Nation ネーション』(2008年)、『Dodger ドジャー』(2012年)。

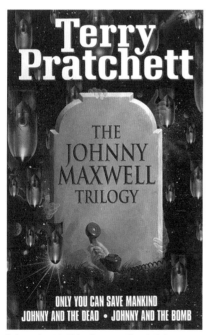

『ゴースト・パラダイス』は、1995年にイギリスのITVで子ども向け番組としてテレビシリーズ化された。

『きょうは みんなで クマがりだ』

We're Going on a Bear Hunt (1989)

マイケル・ローゼン

Michael Rosen (1946 –)

子どもたち5人と飼いイヌ1匹がクマがりに出かけるが、思いもよらないさまざまな困難がたちはだかる。だれもクマがりが危険だなんて、ちらりとも考えていなかった——クマをみつけるまでは。

　少ない言葉を何度もくり返して語られるシンプルなストーリー構成は、この絵本にぴったりな表現方法であることはまちがいない。同じ構成で描かれた昔の絵本といえば、ドクター・スースの『*Green Eggs and Ham* みどりいろした たまごとハム』が挙げられる。子ども向けの詩で知られるマイケル・ローゼンは、自身が言葉の芸術家であることを本作で証明してみせた。勇敢にもクマがりに出かけた子どもたちは、困難に出合うたびに、どうやって前進するか同じ言葉をくり返して話し合う。

　　うえを こえては いけないぞ
　　したを くぐっても いけないぞ
　　どうしよう！
　　つっきるしか ないようだ！

　そうやって、子どもたちは草原をかきわけ、川をわたり、沼地を通って、森を抜け、吹雪のなかを進んでいく。さまざまな困難を乗り越えながら、みんなで口ずさむのはこんな歌だ。

　　きょうは みんなで クマがりだ
　　でっかいやつを つかまえろ
　　そらは はれわたってるし
　　ぼくらは なんにも こわくない

　クマがりも終わりに近づき、とうとう子どもたちは洞穴の中へと忍びこむ。読者はイギリスの海岸の洞穴にクマがいるなんて思いもしないだろうが、子どもたちはたしかにクマを発見する。そのあとに続く4ページには、子どもたちがあわてて引き返し、家に帰って、ベッドにもぐりこむ場面が描かれている。最後のページは切なく、子どもたちを追いかけていたクマが、浜辺でひとり寂しく残されている。この絵本は、アメリカの民謡をもとにした作品で、挿画を担当したヘレン・オクセンバリーは、この絵本でケイト・グリーナウェイ賞にノミネートさ

れた。

マイケル・ローゼンは子ども向けの物語を書くのが得意なベテラン作家だ。作品数は140冊以上にものぼり、そのなかには教師や親、作家の参考になるような作品もある。子ども向けに、詩を書いたり、昔話を語り直したり、さらにはオリジナルの物語も書いている。ローゼンはロンドン北西部(そこにクマはいない)で育った。BBCの子ども向けの番組制作に携わるようになるが、まもなく左翼的な考え方や共産党との関係(ローゼンの両親は共産党員だった)が、BBCの雇用方針にふれてしまった。

BBCを去ったローゼンは、子ども向けの詩を書き始め、1974年に子どものために書いた初めての詩集『*Mind Your Own Business* ほっといてよ』を世に出した。子どもが詩を身近に感じられるよう熱心に活動もしていて、しょっちゅう学

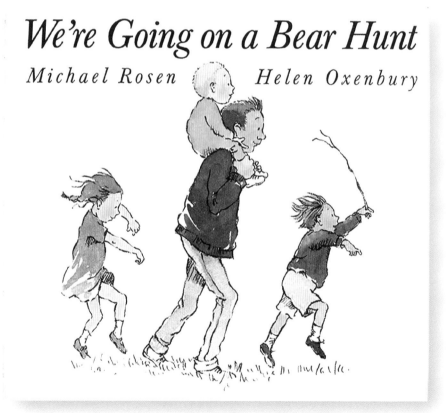

マイケル・ローゼンがこの話を初めてある学校でひろうしたとき、
この話で絵本を作ってほしい、という声があがった。そして、読みきかせのときによく使っていた
オノマトペの音を文字で表現するのはとりわけ難しいことに気がついたという。

校をまわって、詩の朗読会や、詩について語り合う機会をつくっている。さまざまな作家による子どもの詩を集めた『Culture Shock カルチャーショック』(1992年)、『Michael Rosen's A-Z: The Best Children's Poetry from Agard to Zephaniah マイケル・ローゼンおすすめの子どもの詩——詩人アガードからゼファナイまで』(2009年)などのアンソロジーも編集している。

　ひるむことなく子どもと真剣に向き合うローゼンは、アンネマリー・ヤングとの共著〈国際化の時代に生きるためのQ&A〉シリーズのなかで、子どものための道徳的な問題を取り上げている。ローゼン自身の体験に基づく最も心につきささる作品は『悲しい本』(2004年)で、18歳の息子を髄膜炎で亡くしたときの悲しみが描かれている。

　とはいえ、彼の児童書の多くは下品でおばかな話で、子どもたちを笑顔にしてくれる。たとえば、『Burping Bertha でっかいげっぷ でちゃった』(2012年)や『ペットのきんぎょがおならをしたら……？』(2013年)といった作品だ。ナンセンス詩を集めた『Michael Rosen's Book of Nonsense マイケル・ローゼンのおかしなことばあそび』(1998年)と『Even More Nonsense もっとおかしなことばあそび』(2000年)からは、以前に彼と同じ世界観で詩を書いたナンセンス詩人エドワード・リアの影響がみえる。

マイケル・ローゼンのほかの児童書
『Mind Your Own Business ほっといてよ』

クマがりの絵本の人気は、ヘレン・オクセンバリーの絵によるところが大きい。彼女は独創的なスタイルの絵で、過去40年にわたって多くの絵本に彩りを添えてきた。たとえば『3びきのかわいいオオカミ』(1993年)や『こんにちはあかちゃん』(2008年)などがある。

(1974年)、『Michael Rosen's Book of Nonsense マイケル・ローゼンのおかしなことばあそび』(1998年)、『Even More Nonsense もっとおかしなことばあそび』(2000年)、『悲しい本』(2004年)、『Burping Bertha でっかいげっぷ でちゃった』(2012年)、『ペットのきんぎょがおならをしたら……？』(2013年)、『Uncle Gobb and the Dread Shed ゴブおじさんのおしおき部屋』(2016年)とそのシリーズ、『Hampstead the Hamster ハムスターのハムステッド』(2018年)、『移民や難民ってだれのこと？(国際化の時代に生きるためのQ&Aシリーズ1巻)』(2019年)とそのシリーズ。

『おとぎばなしはだいきらい』と〈トレイシー・ビーカー物語〉シリーズ

The Story of Tracy Beaker(1991) and series

ジャクリーン・ウィルソン

Jaqueline Wilson(1945–)

人気のある作家で、社会的な保護を受けている子どもの状況に目を向ける者はほとんどいない。ジャクリーン・ウィルソンはトレイシー・ビーカーを通して、養護施設に入所させられた子どもたちの現実に立ち向かう。

親のいない子どもは、戦時中の疎開、親の死亡や事故などさまざまな理由はあるが、児童文学では珍しくない。ハリー・ポッター、〈ナルニア国ものがたり〉シリーズの第1巻『ライオンと魔女』や『バレエシューズ』の子どもたち、『黄金の羅針盤』のライラ、『宝島』のジム・ホーキンズ、『帰ってきたキャリー』のキャリー、『赤毛のアン』のアン——これらの登場人物はみな、そうした境遇からスタートする。映画『ホーム・アローン』は親がいない映画の一例だ。

これは便利な設定で、主人公を不慣れな状況に置き、自分の力だけを頼りに、新しい友だちを作り、人間として成長することを強いる。当然、ほとんどの作者はその後に続いて起こる冒険に焦点を合わせる。そのため、養護施設に入れられた子どもの日常生活にまで視野を広げる作者はほとんどない。

『おとぎばなしはだいきらい』は、ある意味、イギリスの寄宿学校を舞台にした昔ながらの物語とは正反対だ。トレイシーは「ごみ捨て場」に住んでいる。「ごみ捨て場」というのは、暮らしている養護施設に子どもたちがつけたあだ名だ。トレイシーは家庭での暴力や育児放棄により、この施設に入れられている。そのため、エニード・ブライトンの〈マロリータワーズ学園〉シリーズやフランク・リチャーズの『ビリー・バンター』の物語のように、愉快ないたずらや真夜中のごちそうばかりが描かれるわけではない。トレイシーはよく不機嫌になって問題行動を起こすが、トレイシーのような状況に置かれていれば当たり前かもしれない。

しかし、将来にまったく希望が持てないわけではない。トレイシーは10歳で、自分の物語を自分らしく話す。「あたし

はトレイシー・ビーカー」と、彼女は話し始める。「これはあたしのことを書いた本。あたしがあなたなら、これを読むと思うな。まるで信じられない物語で、生き生きしてるのに、胸が張り裂けそうな話だから。ほんとだよ」。トレイシーは、まったく信頼できないが愉快な語り手だ。そうした多くの子どもと同じように、傷つきやすさを隠し、空想に逃げたり、本当に重要なことに無関心なふりをしている。たとえばトレイシーは、母親はハリウッドのスターで、忙しすぎるから彼女の面倒をみられないと言い張る。

作家ジャクリーン・ウィルソンの子ども時代は、それと対照的に安全だった。学校では空想にふけりがちだったが、幼い頃から大の読書家で、物語を書かずに

ジャクリーン・ウィルソンの小説は、ニック・シャラットの挿画で最もよく知られている。ウィルソンは『おとぎばなしはだいきらい』を書いたあと、初めてシャラットに会った。それ以来、ふたりは数え切れないほどの物語を共作してきた。ウィルソン自身はその数を忘れてしまったそうだが、ストーリーと挿画があまりにうまくマッチしているので、ふたりが一緒に住んでいると思っている子どもも多いと冗談をいう。

婚を受け入れなければならない。『マイ・ベスト・フレンド』(1996)では、ふたりの女の子が、それぞれの孤立を乗り越え絆を深める——マンディは学校でいじめられ、里子のターニャはディスレクシア(失読症)で、万引きをしていた。

　ジャクリーン・ウィルソンは一貫して、愛情と思いやりを持ちながら、自分のテーマに沿った作品を書いている。そうしたテーマは、同じことを経験しているかどうかに関係なく、若い読者の理解を広げることになるにちがいない。ウィルソンが一時期、イギリスの図書館で、最も本の借り出されている作家になったのは、明らかにこうした理由によるものだろう。子どもたちが次第に、本ではなく画面を見るようになってきた時代に、ジャクリーン・ウィルソンは何世代もの子どもたちを本へと向かわせ続けてきたのだ。

❖ ジャクリーン・ウィルソンの作品
『The Mum Minder たいへんないっしゅうかん』(1993年)、〈ガールズ イン ラブ〉(1997年)とそのシリーズ、『ダストビン・ベイビー』(2001年)、〈Hetty Feather ヘティ・フェザー〉(2009年)とそのシリーズ、『The Worst Thing About my Sister うちのおねえちゃんのいちばんいやなところ』(2012年)。

はいられないタイプだった。16歳で義務教育を終えて社会に出ると、少女雑誌「ジャッキー」の記事を書く仕事につき、19歳で結婚した。

　夫が警察官になったことから、ウィルソンの最初の本は犯罪小説だったが、すぐに子ども向けの本に取り組むようになる。最初の大ヒット作『おとぎばなしはだいきらい』が出る頃には、40冊を超える小説を書いていた——現在、総数は100冊を超えている。

　ウィルソンは、問題を抱え、孤立した女の子の話を書くことが多い。『How to Survive Summer Camp サマーキャンプをうまくのりきるには』(1985年)では、母親が再婚相手と新婚旅行に行く間、サマーキャンプに放りこまれた10歳の女の子ステラが描かれる。『Take a Good Look よくみてほしい』(1990年)では、主人公のメアリーは弱視のため、世間から切り離されている。『バイバイわたしのおうち』(1992年)の主人公アンディは、両親の離

〈グースバンプス〉シリーズ

Goosebumps series（1992–1997）

R・L・スタイン

R. L. Stine（1943 –）

シリーズ本のなかで、R・L・スタインの〈グースバンプス〉シリーズ全62巻は、J・K・ローリングの〈ハリー・ポッター〉シリーズに次いで世界の売り上げ第2位である。不可思議で恐ろしい物語はまちがいなく、子どもたちの求めているものだ。

う考えてもR・L・スタインが〈グースバンプス〉シリーズを書き上げるペースは驚異的だ。というのも6年連続して、年に平均10冊以上書いている計算になるのだか

ら。本1冊の売り上げでは、J・K・ローリングが上回っている。だが、R・L・スタインの名で出版されているシリーズ本はさらに25種類くらいあり、その長さも全3巻の〈Space Cadets ぼくらはへっぽこ宇宙訓練生〉シリーズから、全55巻の〈Fear Street フィア・ストリート〉シリーズまで幅広い。世界中の書店での売り上げ部数は、約5億冊にものぼる。

　スタインはオハイオ州コロンバスに生まれた。作家としての初仕事は、ジョヴィアル・ボブ・スタインの名前で発表した、子ども向けのダジャレ本シリーズだ。学生時代は、オハイオ州立大学のユーモア雑誌「The Sundial サンダイヤル」の編集を務めながら、ティーン向けの雑誌「Bananas バナナ」を立ち上げ、1975年から1984年まで編集していた。この頃までは笑える話を書いていたが、1986年に初のホラー小説『*Blind Date* ブライン

ドデート』を発表した。

　スタインは休むことを知らない。怖い話を何冊か執筆後、1989年には〈フィア・ストリート〉シリーズの1作目『The New Girl 転校生の少女』を発表した。その頃の対象読者は10代だったが、現在も継続中の本シリーズの新刊は、スタインの言葉を借りれば「より長く、以前よりも大人向けかつ暴力的な」内容になっていて、初期の10代向けゴシック小説から進化しているようだ。

　もっと若い読者層に向けた〈グースバンプス〉はホラー小説とはいえ、恐怖レベルは低く、ジョヴィアル・ボブの頃のユーモアが盛りこまれた、楽しんで読める作品だ。本シリーズではだれも死なないし、暴力も薬物も描かれない。対象読者は自我を確立しつつある年齢層ではあるものの、まだひねていない子どもである。本シリーズが成功したのは、怖い思いを純粋に楽しめる年齢の読者層にぴったりだったからだ。スタインは当初、女の子の読者を想定して執筆していたが、ファンレターの半分は男の子からだったという。

　〈フィア・ストリート〉同様、〈グースバンプス〉も同じ登場人物がエピソードをまたいでしばしば登場する。だが、〈フィア・ストリート〉の物語がすべて同じ場所、つまりシャディサイドの町を舞

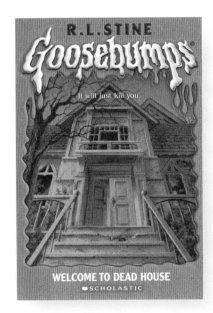

〈グースバンプス〉シリーズが出版された頃は、インターネットがまだなく、
出版当初の宣伝活動はほとんどなかったにもかかわらず、子どもたちの間の口コミだけで瞬く間にヒットした。
そして1990年代の一大ブームで、すぐにビデオゲームやプラスチック製のおもちゃが作られ、
さらにはディズニーランドのアトラクションなどのビジネスが展開した。

台にしているのに対し、〈グースバンプス〉の舞台はさまざまだ。その主な理由は、主人公たちを隔離することで、その後、危険な事件に巻きこまれたときに、家族や友だちの助けを得られないようにするためだ。登場人物たちは決まって、寄宿学校に送られたり、引っ越しさせられたり、キャンプや海外にいかされたりする。そこで待ち構えている奇妙な事件を解決することで、主人公たちは、以前よりもたくましくなり、自信を持つようになる。読者は、主人公の少年少女に自分を重ねながら、隔絶されて何もできない無力感を味わい、手に汗握って必死に応援し、最終的に逆境に打ち勝つ主人公と同じ思いを共有する。

　〈グースバンプス〉は、1992年の『死の館へようこそ』から始まり、1997年の『*MonsterBlood IV* モンスターブラッド4』で終わる。つまり、6年にわたり、驚異的な創造力で作品を生み出し続けていたことになる。その後、ごく短い休みをとっただけで、1998年には〈グースバンプス〉の執筆にもどり、〈Goosebumps 2000 グースバンプス2000〉というシリーズ名の1巻目を発表し、2000年までにさらに24巻書き上げた。その他、〈Give Yourself Goosebumps ギブ・ユアセルフ・グースバンプス〉のシリーズで50冊（1995–2000年）、〈Goosebumps Horrorland グースバンプス・ホラーランド〉のシリーズで19冊（2008–2012年）を発表、そして現在も〈Goosebumps Most Wanted グースバンプス・モスト・ウォンテッド〉シリーズが進行中である（2012年より）。スタインは超多作作家という言葉だけではいい表せない何かを持っている。

❖R・L・スタインのほかのシリーズ作品
〈Space Cadets ぼくらはへっぽこ宇宙訓練生〉シリーズ（全3巻、1991–1992年）、〈Fear Street Cheerleaders フィア・ストリート・チアリーダー〉（全5巻、1992–1998年）、〈Cataluna Chronicles カタルニャ・クロニクル〉（全3巻、1995年）、〈Mostly Ghostly 幽霊のようなもの〉（全8巻、2004–2006年）

〈ホリブル・ヒストリーズ〉シリーズ

Horrible Histories series(1993–2013)

テリー・ディアリー

Terry Deary(1946–)

子どもたちは残酷で、下品で、ばかばかしいものが大好き。テリー・ディアリーはそこに目をつけて、歴史にスポットライトを当てた。テレビや映画、舞台などさまざまな形で展開しながら、このシリーズの原作である書籍版は、飽きっぽい子どもたちが歴史に興味を持つきっかけとして重要な役割を果たしている。

テリー・ディアリーが、人類の歴史の血なまぐさい面に興味を持つようになったのは、おそらく父親が肉屋を営んでいたからだろう。〈*Horrible Histories* ホリブル・ヒストリーズ〉シリーズは、おぞましい歴史上のエピソードを、古代エジプト時代についての『*Awesome Egyptians* オーサム・エジプシャンズ(すばらしきエジプト人)』[これは258ページに表紙の載っている『*Awful Egyptians* オーフル・エジプシャンズ(ひどいエジプト人)』とは別作品]から第二次世界大戦下の『*Blitzed Brits* ブリッツト・ブリッツ(爆撃されたイギリス人)』まで詳細に描いた。そこにディアリーのきわどいブラックジョークと、マーティン・ブラウンの漫画が添えられ、大人向けの新聞や雑誌に掲載されている漫画に引けを取らない作品になっている。子どもならではの乱暴さや残酷さのエッセンスをうまく取り入れた作品

を通して、ディアリーは歴史的事実や歴史のこぼれ話をたっぷり伝えている。親や教師はこの本の教育的価値に大喜びし、一方で子どもたちは思わず笑い出してしまうほど面白いストーリーを夢中になって読んでいる。

ディアリーは若い頃、「Theatr Powys(原文ママ)シアター・ポーイス」という演劇教育(TIE)を行っている劇団に所属し、イギリスのウェールズにある学校で社会問題を扱ったパフォーマンスをしたり、ワークショップをしたりしていた。そこで、役者や舞台監督を経験した後、やがて脚本まで書くことになり、自分には子どもたちの心をつかむ才能があると気がつく。ディアリーは教員の資格を取り、演劇を学校で教えながら子ども向けの小説を書き始めた。

出版社に〈ホリブル・ヒストリーズ〉シリーズの話を持ちかけられたとき、自分

は歴史家ではないからという理由でディアリーは断ろうとした。シリーズの最初の2冊『Terrible Tudors テリブル・テューダーズ（恐ろしきテューダー王家）』と『Awesome Egyptians　オーサム・エジプシャンズ（すばらしきエジプト人）』（どちらも1993年）では、ディアリーとともに歴史家のニール・トンジやピーター・ヘップルホワイト（わかりやすい歴史本を多数出版している著者たち）が共著者として名を連ねている。3冊目の『Rotten Romans　ロッテン・ローマンズ（だめなローマ人）』（1994年）の執筆時には独り立ちし、その後出版された20冊もひとりで書き上げた。ディアリーは2012年にシリーズを完結させたが、そのときには書くべきことはすべて書き尽くしてしまったと感じていた。

　もともとは歴史をテーマにしたジョーク集となるはずだったこのシリーズは、気がつけばジョークを交えた歴史本シリーズになっていた。それは、ディアリーが歴史を調べているうちに、普通の学校の授業では見過ごされがちな歴史上の細かいエピソードをみつけて、どんどん夢中になっていったからだった。歴史にはさまざまな解釈があると知ったディアリーは、〈ホリブル・ヒストリーズ〉シリーズを通して学校で教えられる「表向き」の歴史に対抗しようと、本の中に「先生に問題を出してみよう」や「きみならどうする？」というコーナーを設けた。

　このシリーズは、学校だけでなく、イギリスの図書館でよく借りられている図書リスト1位の常連になっている。ディアリーが教育制度に激しく批判的であると知っても、驚くことはないだろう。ディアリーは、学校が学びの楽しさをすっかり奪ってしまい、子どもたちが外で遊びまわらないように閉じ込めておく

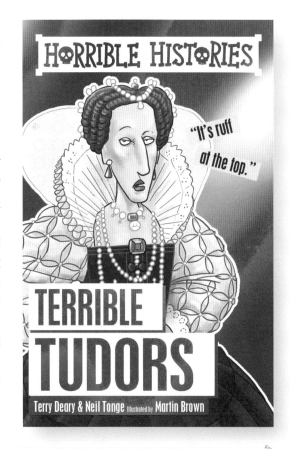

ためだけの場所になってしまっていると考えている。驚くとしたら、ディアリーが公共図書館にも批判的だということだ。本はほかのものと同じように売られるべき商品であって、ただで貸し出されるべきではないと思っている。自分と同じように歴史を扱っている専門家たちも容赦なく批判し、客観性が欠けていると指摘したうえで、ディアリーはこういっている。「歴史を客観的に書けていない……自分で都合よく書きかえてしまっている」

〈ホリブル・ヒストリーズ〉シリーズは、これまでに世界中で2500万部以上も売れている。このシリーズは、2冊が1冊になったものやボックスセット、また漫画などの別の形で何度も発売されるだけでなく、舞台化やおもちゃの商品展開、ビデオゲーム、歴史的スポットとのコラボ、そして大人気になったテレビシリーズ化でも幅広い成功を収めた。さらに、〈ホリブル・ヒストリーズ〉シリーズに刺激を受けた、ほかの作家によるスピンオフ作品としては、『Horrible Geography ホリブル・ジオグラフィー』や『Horrible Science ホリブル・サイエンス』、『Boring Bible ボーリング・バイブル（つまらない聖書）』などがある。

❖ テリー・ディアリーの作品
〈The Fire Thief ファイア・シーフ〉3部作（2005–2007年）、〈Gory Stories 血みどろ物語〉シリーズ（2008–2009年）、〈Master Crook's Crime Academy マスター・クルックのクライム・アカデミー〉シリーズ（2009–2010年）。

〈ホリブル・ヒストリーズ〉シリーズはまず、テューダー朝（前ページ書影）とエジプト人の歴史から始まり、その後（シーザーが暗殺された3月ごろに）悪名高き古代ローマ人の歴史に剣を突き刺した。ディアリーは権力に批判的で、へそ曲がりなところがある。イギリス首相からの公邸への招待にも応じず、「議会に足を踏み入れた政治家のなかで、ただひとり立派な意思を持っていたのはガイ・フォークス[国王ジェームズ1世を暗殺するために英国議会を爆破しようとして未遂に終わった、1605年に発覚した歴史的事件「火薬陰謀事件」の陰謀メンバー]だけだ」と述べた。

『キッパーのくまちゃんさがし』と〈キッパー〉シリーズ

Where, Oh Where, is Kipper's Bear? (1994) and series

ミック・インクペン

Mick Inkpen (1952–)

ミック・インクペンが創作したイヌのキッパーの絵本は、25年以上もお気に入りの本の並ぶ本棚から消えたことがない。この小さなイヌが、小さな読者と同じ目で世界を眺めているからだろう。幼い読者が本を通じて学ぶ際の案内役として、キッパーはうってつけだ。

シ リーズ1作目の『ぼくキッパー』（1991年）が出版されたとき、司書向けの雑誌「スクール・ライブラリアン」で、先見性のある書評家が「愛嬌のある小さなキャラクター……シリーズ化されそう」とコメントした。その愛嬌と無邪気さと世界に対する好奇心で、キッパーはたちまち、エリック・ヒルの「コロちゃん」に匹敵する人気者の子イヌになった。キッパーは今や、友だちのタイガー、ジェイク、アーノルドなどとともに、50冊近い絵本に登場する。

ミック・インクペンは、キッパーをさまざまな形で活躍させている。定番の読みきかせ絵本のほかに、次のような知育絵本がある。数の数え方を学ぶ『キッパーのおもちゃばこ』（1992年）や『キッパーと1・2・3』（1999年）、アルファベットについて学ぶ『Kipper's A–Z キッパー

のAからZ』（この絵本では、ぼくの出番はまだ？と何度もたずねるシマウマ〔zebra〕が登場する、2000年）、天気や色や反対語について学ぶ『キッパーとはれ・あめ・ゆき』、『キッパーとあか・あお・きいろ』、『キッパーとおおきい・ちいさい』（いずれも1995年）。

『キッパーのくまちゃんさがし』（1994年）は、これらの本とはまたちがった形の、しかけ絵本になっている。キッパーがお気に入りのぬいぐるみのクマを探すというストーリーなのだが、どのページにもしかけがあり、木の葉をめくると鳥が飛び出たり、矢印を引くとネズミが頭を動かしたり、子ブタが飛び上がったりする。最後のページで、キッパーはぬいぐるみをみつけられないままベッドに入るのだが、読者がキッパーのふとんをめくると、懐中電灯で絵本を読んでいるぬ

いぐるみのクマをみつけられる。そのう
え、懐中電灯の絵の中には本物のライト
もはめこんである。

　このとびきり人気のある絵本はどう
やって有名になったのだろう。ほかの多
くの絵本画家と同じく、ミック・インク
ペンは商業向けのグラフィックデザイ
ナーとして仕事を始めた。アンソニー・
ブラウンやジャン・ピエンコフスキー同
様、グリーティングカードのデザインか
ら始め、やがて同窓だったニック・バ
ターワースと組んで、銀行からブラ
ジャーまでさまざまな広告のデザインを
手がけた。1986年、ふたりはエリザベ
ス・ローレンスとノーリーン・ウェット
ンの児童書のシリーズの挿画を任され、

その後、自分たちで文を考えて絵を描く
ことに挑戦した。

　そして、今やふたりは、単独でも共同
でも成功した絵本作家になった。ふたり
の共作の絵本にはネコのジャスパーが登
場する『ジャスパーのかいもの』(1989
年)、『ジャスパーとまめのき』(1990年)、
幼稚園や学校での特別な日を描いた『た
のしい うんどうかい』(1988年)、『きょう
は えんそく』(1990年)がある。ニック・
バターワース単独の作品のなかでいちば
ん有名なのは、公園管理人のパーシーを
描いたシリーズで、1作目は『ゆきのふる
よる』(1989年)だ。

　インクペン単独の初めての絵本は
『*One Bear at Bedtime* ベッドでいっしょ

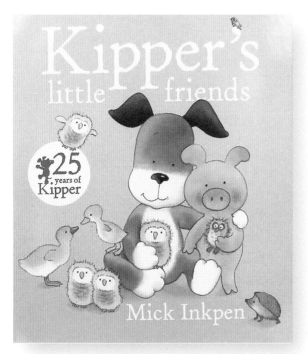

キッパーのシリーズは1991年か
ら始まった。

『キッパーのくまちゃんさがし』で、キッパーはぬいぐるみのクマをみつけようとあちこち探しまわる。階段の下にかけてあるコートをめくると、出てくるのはぬいぐるみのクマではなく「階段グマ」だ。最後のページのふとんをめくると、思いがけないしかけ(絵本の表紙に書いてある「ライトがひかる」の説明書きが読めない子どもたちにとっては)が待っている。ぬいぐるみのクマは懐中電灯で絵本を読んでいて、懐中電灯の絵の下には本物のライトがはめこんであるのだ。

いっぴきのくま』(1987年)という数え歌の本で、続いて出版されたのは、こんな友だちがいたらいいなと想像して楽しむ『こぶた いたらいいな』、『ひつじ いたらいいな』(ともに1988年)だ。『Threadbear ぼろぼろのクマ』(1990年)でイギリスのチルドレンズ・ブック賞を受賞し、インクペンはまた注目を集めた。お腹の中にある音の出る機械を鳴らそうとするクマのぬいぐるみの話で、インクペンはこの絵本に折りこみ式のページを使っている。

インクペンは『ペンギン スモールくん』(1992年)でも、折りこみ式のページを使っている。子どものペンギンが北極から南極へ旅する話で、南極には、乱暴なホッキョクグマから逃げてきた仲間が待っている。楽しいしかけがいくつかあり、広げると4ページ分になる大きなクジラが現れたりする。21世紀に入ると、インクペンは青い鼻の動物たちがすむ「ブルーノーズ島」を舞台にした、やさし

く空想的な話がつづられる新シリーズをスタートさせた。「お話は、こんなふうに始まります」というフレーズで始まるこのシリーズには、インクペン独特の、やわらかな色合いの水彩絵の具を使った線の細いコミカルな絵が描かれている。

❖ ミック・インクペンの作品

『One Bear Bedtime ベッドでいっしょ いっぴきのくま』(1987年)、『Threadbear ぼろぼろのクマ』(1990年)、『おやすみなさい おひめさま──いいこはねんね ねむねむねんね』(1993年)、『ペンギン スモールくん』(1992年)、『Wibbly Pig is Happy! よちよちピッグの楽しい1日』(1995年)とそのシリーズ、『くまのこちゃん』(1997年)、『Blue Nose Island: Ploo and the Terrible Gnobbler ブルーノーズ島 ──プルーとおそろしいグノブラー』(2003年)とそのシリーズ。

〈ライラの冒険〉3部作

His Dark Materials trilogy（1995–2000）

フィリップ・プルマン

Philip Pullman（1946–）

　フィリップ・プルマンはファンタジーというジャンルにヤングアダルト（YA）世代を取りこんだ。『ライラの冒険』は彼の最初の3部作ではなく、またすでに3つ目の3部作が進行している。つまり『ライラの冒険』は3つある3部作のなかの2つ目の3部作だ。

　じつは、プルマンの最初のシリーズ作は、3部作ではなく3部とその外伝からなる4部作で、19世紀を舞台にしたサリー・ロックハートと仲間の冒険者の物語だった。そのシリーズは『マハラジャのルビー』（1985年）から始まって、『ブリキの王女』（1994年）で締めくくられており、『ライラの冒険』の1巻はその1年後に出版されている。サリーの世界は幻想的ではなく、わたしたちの世界の過去の話だ。設定は帝国主義が中国、インド、ヨーロッパを覆っていた時代だ。物語はサリーが父親の死の真相を知ろうとするところから始まるが、やがて悪との激しい戦いと愛を探し求める話になる。『ライラの冒険』の舞台もサリーのシリーズと同じくヴィクトリア時代だが、読み始めてすぐに、わたしたちの世界の過去ではないことがわかる。まず第一に、どの人間のそばにもダイモンと呼ばれる姿を変えられる生き物がいる。ダイモンは人間の魂を反映しており、人間とダイモンの関係は伝統的な魔女と使い魔の関係に似ている。

　『ライラの冒険』では権威のある教会が子どもたちを誘拐し、ダイモンと切り離す実験を行っている。そうすることによって大人の罪を消し去ることができると信じられているのだ。また大人の罪は空から降ってくる謎の物質〈ダスト〉がもたらすと考えられている。この物語の主人公である12歳のライラは、この研究によって親友が死ぬのを目撃し、自力で〈ダスト〉の発生源を発見しようと決心する。親友の死によって多量のエネルギーが放出され、ライラの次の舞台となるパラレルワールドへのポータルが開く。これがシリーズに出てくるいくつかのパラレルワールドの最初の世界となる。

　3部作全体を通してのテーマは原罪のあいまい性である。このテーマはジョン・ミルトンの叙情詩『失楽園』の反映で

あり、相反するものでもある。プルマンはこれが『His Dark Material（ライラの冒険）』に根本的な影響を与えたと言及して

おり、タイトルはまさに『失楽園』の詩の1行「Unless th' Almighty Maker them ordain His dark materials to create more

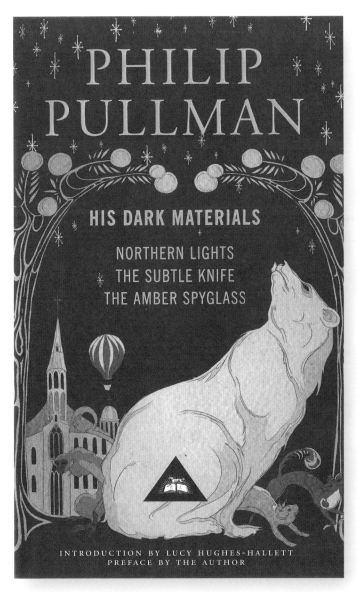

シリーズ1巻の『黄金の羅針盤』は1995年、カーネギー賞を受賞した。

Worlds.（全知全能たる創造主がさらに多くの世界を創造するためにそれらを「神の暗黒物質」と定めない限り）」からきている。

　だが、ミルトンが罪を悲劇のもととなる人間の本質的な欠陥ととらえたのに対し、プルマンは『ライラの冒険』で罪こそが人間を人間らしくするものだとして評価している。こうしたプルマンの考えとシリーズのなかでの宗教に対する批判的な言及が、たびたびキリスト教徒との対立を生んでいる。したがって、公然と無神論者を自認するプルマンがいくつかのパラレルワールドを創造し、人の命を定めることで神のようにふるまうのは皮肉

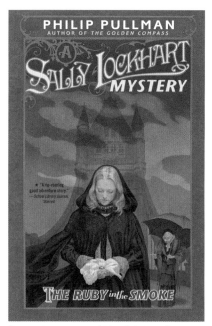

『マハラジャのルビー』は舞台の脚本として書かれたものだったが、プルマンがストーリーとキャラクターをとても気に入っていたので、のちに児童書として書き直し、全4巻のシリーズ作となった。

といえなくもない。

　『ライラの冒険』は大ヒットし、プルマンはその後同じ世界の話をふたつ書いている。『*Lyra's Oxford* ライラのオックスフォード』（2003年）は、3部作から2年後の話で、『*Once Upon a Time in the North* 北の国の昔話』（2008年）は『ライラの冒険』に登場するほかのキャラクターの過去を知ることができる前日譚である。

　プルマンは『ライラの冒険』に似た3つ目のシリーズ作があるかもしれないとほのめかし、『ライラの冒険』と同じ設定で『*The Book of Dust* ダストの書』という新しい3部作を書き始めている。そのうち2冊『*La Belle Sauvage* 美しき野生』（2017年）と『*The Secret Commonwealth* 秘密国家』（2019年）はすでに刊行されている。中心人物は引き続きライラだが、『*The Book of Dust* ダストの書』では『ライラの冒険』のできごとの前、中、後の彼女を追っている。ファンはこれからもたっぷりと彼の本が読めるだろう。

❖ フィリップ・プルマンの本
『*Count Karlstein, or The Ride of the Demon Huntsman* カウント・カールシュタインとデーモンハンター』（1982年）、『*How to Be Cool* クールに勝つ方法』（1987年）、『*The Broken Bridge* 壊れた橋』（1990年）、『時計はとまらない』（1995年）、『ぼく、ネズミだったの！──もう一つのシンデレラ物語』（1999年）、『かかしと召し使い』（2004年）。

〈ハリー・ポッター〉シリーズ

Harry Potter series(1997–2007)

J・K・ローリング

J. K. Rowling(1965–)

〈ハリー・ポッター〉シリーズは、魔法使いの少年が呪文を唱えた回数よりも多くの記録を更新している。著者は現在までで世界で初めて億万長者となった唯一の作家だ。シリーズ最終巻の『ハリー・ポッターと死の秘宝』は発売から24時間で1100万部を売り上げた。〈ハリー・ポッター〉はまぎれもなく史上最も売れたシリーズである。

孤児になった幼い魔法使いが魔法学校でその技術を磨くという発想が浮かんだのは、J・K・ローリングが遅延した列車で4時間身動きがとれなくなっていたときだ。これはある意味、〈ハリー・ポッター〉シリーズの主人公たちが7年間の学校生活で体験する魔法のような経験だった。ローリングは、アイディアは完全な形で降りてきたこと、そして初期に書き上げたもののひとつはシリーズ最後となる7巻のエピローグだったと語っている。

各巻はハリー・ポッター、ハーマイオニー・グレンジャー、ロン・ウィーズリーたちの学校生活を1年ごとに描いている。その点では、アントニー・バカリッジや初期のP・G・ウッドハウスが描いた伝統的なイギリスの寄宿学校の物語によく似ている。物語では夜の冒険、善悪の区別がつかない教師、学校に忍び寄る影といったものが描かれている。ローリングが述べているように、シリーズ全体を通しての道徳的テーマは、正しさと安易さの間で選択を行わなければならないときがあるということだ。そしてハリーと仲間たちは正義のために魔法界のルールを破らなければいけないときがある。

中世のアーサー王伝説との類似点もある。ゴシック様式のホグワーツ魔法魔術学校、ラテン語の呪文、挿絵が描かれた中世の装飾写本を思い起こさせるローリングが創造した幻想的な獣、シリーズ全体で読者の心をとらえる数々のわくわくする冒険、それらはどれも中世の物語、『円卓の騎士』を思い出させる。ハリーの師であるダンブルドアは、アーサー王と魔法使いマーリンの要素を持ち合わせており、アーサー王の研究家は、ハリーのことを円卓の騎士のひとりであり聖杯を

2017年、ブルームズベリー社は20周年を記念し、
ホグワーツの寮をモチーフにした4種類の表紙の本を新しく出した。
上記はトーマス・テイラーが描いた最初のイギリス版『ハリーポッターと賢者の石』のカバーイラスト。
これが一番有名な表紙である。

探し求めるパーシヴァル卿と重ね合わせている。

〈ハリー・ポッター〉では常に死がつきまとう。ローリングの母親は1巻を執筆中に亡くなっているが、その1巻は、ハリーの両親が殺害されるところから始まる。シリーズが進むにつれ、重要な登場人物が次々と命を落としていくが、ダンブルドアとヴォルデモート（「死の飛翔」「死を盗む」という意味があるが、どちらもヴォルデモートにふさわしい）の死で大詰めを迎える。死との絶え間ない戦いをキリストの象徴とみなす人もいるが、キリスト教のグループのなかには、この作品を魔女や魔法使いの描写が悪魔信仰を助長していると非難する人もいる。

主人公たちが思春期を通して成長する姿は、1巻からハリーたちとほぼ同じペースで描かれてきた。これは〈ハリー・ポッター〉のファンである思春期の読者にとって魅力のひとつだ。さらに驚くのは、〈ハリー・ポッター〉が大人の読者も惹きつけたことだ。その結果ついには大人向けの表紙でも発売されることになった。ベストセラーリストは〈ハリー・ポッター〉が独占していたため、「ニューヨークタイムズ」紙は2000年に児童書を別のリストに分け、2004年にはシリーズ作はまた別のリストにして、ほかの本がリストに入るようにした。なかにはそうした動きを、ビートルズも同じように1960年代の別のポップミュージックのチャートに分けるべきだった、とからかう人もいた。

ビートルズを引き合いに出すのはふさわしい。〈ハリー・ポッター〉のシリーズはビートルズや英国王室、ジェームズ・ボンド、シャーロック・ホームズと同じくらいイギリスらしさの象徴となっているのだ。その過程で、ハリーは神話をいくつか生み出した。たとえば、このシリーズが若者の識字率の低下に歯止めをかけたというのも、ペットにフクロウを飼う子どもが著しく増えたというのも、真実ではない。しかしながら、ホグワーツの生徒たちがほうきにまたがって行うクィディッチというスポーツは、〈ハリー・ポッター〉ファンが実際にやっている新しいスポーツになったのは本当だ。

❖ J・K・ローリングによるホグワーツ・ライブラリーの本

『幻の動物とその生息地』(2001年)、『クィディッチ今昔』(2001年)、『吟遊詩人ビードルの物語』(2008年)、『ホグワーツ不完全＆非確実』(2016年)。

『穴 HOLES』

Holes(1998)

ルイス・サッカー

Louis Sachar(1954 –)

おとぎ話、歴史小説、現代ミステリーの要素を組み合わせた『穴 HOLES』は、ヤングアダルト小説ではめずらしいさまざまな題材で構成され、過去と未来を織り交ぜた複雑なストーリーが展開する。

スタンリーが身に覚えのない罪で少年矯正施設に入れられたのは、まちがいなく、ひいひいじいさんのときから5世代にわたってスタンリー家を襲ってきた呪いのなかで最も新しい種類の呪いがかかったからだ。スタンリー家の呪われた運命は、19世紀に玉ネギ農家で働いていたアフリカ系アメリカ人のサムが白人女性教師キャサリンとキスをしたために殺されたことと密接な関係があった。グリーンレイクでサムが殺されてから、日照りが続いて湖は干上がり、ついには荒れ地になってしまったという。

少年矯正施設で、スタンリーは来る日も来る日もその荒れ地に穴を掘らなければならない。スタンリーには知らされていないが、施設の所長は荒れ地に埋められた宝を探していたのだ。それはかつてスタンリーのひいじいさんから盗まれたものだった。小説の中盤から、スタンリーは施設の仲間とともに、不正や差別といった悪事を正していく。そしてつい

に呪いが解け、雨がふたたび降りそそぎ、グリーンレイクはかつての豊かな輝きを取りもどす。

この物語は、現在と過去をいったりきたりしながら、すべての行動には予期せぬ結果がともなうと伝えている。スタンリーのひいひいじいさんは、好きな娘といっしょになるためにおとぎ話のような試練に挑み失敗する。玉ネギ農家のサムが殺されたせいで、法を守っていた恋仲のキャサリンは犯罪者になってしまう。少年スタンリーは靴泥棒の罪をきせられ矯正施設へ送りこまれる。こうしたできごとのすべてが物語の結末へとつながっていく。この小説が絶賛されたのは、人種差別や未成年の収容といった題材が、伏線が複雑に絡み合う見事なストーリーとひとつになっているからで、大人になりかけている読者にとっては格好の作品だった。

ルイス・サッカーは、自分の小説に自伝的要素はほとんどないと述べ、「ぼく

「穴 HOLES」は、アメリカの司書向け情報誌「スクール・ライブラリー・ジャーナル」で、
お気に入りの児童書第6位に選ばれた。

の経験してきたことなんてつまらないですよ。小説で書いていることは頭のなかで創り上げたものです」と語っている。そうはいうものの、初めてシリーズ化された、ウェイサイド・スクールで起きるへんてこなできごとを描いた小説は、大学時代に地元の小学校でやっていたティーチングアシスタント［授業補助員］のボランティア経験がきっかけになっている。そのときの呼び名「校庭係のルイス先生」と同じ名前の登場人物が〈ウェイサイド〉シリーズにちょくちょく登場しているのだ。このシリーズは、1978年から1995年の間に5巻出版されている。その後25年の空白期間をへて、サッカーは2020年の出版に向け、新たなエピソード

『穴 HOLES』と同様に、『ウェイサイド・スクールはきょうもへんてこ』も映像化されている。

を盛りこんだウェイサイド・スクールを執筆中だ。

　ほかにも〈マーヴィン・レッドポスト〉の愉快な物語全8巻がある。マーヴィンはいつもめんどうに巻きこまれている小学3年生の赤毛の男の子だ。また、シリーズではなく単独で出版された小説が7作あり、それぞれに異なる学年の子どもたちが描かれている。『穴 HOLES』の主軸となるテーマ、呪いのアイディアは、初期作品『顔をなくした少年』（1989年）にも出てくる。また『穴 HOLES』のスタンリーは、そのサイドストーリー『歩く』（2006年）で、ほんの少しだけでてくる。『歩く』では、『穴 HOLES』で脇役だった登場人物が主人公となり、犯罪歴を持ちながらも、人生を立て直そうと困難を乗り越え一歩ずつ前進する姿が描かれている。

❖ルイス・サッカーのほかの作品

『ウェイサイド・スクールはきょうもへんてこ』（1978年）とそのシリーズ、『Johnny's in the Basement 地下室のジョニー』（1981年）、『ぼくって女の子??』（1987年）、『顔をなくした少年』（1989年）、『Marvin Redpost: Kidnapped at Birth? マーヴィン・レッドポスト ぼく あかちゃんのときにゆうかいされたのかも？』（1992年）とそのシリーズ、『歩く』（2006年）。

『肩甲骨は翼のなごり』

Skellig (1998)

デイヴィッド・アーモンド

David Almond (1951–)

デイヴィッド・アーモンドは子どもの頃から文章を書くのが好きで、両親のために小さなお話の本を作ろうと思ったことを覚えている。母親はアーモンドに、肩甲骨は人間がみな天使だった頃のなごりだとよくいっていた。成長するにつれ、だれもが思い出すのはそういうことなのだ。

アーモンドは教師になり、時間のあるときに短編を書いて出版していた。初の長編小説を書き始めたとき、決まった筋もアイディアも頭にはなかった。設定は自分の家のような家にした。ダイニングルームに便器が置いてあり、がらくただらけのガレージがある家。主人公のマイケルを書き始めたときには、マイケルが何をみつけることになるのかわからなかった。アーモンドはいまだに、スケリグがだれなのかも、何なのかもわからないといっている。

スケリグは、マイケルがガレージの隅でみつけた奇妙な生き物で、腹を空かせていて気難しい。引っ越してきたばかりのマイケルは、近所に学校の友だちがいないので、家庭で教育を受けている隣の家の娘ミナと友だちになる。マイケルとミナはスケリグの世話をするが、彼のことは秘密にしておく。スケリグは人間なのか？　先史時代の鳥、始祖鳥なのか？

フクロウなのか？　天使なのか？　本書の最後で、スケリグはマイケルの母親の夢に現れ、マイケルの妹の命を救ったような印象を与える。妹は早産で心臓が弱かったのだ。

『肩甲骨は翼のなごり』には天使を示唆しているようなところや描写がいくつもある。たとえば若き主人公マイケル（Michael）も、大天使ミカエル（Michael）にちなんで名付けられている。また、マイケルが見つけた生き物は、翼を持っていても天使ではないのだが、マイケルは肩甲骨が天使の翼のなごりであることを知る。

アーモンドの『肩甲骨は翼のなごり』は、自身もその影響力を認めているが、ガブリエル・ガルシア・マルケスの初期の子ども向け短編小説「巨大な翼を持つひどく年老いた男」（1955年）を彷彿とさせる。この物語は、ある嵐の夜にやってきた天使に対して、小さな地域社会が示し

本書の初版の表紙には、イギリスの若き画家フレッチャー・シブソープによる、
大天使ミカエルを思い起こさせる抽象的な天使の絵が描かれている。
また、「スケリグ」と「マイケル」の名前は、アイルランドのケリー州の沖合にある
スケリグ諸島のひとつ、スケリグ・マイケル島に由来するといわれている。

『肩甲骨は翼のなごり』

た反応を描いたものだ。ミナとマイケル
は自分たちの発見したものを、マルケス
の描いた地域社会の人々よりは大切に扱
う。しかし、マルケスは天使を隠さず外
の世界に明らかにしたが、ミナとマイケ
ルはそうしなかった。

　『肩甲骨は翼のなごり』は、たとえどち
らもかなわないもののようにみえても、
希望と可能性を描いた作品だ。本書では
マルケスのほかに、ウィリアム・ブレイ
クの絵や詩の影響もみられる。あまり押
しつけがましくならないように、生と
死、自然と進化、家族と教育というテー
マにふれている。のちにアーモンドは、
高い評価を得た本書の長い前編に当たる
『ミナの物語』(2010年)を書いた。『ミナの
物語』は、イギリスの作家による優れた
児童文学に贈られるカーネギー賞の
ショートリスト(最終候補作リスト)に残っ
た。なお、『肩甲骨は翼のなごり』はカー
ネギー賞を受賞している。2010年に、デ
イヴィッド・アーモンドは国際アンデル
セン賞を授与された。

❖ デイヴィッド・アーモンドの作品
『闇の底のシルキー』(1999年)、『星を数え
て』(2000年)、『秘密の心臓』(2001年)、『火
を喰う者たち』(2003年)、『クレイ』(2005

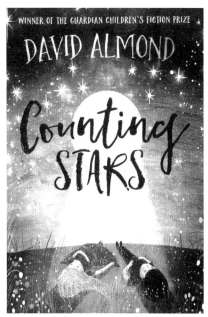

アーモンドの『星を数えて』は18の半自伝的物語を収録
した作品で、作者の北東イングランドでの子ども時代
を描いている。

年)、『*Jackdaw Summer* コクマルガラス
の夏』(US版『*Raven Summer*』、2008年)、『*The
True Tale of the Monster Billy Dean* モン
スター・ビリー・ディーンの本当にあっ
た話』(2011年)、『*Mouse Bird Snake Wolf*
ネズミ、トリ、ヘビ、それからオオカ
ミ』(2013年)、『*The Tightrope Walkers* 綱
渡りをする人々』(2014年)。

〈世にも不幸なできごと〉シリーズ

A Series of Unfortunate Events（1999–2006）

レモニー・スニケット

Lemony Snicket（1970–）

全13巻の〈世にも不幸なできごと〉シリーズは、古臭いおとぎ話のスタイルをくつがえし、幅広い世代に向けて書かれた作品だ。ところで、レモニー・スニケットとは一体何者なのだろう？ この本の作者？ 登場人物？ それとも、ただのペンネーム？ 子ども向けの作家？ それとも大人向けの作家？ 答えはすべて、「イエス」だ。

デビュー作の大人向けコメディ小説『The Basic Eight ベーシック・エイト』（1998年）で、高校生と悪魔の儀式について書くために資料集めをしていたとき、アメリカ人作家のダニエル・ハンドラーは複数の怪しい組織から情報を得ていた。ハンドラーが賢明だったのは、そうした問い合わせをするときに本名を使わなかったことだ。代わりに、「レモニー・スニケット」という偽名を使っていた。

『The Basic Eight ベーシック・エイト』は、出版社への売りこみに苦労した作品だった。〈トーマス・ダン・ブックス社〉がこの作品を拾い上げるまで、ハンドラーは37通もの不採用の通知を受け取った。しかし、そのうちの〈ハーパー・コリンズ社〉は、文体を気に入って子ども向けの作品を書くよう勧めた。ハンドラーは乗り気ではなかったが、昔の原稿を引っ張り出してきて書き直すことにした。それは、もともと大人向けに書いたコミカルなゴシックホラー小説だった。そのうちに、「レモニー・スニケット」という偽名はこの作品のための単なるペンネームとして使うだけでは収まらなくなった。〈世にも不幸なできごと〉シリーズ1作目の『最悪のはじまり』を書き終える頃には、この「スニケット」という人物は、リアルな設定を持った登場人物のひとりとなり、児童文学作家となり、さらには一人称の語り手となって、不条理でめちゃくちゃで時代錯誤なこの新しいタイプのゴシック小説の中心人物になった。

スニケットが語る不幸なできごとの主人公は、孤児になったボードレール家の三きょうだい、ヴァイオレット、クラウス、サニーだ。遺産を横取りしようとたくらむ親戚のオラフ伯爵から、自分たち

の身を守ろうと奮闘するこの3人を中心にストーリーが展開する。オラフはそのうちあの手この手を使って、子どもたちから遺産をだまし取ろうとし始める。次第にわかってくるのは、スニケットがいいかげんで当てにならない語り手だということだ。起こったできごとを、個人的な偏見でしか語らない。物語が進んでいくと、主人公の子どもたちは両親の死の詳細や秘密結社V・F・Dについて知ることになる。やがて、3人の母親と父親がその組織の一員だったことが判明する。

作中の善悪の基準はどんどんあいまい

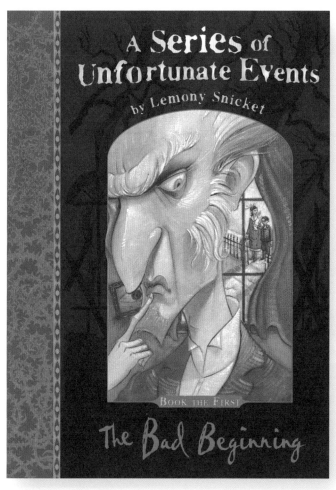

語り手が現実世界の人々に話しかけてくるメタフィクションの手法は、挿画にもみられる。
原書ではスニケットが、イラストレーターのブレット・ヘルキストの挿画についてふれるくだりがある。

になっていき、シリーズの終わりにはだれが善人でだれが悪人かわからなくなる。善人だって悪いことをするのだ。子どもたちが成長していくにつれて、3人は物語を通して大人への階段を上っていく。幼いサニーは、シリーズが始まった頃には言葉もちゃんと話せない赤ん坊だったが、終盤にさしかかると「もう赤ちゃんじゃない」といいだす。

　レモニー・スニケットの作品の読者対象はおそらく、それまで読んできた本から善悪の基準をすでに自分で身につけた年齢層の子どもたちだろう。大人もこの作品をまた違った角度から楽しむことができる。普通の子どもたちには理解が難しい文学的、社会的な言及も詰めこまれているからだ。〈世にも不幸なできごと〉シリーズは、読者の年代によって受け取るメッセージが異なる作品で、それは最近の多くの家族向け映画と同じだ。大人がJ・K・ローリングの〈ハリー・ポッター〉シリーズに夢中になるように、この作品もだれもが楽しめる要素を持っている。

　ダニエル・ハンドラーは、スニケットの語る物語世界の設定をふくらませ、さらに数冊の作品を書いた。『The Beatrice Letters ベアトリスの手紙』(2006年)は、スニケットとベアトリス・ボードレール、つまりボードレール三きょうだいの母親との手紙のやりとりをまとめた小説だ。こうした作品は〈世にも不幸なできごと〉シリーズの最終巻となる第13巻の少し前に出版され、その結末に関するヒントが書かれている。〈All the Wrong Questions 間違いだらけの質問〉シリーズ(2012–2015年)は4部作で、〈世にも不幸なできごと〉シリーズより前のスニケットの物語が語られている。

❖ レモニー・スニケットの作品

『Lemony Snicket: The Unauthorised Autobigraphy レモニー・スニケット──非公式自伝』(2002年)、『The Beatrice Letters ベアトリスの手紙』(2006年)、〈All the Wrong Questions 間違いだらけの質問〉シリーズ(2012–2015年)、『File Under: 13 Suspicious Incidents ファイル・アンダー──レモニー・スニケットの不可解な13の事件簿』(2014年)。

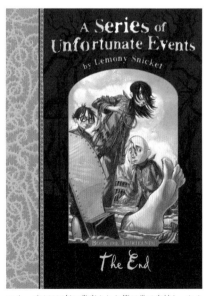

シリーズは2006年に発売された第13巻で完結し、タイトルは最後にふさわしく『終わり』とつけられた。

『ゴーゴー・ジョージア』と〈ゴーゴー・ジョージア〉シリーズ

Angus, Thongs and Full-Frontal Snogging(1999) and series

ルイーズ・レニソン
Louis Rennison(1951–2016)

ルイーズ・レニソンほど絶妙に、ティーンエイジの少女の気持ちをとらえた作家がいただろうか？ レニソンはその頃をなつかしみ、少女向けに作品を書いた。型破りな痛快さに、作者の思惑どおり少女たちは大喜びしたが、その年頃にノスタルジーなど覚えない教師や親は青ざめた。

〈ジョージアの青春日記〉シリーズには、ジェフリー・ウィランズによる1950年代の人気シリーズ〈Molesworth モールズワース〉との共通点が多い。ただし、ウィランズの作品に登場するナイジェル・モールズワースは年が下で、男の子で、作品の舞台設定も古い。レニソンが生んだヒロイン、ジョージア・ニコルソンもまた、同世代の女子すべての味方だ。大人のいうことなんてきく気はなく、とことん自己中心的。レニソンもまた、ウィランズのようにティーンエイジャーの気持ちを見事に代弁している。

ジョージアの頭のなかは、メイクと男の子のことでいっぱいだ。なかでも、ジョージアにとっての「麗しの王子さま」はあこがれのロビー。「男子なんて、ウザいからもう、ムリだから。──つき

あったこと、まだないけど」と、あるときジョージアは宣言する。この本から始まるシリーズ10巻はすべて、ジョージアのこうした「告白」で綴られている。レニソンは自分がその時代に味わった悩みを、まっ正直さに自虐的なユーモアをちりばめながら、巧みに描き出している。

レニソンはひどいことが起きても笑い飛ばすすべを、まだ若い頃、スタンダップ・コメディアンとして活躍していた経験から学んだ。1980年代や1990年代のショー・ステージ『*Stevie Wonder Touched My Face* スティーヴィー・ワンダーに顔を触られた』や、『*Bob Marley's Gardener Sold My Friend* ボブ・マーリーの庭師がわたしの友だちを売った』は、レニソン本人の経験をもとにしたもので、世界有数の芸術祭エディンバラ・フリンジ・フェスティバルで好評を博し

た。イギリスの「ガーディアン」紙はこのときの観客の様子をこのように報じている。「レニソンが、ピンチに追い詰められたときの自分の反応をステージで再現すると、その迫真の演技は観客をひきこんだ」

　ステージでの大成功をきっかけに、レニソンはほかのコメディアンにも脚本を書くようになる。新聞で「35歳でデート」というコラムも担当し、ここでもまた自分を切り売りするような、自虐的なユーモアを発揮する。これが運命を変えた。出版社ピカデリー・プレスの編集者がこのコラムを読み「とことん自己中心的で、あまりにも子どもっぽい」キャラクターに惚れこんで、ティーンエイジャーの日記を書いてはどうかとレニソンに勧めたのだ。こうしてデビュー小説

FABULOUSLY FUNNY BESTSELLER

Angus, thongs and full-frontal snogging

You'll laugh your knickers off!

Louise Rennison

ルイス・レニソンの作品のなかには、タイトルがあまりにもイギリス的である、あるいは、アメリカの読者には刺激が強すぎるという理由で変えたものがいくつかある。イギリス版のタイトル『OK, I'm Wearing Really Big Knickers わかったよ、この短パンは大きすぎるって』は、アメリカ向けに『On the Bright Side, I'm Now the Girlfriend of a Sex God いいことといえば、わたし、ついに麗しの王子様の彼女になれちゃった』に変更された。

『ジョージアの青春日記』が世に出た。

　この作品を書くときにレニソンが決めていたのは、主人公ジョージアや登場する少女たちをいい子として描かないことと、自分ももう一度登場人物と青春を楽しむことだった。そうやって、自分が若かった頃にはとても笑えなかった出来事を笑い飛ばそうとした。とりわけ、ジョージアを読者が共感できる人物として描き、軽いだけの女の子にしないよう気をつけた。レニソンがコメディアンとしてかけだしの頃、「ひげのある女性たち」という名のフェミニストグループとの共演で、男たち、それに男たちが世間で引き起こす騒動を面白おかしく演じた。その笑いのテイストを、自分の若きヒロインに取り入れたのだ。

　この本は、自伝的要素が強い。レニソンは幼い頃に経験したことを小説に盛りこむとき幼なじみの本名を使ったはいいが、そうとわからないよう名前を変えるのを忘れたらしい。『ジョージアの青春日記』のジョージアがそうであるように、レニソンもまた家族である時期ニュージーランドに移住し、生活が何もかも一変した経験がある。だから、ジョージアのセリフにはとことん説得力があり、ティーンエイジャーならだれしもすぐ共感できるのだ。

　このシリーズは、学校の先生にはあまり評判がよくなかった。本のプロモーションで学校を訪れたとき、レニソンは作品のヒロインと読者がハマっているえげつない話題を、同じノリで話してし

まった。ロンドンの書店で行われた作家を囲むトークセッションでは、ある先生がこれに耐えられず、開始後たった10分で自分の生徒たちを退出させた──ただし、生徒を引きずっていかなければならなかったらしい。みんなすっかり盛り上がっていたのだ。

❖ジョージア・ニコルソンが主人公の本

『ジョージアの青春物語』(1999年)、『恋はミステリー』(2001年)、『女はつらいよ』(2002年)、『明日へジャンプ！』(2004年)、『...Then He Ate My Boy Entrancers そしたらあの子、わたしのつけまつげ食べちゃったの』(2005年)、『Startled by His Furry Shorts 毛皮みたいなパンツにびっくり』(2006年)、『Luuurve is a Many Trousered Thing（アメリカ版は Love is a Many Trousered Thing）"ズボン"のテーマ』、『Stop in the Name of Pants! パンツの名のもとに止まれ！』(2008年)、『Are These My Basoomas I See Before Me? ここにくっついてるの、ほんとにわたしのおっぱい？』(2009年)。

❖ジョージアの友人、タルラー・ケーシーが主人公の作品

『Withering Tights 伸びてくストッキング』(2010年)、『A Midsummer Tights Dream 真夏の夜のストッキング』(2012年)、『The Taming of the Tights（アメリカ版は、Wild Girls, Wild Boys, Wild Tights）ストッキングをしつける』(2013年)。

『もりでいちばんつよいのは?』

The Gruffalo(1999)

ジュリア・ドナルドソン[文]、アクセル・シェフラー[絵]

Julia Donaldson(1948–), Axel Scheffler(1957–)

子どもに恐怖を克服させる手助けをすることを目的にした児童書は多い。近年とりわけ人気なのが『もりでいちばんつよいのは?』で、これまでに40を超える言語に翻訳され、1300万部が売れている。『もりでいちばんつよいのは?』という作品は、物語であると同時にひとつの現象といっていい。

本書は古典的で単純な物語だ。1匹のネズミが森の中を歩いていくと、次々に動物に出くわす。どの動物もネズミを食べたいと思うのだが、ネズミはそれを思いとどまらせようとしてグラファロという恐ろしい動物をでっち上げる。しかも、グラファロの好きな食べ物は、今にもネズミを食べようとしている動物たちのほうだという。これをきいた動物はみんな怖がって逃げていく。

ところが、それからネズミは本物のグラファロに出会う。グラファロは、ネズミがでっち上げたとおりに恐ろしく、ネズミを食べるつもりでいる。その後、ネズミとグラファロはほかの動物に会うのだが、動物たちはグラファロをみて逃げ出す。だが、グラファロは、動物たちが怖がっているのをネズミだと思いこんでいる。図に乗ったネズミがグラファロを食べると脅すと、グラファロは背を向けて逃げていく。

『もりでいちばんつよいのは?』が成功を収めたのは、伝統的なストーリーテリングの手法をうまく使ったおかげだ。ジュリア・ドナルドソンの文章は短く、わずか700語にすぎない。さらに、2行でひとつの脚韻を踏んだ文は、ネズミが出会う動物ごとにわずかに変化するだけで、何度もくり返される。このくり返しは北欧伝説と同じくらいに古い技法で、子どもたちの耳には、その物語があっというまに記憶されることになる。

人間の代わりに動物を使うのは、イソップ物語にもみられるように、子どもとつながるための有効な方法だ。アクセル・シェフラーの挿画が、平易な文章を大胆な色使いと楽しそうに描かれた登場人物でうまく補っている。

シェフラーのグラファロは傑作だ。グラファロはネズミが想像した通りの姿をしている——「恐ろしい牙に、恐ろしい爪。恐ろしいあごには恐ろしい歯が生

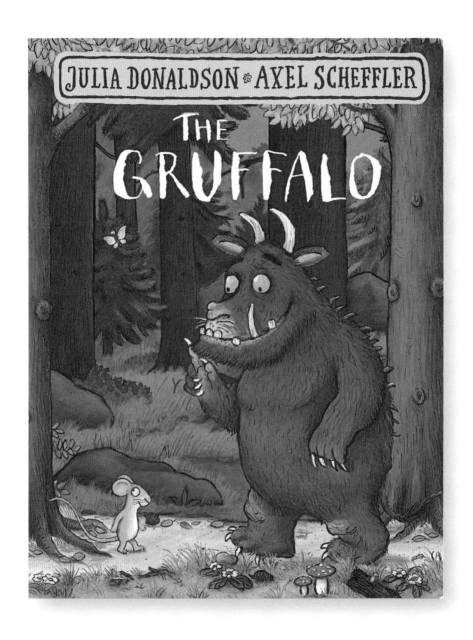

ジュリア・ドナルドソンの『もりでいちばんつよいのは？』のもとになったのは、
中国の伝統的な物語で、少女が空腹のトラをだまして、
自分をジャングルの女王だと信じこませるという話だった。

えている」、「こぶだらけの膝に、そったつま先、鼻のてっぺんのいぼには毒がある」、「目はオレンジ色で、舌は黒く、背中じゅうに紫色のとげが生えている」──しかし、シェフラーの描いた怪物は（正直にいうと）恐ろしいというより抱きしめたくなるくらいかわいく、想像上の野獣というよりは想像上の友だちのようだ。

ジュリア・ドナルドソンは、子ども向けの劇やミュージカルを執筆していて、出版された作品の約3分の2は一般向けではなく、教育機関での使用を目的としている。ドナルドソンは学校やフォーク・クラブで劇を上演したり、歌をうたったりしていたが、やがてBBCの子ども向け番組の音楽の作詞家に選ばれた。

ドナルドソンが、自分の曲の2行でひとつの脚韻を踏んだ文は物語にして本の形にできると気づいたのは、番組向けに書いた「きつきつぎゅうぎゅう(A Squash and a Squeeze)」という歌の歌詞が1993年に出版されたときだった。『きつきつぎゅうぎゅう』の絵本の挿画を描いたのはアクセル・シェフラーだ。シェフラーはドイツ人の画家で、1982年にイギリスに移住した。挿画家としては1988年に、ヘレン・クレスウェルが1967年に書いた画期的な子ども向け小説『村は大きなパイつくり』の新版を担当したのがスタートだった。

『もりでいちばんつよいのは？』の挿画を描いてもらうのに、ドナルドソンが最初（じつは3番手）に選んだのがシェフラーだった。ドナルドソンはそれ以前にも以降にも、ほかの多くの挿画家と本を作っているが、シェフラーとの共作はこれまでに20冊以上にのぼる。『グラファロのおじょうちゃん』(2004)や『こえだのとうさん』(2008)もふたりによる共作で、『こえだのとうさん』はグラファロの娘が手にしていた小枝のおもちゃの物語だ。

JULIA DONALDSON ＆ AXEL SCHEFFLER

Room on the Broom

By the creators of The Gruffalo

『まじょとねこどんほうきでゆくよ』(2001)は『もりでいちばんつよいのは？』で成功を収めた後、ドナルドソンとシェフラーが次に共作した絵本。

『ストームブレイカー』

Stormbreaker(2000)

アンソニー・ホロヴィッツ

Anthony Horowitz(1955–)

若い主人公が世界的なスパイ活動に巻きこまれる話はよくある。たとえば、エニード・ブライトン作〈フェイマス・ファイブ〉シリーズでは、クェンティンおじさんの盗まれた大事な論文を、フェイマス・ファイブたちが取りもどしたりする。だが、ジェームズ・ボンドのパロディのなかで、最も成功している作品といえば、アンソニー・ホロヴィッツが書いたアレックス・ライダーの小説だ。

1 9世紀、シャーロック・ホームズはときどき政府のために仕事をしている。だが、スパイ小説というジャンルが最初に登場したのは、帝国主義時代にあった西欧列強の緊張が高まってきた20世紀前半だ。ラドヤード・キプリングの『少年キム』や、ジョン・バカンの作品の主要人物であるリチャード・ハネイが登場する小説は、母国のためにつくす新しい英雄を描いている。

第1次世界大戦のあと、執筆者の戦争体験によってリアリティのある主人公を描く、それまでとはちがう新しいタイプのスパイ作家が出てきた。コンプトン・マッケンジー、アレクサンダー・ウィルソン、サマセット・モームはいずれも元諜報部員で実体験をもとにした新しい小説を書いた。第2次世界大戦が近づくと、エリック・アンブラーやデニス・ホ

イートリー、ヘレン・マッキネスなどが活躍していたこのジャンルに、新しい作家が加わるようになる。アメリカでは、1943年にE・ハワード・ハントが初めてのスパイ小説を書き、1949年にCIAに採用されたあとも執筆を続けた。戦後、海軍の元諜報員だったイアン・フレミングが1953年に最初のジェームズ・ボンドの小説『007 カジノ・ロワイヤル』を発表する。このジャンルへの児童文学の参入は比較的遅れている。現代のスパイ小説はフレミングのオリジナルの小説よりボンド映画シリーズの影響を受けているといっていい。

アンソニー・ホロヴィッツは、いうまでもなく、スパイではない。彼はYA作家として成功したのち、少年版ジェームズ・ボンドともいえる金髪のアレックス・ライダーの小説に着手した。ライ

ダー（これは〈007〉シリーズ映画化第1作の『007 ドクター・ノオ』でウルスラ・アンドレスが演じた初代ボンドガールの名前からとったものだ）は、『ストームブレイカー』でデビューした。これはいかにもフレミングのような作品で、生物兵器をばらまこうと企む悪者が、本物のウイルスを拡散するプログラムが組みこまれたコンピュータを無料でイギリスの学校に配布するというストーリーだ。最初ライダーはスパイになるのを嫌がるが、明晰な頭脳と強靭な体とボンドのような小道具を駆使して陰謀を阻止することになる。

〈アレックス・ライダー〉シリーズはすでに10冊以上刊行されているが、そのうちの2冊は、ホロヴィッツがもうこれ以上は執筆しないと公言したあとに出版されている。ファンにとってはうれしいことに、ホロヴィッツの奇想天外なプロットは、ボンド映画に鍛えられている読者がスパイ小説に求める期待を裏切らない。ホロヴィッツがこれまでにイアン・フレミング財団から新しいジェームズ・ボンドの本『007 逆襲のトリガー』(2015年)と『Forever and a Day 永遠と一日』(2018年)の2冊の執筆を依頼されたのも不思議ではない。また、コナン・ドイル財団が〈シャーロック・ホームズ〉シリーズの続編となる『シャーロック・ホームズ 絹の家』(2011年)と『モリアーティ』(2014年)を執筆することを正式に認めた初の作家になったのもなず

ホロヴィッツは〈アレックス・ライダー〉シリーズ作のために調査を熱心に行った。2巻の『ポイントブランク』ではライダーがクレーンを操縦するため、ホロヴィッツも実際に150メートルのクレーンを操った。

ける。

13歳のときに母親から『フランケン
シュタイン』と『吸血鬼ドラキュラ』の本
（と人間の頭がい骨）を与えられたアンソ
ニー・ホロヴィッツは、自身の子ども向
けの作品でコメディとホラーの微妙な境
界線を行ったり来たりする。最初の作品
『*The Sinister Secret of Frederick K. Bower*
フレデリック・バウアーのぞっとする秘
密』は冒険コメディで、1979年に出版さ
れた。1983年に出版された〈ペンタグラ
ム〉シリーズの『*The Devil's Doorbell* 悪魔
のドアベル』は、初のYAホラーシリー
ズで、13歳のマーティン・ホプキンスが
悪と戦う話だ。

『*Groosham Grange* グルーシャム・グ
ランジ』（1988年）の主人公イヴィッド・エ
リオットは、これまた13歳の典型的なハ
リー・ポッタータイプの魔法使いで、気
味の悪い寄宿学校の生徒だ。その学校の
不気味さは、ホロヴィッツの子ども時代
のいやな記憶にいくらか基づいている。
ティムとニックのダイヤモンド兄弟の話
は楽しい。若い探偵の兄と、その兄より
聡明な弟という設定は、シャーロックと
マイクロフトのホームズ兄弟を思わせ
る。〈ダイヤモンドブラザーズ〉シリーズ
のタイトルは1巻の『*The Falcon's Malteser*
（危険なチョコボール）』（1986年）をはじめ、
どれも映画のタイトルのパロディだ。
『*Raven's Gate* カラスのゲート』（2005年）で
は再び多次元へのポータルという超常現
象をテーマにしており、これは〈Power
of Five 5つの力〉シリーズとして5冊刊行

されている。

❖ **アンソニー・ホロヴィッツの作品**

『*The Sinister Secret of Frederick K. Bower*
フレデリック・バウアーのぞっとする秘
密』（1979年）、『*The Devil's Doorbell* 悪魔
のドアベル』（1983年）とそのシリーズ、
『ダイヤモンドブラザーズ 危険なチョコ
ボール』（1986年）とそのシリーズ、
『*Groosham Grange* グルーシャム・グラ
ンジ』（1988年）とそのシリーズ、『*Raven's
Gate* カラスのゲート』（2005年）。

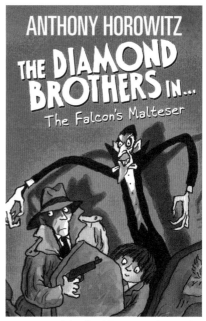

ホロヴィッツの初期の作品〈ダイヤモンドブラザーズ〉の
シリーズは、〈Horrid Henry ホリッド・ヘンリー〉シリー
ズのイラストレーター、トニー・ロスのイラストで刷新
されている。

〈アルテミス・ファウル〉シリーズ

Artemis Fowl (2001–)

オーエン・コルファー

Eoin Colfer (1965–)

アルテミス・ファウルは12歳だが犯罪の首謀者であり、幼い主人公のイメージをことごとく破壊する。彼はきわめて道徳的な子どもの主人公が主流の児童書において、待望の破壊分子だ。

良心とはまったく無縁のアルテミス・ファウルは身代金目的で妖精を誘拐し、家族の財産を取りもどそうと企む。だが、コルファーの描く妖精はかわいくもなければ華奢でもない。ファウルはすぐに、妖精は自分の手に負えない相手だと気づく。ファウルが誘拐したのは、地底警察偵察隊（略して「LEPレコン」）の長であるホリー・ショートで、ホリーの仲間が救出にやってくる。ブルース・ウィリスの映画シリーズに影響されたコルファーは、〈アルテミス・ファウル〉シリーズを「ダイ・ハードVS妖精」と表現している。

〈アルテミス・ファウル〉シリーズは『ダイ・ハード』シリーズと同じく、純粋なエンターテインメントだ。だが、善人と悪人はいても、一部のアルテミスファンの主張に反するが、善と悪の壮大な戦いではない。どちらの側も道徳的に疑わしい決断をする。それがよくわかるのは、ファウルは妖精を誘拐し、一部の妖精たちは結果を考えずにファウルにトロールをけしかけようとするところだ。

批評家はこの本の文学的な価値に疑問をなげかけている。その理由は、エスカレートする主人公の不快な反英雄的言動、クライマックスに向けての話の展開が類型的なこと、さらには続編に向けた露骨な設定だ。ある評論家は「おなじみの決まり切ったアクションばかりだ」と酷評している。だが、これこそ純粋なエンターテインメントの本質だ。全8巻で完結した〈アルテミス・ファウル〉シリーズの成功に議論の余地はない。全8巻はどれもグラフィックノベルにもなっており、コルファーは外伝として『*The Artemis Fowl Files* アルテミス・ファウルの世界』(2004年)でシリーズの内容を補完する話を書いている。

〈アルテミス・ファウル〉の成功により、コルファーは教師の仕事を辞めることができた。その前には2冊の本を出版している。『*Benny and Omar* ベニーとオ

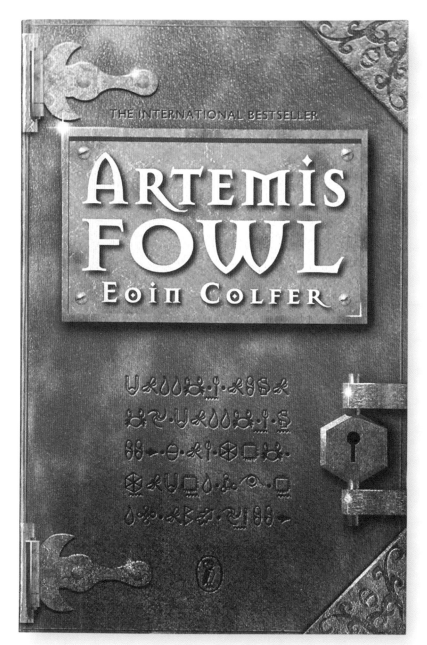

初版のカバーに書かれている古代エジプトのヒエログリフに似た文字は、妖精文字だ。
各巻にはそれぞれ妖精文字が書かれており、その読み方がわかれば
メッセージを解読することができるようになっている。

マール』(1998年)では、アイルランドの少年ベニー・ショーがチュニジアの少年と知り合って人生を学ぶ。もう1冊の『Benny and Babe ベニーとベイブ』(1999年)は、ベニーがおてんば娘といっしょに祖父の村の独特のルールについて学ぶ。

　専業作家になったコルファーは、ほかにも児童書のシリーズをいくつか出版している。向こう見ずでまだ13歳にもなっていない兄弟ウィルとマーティが活躍する〈レジェンド〉シリーズは、今のところ3巻まで出版されている。『Half Moon Investigations 探偵ハーフ・ムーン』(2006年)はフレッチャー・ムーンという勇敢

な少年探偵の話だ。これはシリーズではないが、コルファーは続編をほのめかしている。

　コルファーが若者向けに書いたシリーズ物でない作品も興味深い。『ウィッシュリスト　願い、かなえます』(2003年)は死後の世界のファンタジーだが、ここでは伝統的なキリスト教の教義ほど、天国と地獄が極端に異なっていない。これは、ガスの引火事故で亡くなった少女が、亡くなる前に盗みに入った家に住む年金ぐらしの老人の願いをかなえなければ天国にいけないという話だ。『エアーマン』(2007年)は歴史アドベンチャーで、19世紀の架空の世界では城が立ち並び、お姫様が登場し、人類が飛行機で空を飛ぼうと試み始める。これはイギリスの児童文学の最高栄誉であるカーネギー賞ショートリストに選ばれている。

❖オーエン・コルファーの児童書
『Benny and Omar ベニーとオマール』(1998年)、『Benny and Babe ベニーとベイブ』(1999年)、『ウィッシュリスト』(2003年)、『Legend of Spud Murphy スパッド・マーフィーの伝説』(2005年)とそのシリーズ、『Half Moon Investigations 探偵ハーフ・ムーン』(2006年)、『エアーマン』(2007年)。

コルファーの『The Legend of Spud Murphy スパッド・マーフィーの伝説』では、ウィルとマーティ兄弟が、恐ろしい司書スパッド・マーフィーの影響で本を好きになる。

『夢の彼方への旅』

Journey to the River Sea（2001）

エヴァ・イボットソン

Eva Ibbotson（1925–2010）

エヴァ・イボットソンは、幽霊や魔法使いの出てくるユーモアに富んだ作品を書く児童文学作家として有名だ。だが、生態学者の夫の死後、ユーモラスな作品を書く気になれなかった。代わりに、亡き夫に手向ける贈り物として、アマゾンを舞台にした美しく抒情詩的な作品を書き上げた。

イギリスで暮らす主人公の少女マイアは、両親を亡くし、アマゾン川流域でゴム農園を経営する遠縁の親戚のもとに引き取られることになる。アマゾンにはどんなことが待っているのだろう、とマイアは期待をふくらませる。熱帯雨林の風変わりな植物、大きなチョウ、色彩豊かなオウム。だが、寄宿学校のクラスメイトたちは、アマゾンには人間を食べるワニ、大蛇、毒矢を射る部族がいる、と恐ろしいことをいう。本当はどうなんだろう。

最初のうちは、マイアは何もみつけられないようにみえる。遠戚のカーター家の人々はアマゾンでの暮らしにまったくなじもうとせず、殺虫剤とともに暮らしている。カーター家の人々がマイアを引き取ったのは、後見人の弁護士からマイアのために送られてくる養育費目当てにすぎない。マイアは病的なまでに消毒された家から出ることを許されず、孤独でさびしさを抱えるなか、味方になってくれるのは家庭教師のミントン先生だけだ。だが、気の合う友との出会いもある。旅劇団の少年俳優のクロヴィスや、イギリスの大地主の後継ぎだが、イギリスにいくのを拒むフィン。彼らとの交流を通して、マイアのアマゾンでの体験は、クラスメイトたちが恐れていたようなものではなく、マイアが想像していたよりもっと豊かで実りのあるものに変わっていく。

人生を切り開くのも、居場所を作るのも自分だ。マイアは友だちを作り、現地の人々と歌をうたい、アマゾンでの暮らしになじみ、自分のいる場所を幸せな故郷にしていく。それとは対照的にカーター家の人々は心が狭く、アマゾンはこの世の地獄だと思っている。そして屋敷から火が出て、殺虫剤の液に引火して全焼してしまったとき、彼らが住んでいる場所こそ地獄になってしまう。

New York Times Best-selling Author of *Which Witch?*

EVA IBBOTSON

Journey to the River Sea

★ "Ibbotson dishes up her best work yet."
—*Kirkus Reviews*, starred review

『夢の彼方への旅』は多くの批評家から称賛され、スマーティーズ賞(9–11歳の部)を受賞し、
カーネギー賞とウィットブレッド賞とブルー・ピーター・ブック賞の最終候補作リストに残った。

エヴァ・イボットソンの人生は、同年代のイギリスの作家ジュディス・カーの人生と似ている。イボットソンはオーストリアのウィーンで生まれた。ユダヤ人の両親は、イボットソンが3歳のときに離婚。ヒトラーの台頭によって両親は別々にウィーンを離れたため、イボットソンはエディンバラ、ロンドン、パリと、父と母のもとを行き来した。そのときのことをイボットソンはこう語っている。「いつも列車に揺られ、故郷がほしいと思っていました」。イボットソンは児童書『The Star of Kazan カザンの星』（2004年）を執筆する際、舞台となるウィーンに帰った。

イボットソンは父と同じ医学の道に進むつもりだったが、人体解剖の実習を避けては通れないと気づき断念した。代わりに、短い期間教師を務めたのち、母の志を継ぐことにした。母アンナ・グマイナーはオーストリアで名の知れた劇作家であり小説家だったが、ヒトラーに活動を禁止される。亡命中、自身の体験をもとにして、小説『Manja マンジャ』（イギリスでは『The Wall 壁』、アメリカでは『Five Destinies 5人の運命』、1939年）を執筆した。

イボットソンも、亡命時の体験をもとにして大人向けの小説『The Morning Gift 朝の贈り物』（1993年）と『A Song for Summer 夏の歌』（1997年）を書いている。この2冊も含め、イボットソンの大人向けの小説の多くは、ヤングアダルト向けに再刊されている。

『The Morning Gift 朝の贈り物』にも、『夢の彼方への旅』と同じくイボットソンの自然への愛があふれている。とくに自然が息づく野生の地での暮らしを楽しむためには、その土地を受け入れ、そこでの暮らしに積極的になじまなくてはならない。生態学者だった亡き夫への贈り物であるこの本は、アマゾンに負けないくらい魅力的だ。

❖**エヴァ・イボットソンの子ども向けの作品**
『黒魔女コンテスト』（1979年）、『アレックスとゆうれいたち』（1987年）、『ガンプ——魔法の島への扉』（1994年）、『幽霊派遣会社』（1996年）、『クラーケンの島』（1999年）、『The Star of Kazan カザンの星』（2004年）、『The Beasts of Clawstone Castle クローストーン城の幽霊たち』（2005年）。

『コララインとボタンの魔女』

Coraline(2002)

ニール・ゲイマン

Neil Gaiman(1960–)

タイプミスから始まった作品が、21世紀の『不思議の国のアリス』になった。
たくましくこわいもの知らずの主人公は、少女たちのあこがれの存在だ。
グラフィックノベルから作家のキャリアを積み上げたゲイマンは、活字だ
けでも悪魔の恐ろしさを描き出す能力があることを証明している。

1990年、ニール・ゲイマンは
「キャロライン」とタイプしようと
して打ちまちがえた。だがその名前のひ
びきが気に入ったゲイマンは、コラライ
ンという名前の主人公ならどんな話にな
るかと考え始めた。その結果、12年後に
ようやく出版されたその本は数々の賞を
受賞した。読者のレビューによると、若
い世代の読者とその親はコララインのよ
うな友人がいてほしいと思っている。

　コララインが家のなかのレンガの壁の
ようにみえていたドアを開けると通路が
あり、その向こうにはパラレルワールド
が存在していた。その世界は、実際の両
親やコララインが住んでいる家とその上
下階に住む住人たちとはわずかに違って
いる。最初「もうひとつの家」のすべての
もの——食事もおもちゃも——は元の家
よりもよく思えた。コララインのもうひ
とりの母親は、コララインの目にボタン
を縫いつけさせてくれさえすれば、ずっ

とここにいてもいいという。コラライン
が断ると、彼女の魂を奪おうとする魔女
と戦いになり、魔女によってコラライン
は鏡の中に、本当の両親はスノードーム
に閉じこめられる。コララインは知恵を
振り絞ってもうひとりの母親を欺き、元
の世界に逃げ帰らなければならない。

　目にボタンを縫いつけるといわれてひ
るまない人がいるだろうか。ゲイマン
は、作中に恐れの感情をリアルに描いた
と称賛された。ゲイマンは幼い読者に向
けてこの作品を書いたが、読者には、物
語の中で描かれる恐怖の感情を、少し距
離を置いて経験する能力が十分に備わっ
ていると信じているのだ。ゲイマンが子
どもの頃に読んでいた作家は、ホラーな
らエドガー・アラン・ポー、メアリー・
シェリー、デニス・ホイートリー、ファ
ンタジーなら比較的暗い作品を書いた
C・S・ルイスやJ・R・R・トールキン
だ。ルイス・キャロルの『不思議の国の

アリス』は何度も繰りかえし読んだので、本人がいうには、暗記してしまったそうだ。これらの作品がすべて『コララインとボタンの魔女』に影響を与えている。

　ジャーナリストとしての仕事——そのなかにはポップスター、デュラン・デュランの伝記もあった——を辞めたあと、ゲイマンはグラフィックノベルの世界で文学的なキャリアを積み始めた。この分野での初期の作品は業界のリーダーであるDCコミックス社の目にとまり、ゲイマンはDCコミックス社の古いキャラクター、サンドマンをリメイクしてすばらしい成果を上げた。1996年までのゲイマンの〈サンドマン〉シリーズ（1989–1996年）は、DCコミックス社の主要キャラクターであるバットマンやスーパーマンの売り上げを上回り、グラフィックノベルに新しい読者層、特に若い女性をひきつけたとして高い評価を得ている。ゲイマンの〈サンドマン〉では、ド

リームマスターであるサンドマンに姉のデス（死）が加わり、サンドマンと同じくらい人気者になった。

　ゲイマンの最初の小説は、ハルマゲドンをもたらす男の子にまつわるコメディ『グッド・オーメンズ』（1990年）で、ファンタジー作家テリー・プラチェットとの

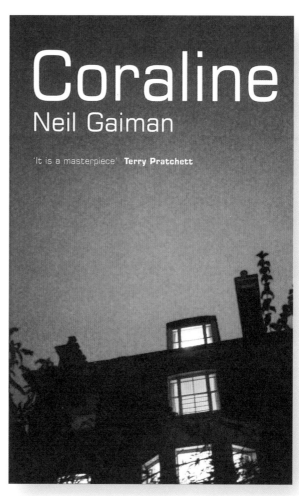

『コラライン』のオリジナル版の表紙からは
「もうひとつの家」の恐怖があまり伝わってこない。

共著である。その後『コラライン』が完成するまでに、まったくタイプの違うふたつのファンタジーが出ている。ヴィクトリア朝時代を舞台にした『スターダスト』（1999年）と、神話的なファンタジー『アメリカン・ゴッズ』（2001年）だ。ゲイマンがさまざまなジャンルやメディアに取り組む、世界で広く読まれている作家なのはまちがいない。彼はBBCプロダクションの『グッド・オーメンズ』のドラマなど、自分の作品を映画やテレビドラマ用の脚本にしていることも多い。なかには、たとえば『ネバーウェア』（1996年）のように、小説が出版される前にドラマが始まった作品もある。

ゲイマンは作品のなかで闇の部分に踏みこもうとするため、YAか大人向けかの線引きが難しいことがある。両親を殺害された少年が墓場で成長する『墓場の少年』（2008年）は、YAとして書かれている。葬儀のために故郷にもどる途中で幼い頃の記憶が呼びもどされる主人公の話『The Ocean at the End of the Lane 道の果ての海』（2013年）は、YAではない。それでもそのシュールでファンタスティックなイメージと、表面的なものに騙されやすい人間の目の描写は、『コララインとボタンの魔女』を連想させる。

❖ ニール・ゲイマンの作品

〈サンドマン〉シリーズ（1989–1996年）、『グッド・オーメンズ』（1990年）、『スターダスト』（1999年）、『墓場の少年 ノーボディ・オーエンズの奇妙な生活』（2008年）、『The Ocean at the End of the Lane 道の果ての海』（2013年）。

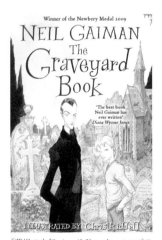

『墓場の少年 ノーボディ・オーエンズの奇妙な生活』はアメリカのニューベリー賞とイギリスのカーネギー賞を受賞している。同じ本が両方を受賞したのは、これが初めてだ。

新しい版の表紙は、ニール・ゲイマンのお気に入りのイラストレーター、デイヴ・マッキーンが描いている。

〈ヒックとドラゴン〉シリーズ

How to Train Your Dragon (2003) and series

クレシッダ・コーウェル

Cressida Cowell (1966–)

もともとの『ドラゴンの育て方』(西暦750年ごろ)はたった1ページしかなくあまり役に立つものではなかった。だが、ヒック・ホレンダス・ハドック3世が独自のやり方を古ノルド語で書き残し、クレシッダ・コーウェルがそれを翻訳してくれたおかげで、こうしてわたしたちも読めるようになった。

ヒック・ホレンダス・ハドック3世が立派な名を持つ父ストイックとともに初めて登場するのは、『*Hiccup: The Viking Who Was Seasick* 船酔いバイキング——ヒック』(2001年)だった。だが、ヒックが有名なバイキングになったのは、〈ヒックとドラゴン〉シリーズで、歯がないドラゴンの飼い方を書いてからだ。古ノルド語で書かれた書物をコーウェルが訳したという設定のこの作品は、本だけでなく、3本の映画が大ヒットし、コーウェルをスターダムに押し上げた。

ヒック、ストイック、ゴバー教官、その他のバイキングが住んでいるのはバーク島だ。みんなからバカにされているヒックは、ドラゴンを捕まえるという通過儀礼を達成できなければ島から追放されることになっている。ヒックはドラゴンをずっと恐れていたが、なんとか捕まえる。ところがそれは「トゥースレス(歯なし)」と呼ばれる小さなドラゴンだった。ヒックはトゥースレスをうまく訓練し、グリーンデスとパープルデスの2頭のシードラゴンの脅威からバーク島を救う。そしてヒックとトゥースレスは最後に島のヒーローになる。

クレシッダ・コーウェルはロンドンで育ったが、幼少期はスコットランドの西海岸にある小さな島、ヘブリディーズ諸島のコロンゼイ島で休暇を過ごした。彼女の父親は先祖の意思を受け継いで生涯にわたり環境保護主義者だった。先祖はピアソン出版社を設立している。島にはコーウェルの家族以外はだれもおらず、一家はそこにあった廃屋を利用して家を建てた。食料といえば、持ってきたものをのぞけば、海で捕ったものだけで、電気も、電話も、テレビもない生活だった。

こうした牧歌的で手つかずの自然と海に囲まれて過ごした一家は、独自の娯楽

〈ヒックとドラゴン〉シリーズは38か国語に翻訳されている。
コーウェルは2019年のウォーターストーンズ児童文学賞の大きな役割を担う11人目の作家となり、
膨大な「することリスト」をひろうしている。そのなかには、すべての子どもたちの
「本を通して自分を知る」権利を強く主張することも含まれている。

を考え出し、幼いコーウェルは想像力と環境を生かして物語を作り始めた。彼女は大学で英文学と美術を学び、出産後、執筆に力を入れ始めた。初期の作品には『*Little Wonder* ちいさな疑問』(1998年)や『*Don't Do That, Kitty Killroy* あっちへいって、ママ』(1999年)がある。

ヒックとトゥースレスは、12冊の本と3本の映画で共演している。コーウェルはほかにも『*Toothless the Dragon's take on How to Train your Viking* ドラゴンのトゥースレスによるバイキングの飼い方』(2006年)や『ヒックとドラゴン ドラゴン大図鑑』(2014年)などの外伝を書いている。

コーウェルは〈ヒックとドラゴン〉シリーズを進めながらシリーズでない作品も書き続けているが、小さな女の子が怖がりそうなこと——自分のウサギを失うこと、暗闇、不幸なテディベアなど——を書いた人気作〈エミリー・ブラウン〉シリーズが生まれた。コーウェルは2015年にはヒックとドラゴンの完結編である『最後の決闘』を書いている。そのあと、魔法使いの少年と戦士の少女を主人公にした魔法使いのファンタジーシリーズ〈マジックウッズ戦記〉を書き始めた。これはすでに3巻まで発売されており、〈ヒックとドラゴン〉と同じくらいよく読まれている。

✤ クレシッダ・コーウェルの作品

『*Don't Do That, Kitty Killroy* あっちへいって、ママ』(1999年)、『*Hiccup: The Viking Who Was Seasick* 船酔いバイキング——ヒック』(2001年)、『*Claydon Was a Clingy Child* クレイドンは甘えっ子』(2002年)、『*Daddy on the Moon* 月にいるパパ』(2005年)、『そのウサギはエミリー・ブラウンのっ!』(2006年)とそのシリーズ、『マジックウッズ戦記』(2017年)とそのシリーズ、『*The Story of Tantrum O'Furrily* おなかがすいたネコ、タントラムのおはなし』(2018年)。

『夜中に犬に起こった奇妙な事件』

The Curious Incident of the Dog in the Night-Time(2003)

マーク・ハッドン

Mark Haddon(1962–)

『夜中に犬に起こった奇妙な事件』は、児童書作家マーク・ハッドンにとって初めての大人向けの本になるはずだった。完成した作品は2003年にイギリスで一般書としてウィットブレッド賞を獲得したが、児童文学作品に贈られるガーディアン賞も受賞している。

題名の由来となっているシャーロック・ホームズの短編「白銀号事件」では、夜中に犬に起きた奇妙なこととは、犬が何もしなかった点だとホームズが指摘する。『夜中に犬に起こった奇妙な事件』に登場するプードルも何もしなかったが、その理由は園芸用のフォークで刺し殺されていたからだ。このぞっとする事件をきっかけに、主人公の少年クリストファー・ブーンの自己発見と成長の旅が始まる。

自閉症スペクトラムのクリストファーは、慣れない社会に出て人々とやりとりをしながら、犬の死と両親の結婚の真相をさぐっていく。そして最後はすべてうまくいく。2006年のBBCによる調査では、『夜中に犬に起こった奇妙な事件』がハッピーエンドの本の人気投票で4位に入った。『高慢と偏見』、『アラバマ物語』、『ジェイン・エア』の下だったが、ダフネ・デュ・モーリアの『レベッカ』よ

り人気があった。

ハッドンの自閉症の描写は、医療専門家から評価された。しかしハッドン自身は、クリストファーが抱えているアスペルガー症候群より、ロンドンの地下鉄網の下調べのほうに時間がかかったと話している。一人称で語られる物語は、多くの若い読者にとって、自閉症を持つ人の目をとおして世界をみる初めての機会になるだろう。たびたび登場する詳細な図は、ほかの人には単純にみえてもクリストファーにとってはわかりにくい新たな環境や感情の綾を理解するのに役に立つ。

出版社側は、おそらくハッドンの既存の読者層を念頭に、この作品を大人だけでなく、若い読者にも売りこもうと考えた。ハッドンの最初の作品は幼い子ども向けの『*Gilbert's Gobstopper* ギルバートのマーブルあめ』(1987年)で、ギルバートがうっかり下水に流してしまったマーブ

MARK HADDON

THE CURIOUS INCIDENT OF THE DOG IN THE NIGHT-TIME

WINNER
WHITBREAD BOOK OF THE YEAR

ハッドンはクリストファーの一人称で物語をつづり、章の数え方も連続番号ではなく素数を使っている。
クリストファーが素数好きなのは、自分と同じように一般的なパターンにはまったり従ったりしないからだ。

ルあめが海の底から宇宙へ旅する絵本だ。

　ハッドンは『Gilbert's Gobstopper ギルバートのマーブルあめ』のような幼年向けの作品では文章と絵の両方を手がけることが多く、〈Agent Z スパイZ〉シリーズ（1993–2001年）の4作品でも絵を描いている。タイトルの「スパイZ」を名乗るのは3人の男の子で、悪ふざけが大好きで、学校の食堂の肉汁におもちゃのクモを入れたり、学校のトイレの黒い便座に黒い靴墨を塗りつけたりする。

　ハッドンが2009年に出した『Boom! ブーン！』は、1992年に出版した児童書『Gridzbi Spudvetch! グリズビー・スパドヴェッチ！』の改訂版だ。宇宙に連れ去られた子どもを救出するスケールの大きな物語で、学校の教師がエイリアンかもしれないという疑惑から始まる。しかしSF小説の例にもれず、この作品もカセットテープやフロッピーディスクが過去のものになるのと同時に時代遅れに

なった。学校教師からのリクエストを受け、マーク・ハッドンはすでに絶版になっていたこの作品を手直しした。『Boom! ブーン！』をのぞくと、『夜中に犬に起こった奇妙な事件』以降、ハッドンは大人向けの作品の執筆に専念している。

❖ マーク・ハッドンのその他の児童書
『Gilbert's Gobstopper ギルバートのマーブルあめ』（1987年）、『Agent Z Meets the Masked Crusader スパイZと仮面の十字軍戦士』（1993年）とそのシリーズ、『Titch Johnson: Almost World Champion ティッチ・ジョンソン──目指せ、世界チャンピオン』（1993年）、『The Real Porky Phillips ほんとのポーキー・フィリップス』（1994年）、『Ocean Star Express 海の星急行列車』（2001年）、『Ice Bear's Cave 氷のクマのほらあな』（2002年）、『Boom! ブーン！』（2009年）。

この作品をもとにした舞台は2012年にロンドンで上演が始まり、2017年まで続いて、ローレンス・オリヴィエ賞を7部門で獲得している。舞台化作品でも、素数を意識したメロディのくり返しやリズムを取り入れた背景音楽が使われている。

『まいごのペンギン』

Lost and Found（2005）

オリヴァー・ジェファーズ

Oliver Jeffers（1977 –）

選び抜かれた水彩絵具とわずかな線で描かれた、オリヴァー・ジェファーズの心にささるこの絵本は、友情の始まりと、その友情の形を語っている。これは彼の2作目の絵本だ。ここで主役を務めたのは、イギリスの動物学者デイヴィッド・アッテンボローによって自然ドキュメンタリー番組でたびたびとりあげられた動物、さみしいペンギンだ。

オリヴァー・ジェファーズは、児童書、商業用イラスト、芸術作品、これら3つの制作時間をそれぞれ確保するようにしている。また、子ども時代を過ごした北アイルランドのベルファストで、アーティストを集めてコミュニティを作り、ダブリン、シドニー、ベルリン、ワシントンD.C.といった世界中の首都で展示会を開いている。ジェファーズならではの絵は、種類の異なる素材や技法を組み合わせたり、クレヨン画を取り入れたりして描かれることが多い。こうした彼の作品は、スターバックス、ラヴァッツァコーヒー、ユナイテッド航空などのクライアントに採用され、その売り上げに貢献している。

子ども向けの本で定評のあるその独特な絵からは、キャラクターの気持ちや動きが生き生きと伝わってくる。『まいごのペンギン』は、男の子がドアの前にいたまいごのペンギンを家に送り届けてあげようと、手こぎボートに乗りこんで南極をめざす物語だ。危険な旅の間ずっと、男の子はいろんなすてきな話をペンギンに話してきかせ、ペンギンはそれに耳をかたむけて互いをはげまし合っている。だが、さよならのときがおとずれると、ふたりは旅の成功を喜べない。男の子はひとりボートをこぐうちに、ペンギンはまいごではなく、たださみしかっただけだったことに気づく。ペンギンとの間に友情がめばえていたのだ。

ジェファーズの絵は、シンプルに描かれている。ごちゃごちゃ描かず、不要な細部は省く。男の子はできる限り単純化して頭は丸、体は長方形、足は2本の線で表現している。それでもジェファーズは、鼻らしきものと2つの点で描かれた目をつけただけの顔で、表情ゆたかなキャラクターを巧みに作り出す。木は緑

の丸に棒をさしただけ。南極はなんのへんてつもない氷と海と空だけで表現されているために（「なんきょくへようこそ」と書かれたラスベガスにあるような看板は別として）、読者の目は、ひとりでボートに乗りこむ男の子にひきよせられていく。

　図形と線で描かれたシンプルな絵は、アニメにしやすく、映画版『まいごのペンギン』(2008年)は、英国アカデミー賞のチルドレンズ・アニメーション部門賞をはじめとする、40もの国際的な賞を獲得した。それ以来、ジェファーズはアニメーション界に貢献し続けている。たとえば2012年に長期にわたって放送された〈キンダーチョコレート〉のコマーシャルは、飼いネコと動物のお医者さんごっこをしている男の子が、チョコレートを薬にみたてて食べるという内容だった。2014年には、同じアイルランド人のバンドU2の〈イノセンス ＋ エクスペリエンス〉ワールドツアーの映像制作に携わっている。

　ジェファーズは多才なおかげで、児童書を立て続けに世に出す必要はなく、制

オリヴァー・ジェファーズは、「絵や物語のなかに余白をつくることで、読者の想像力をかきたて、絵本の中にそれぞれが自分の場所を見つけられるようにしているんだ」と語っている。

『ほら、ここにいるよ このちきゅうでくらすためのメモ』(写真右)は、生まれたばかりの息子へのメッセージをもとに描かれた絵本だが、子どもたちが生まれる前、ジェファーズはおもに自分自身のために絵本を書いていたという。彼の絵本を楽しんでいるのは子どもだけではないし、子どものためだけに書かれた絵本でもないのだ。

作のペースはせいぜい年に1作だ。だが少ない作品数を質で補っている。『まいごのペンギン』の男の子が初登場したのは、デビュー作『みつけたよ、ぼくだけのほし』(2004年)で、『The Way Back Home おうちにかえろう』(2007年)でふたたびその姿をみせてくれている。このタイトルからもわかるとおり、月に不時着した男の子と火星人が家へ帰るため、ふたりで力を合わせるという話だ。まいごのペンギンはふたたび、『Up and Down うえへ したへ』(2010年)で男の子といっしょに出てくる。

　環境を強く意識した作品もある。『The Great Paper Caper もりのおおどろぼう』(2008年)は、みんなのために木を守ることをテーマに描かれている。『ほら、ここにいるよ このちきゅうでくらすためのメモ』(2017年)は、ユーモアあふれる、初期作品を思い出させる内容で、

生後2か月の息子のために心をこめて作られた。たったひとつしかない地球にはいろんな生き物が住んでいる、そういった多様性のすばらしさをテーマに、地球の環境保護はみんなの責任であることを訴えている。

❖オリヴァー・ジェファーズのほかの作品
『よにもふしぎな本をたべるおとこのこのはなし』(2006年)、『The Great Paper Caper もりのおおどろぼう』(2008年)、『心をビンにとじこめて』(2010年)、『This Moose Belongs to Me ぼくのムースだもん』(2012年)、『Once Upon an Alphabet: Short Stories for All the Letters むかしむかしアルファベットたちがいました アルファベットたちの短い物語』(2014年)、『ほら、ここにいるよ このちきゅうでくらすためのメモ』(2017年)。

『グレッグのダメ日記』と
〈グレッグのダメ日記〉シリーズ

Diary of a Wimpy Kid（2007）and series

ジェフ・キニー

Jeff Kinney（1971–）

だれにだってどこかダメダメな部分があって、できることなら自分だって
「人気者になりたい！ 有名人になりたい！ モテモテになりたい！」と思ったこ
とがあるはずだ。ジェフ・キニーは自分のそんな面を、グレッグ・ヘフリーと
いう等身大のキャラクターとして描いた。インターネットで公開された日記
形式の連載は、本として出版される前から閲覧数が2000万回を超えていた。

　『グ レッグのダメ日記』は、2004年
　　　　に日記形式のオンライン連載と
して始まった。公開は、『*FunBrain* ファ
ンブレイン』という教師のための子ども
向け教育ゲームサイト上だった。作者の
ジェフ・キニーは、当時すでに漫画家と
して成功していた。大学時代にキャンパ
ス新聞で連載していた『*Igdoof* イグ
ドゥーフ』という4コマ漫画が大人気とな
り、それがきっかけで絵を描いて生きて
いくことを決心したのだ。

　キニーが、〈グレッグのダメ日記〉シ
リーズのアイディアを練り始めたのは
1998年のこと。主人公グレッグ・ヘフ
リーは本の冒頭で、このノートは「日記
帳」ではなくて「記録ノート」なのだと説
明する。いつかリッチなセレブになった
ときに、お金もうけのネタにするために

書いているらしい。いつかは有名人にな
るつもりだが、いまは心のとっても広い
大親友ロウリーと一緒に平凡な中学校生
活を送っている。グレッグは、自分の家
族も、同じ学校の生徒も、まわりにいる
人間をみんなまとめて、ばかなやつらだ
と見下している。

　笑ってしまうのは、そんな「ばかなや
つら」よりも、ずっとひどい人生をグ
レッグが送っているということ。たとえ
ば、グレッグとロウリーが描いた漫画が
学校の新聞に連載されることになったと
きは、その手柄がすべてロウリーのもの
になってしまう。学校の劇ではダサい
「木」の役を演じることになり、ハロ
ウィーンのトリック・オア・トリートの
最中には、消火器を持った高校生たちに
追いかけられる。テストでカンニングを

したらみつかってしまうし、三輪車に乗っている人にボールをぶつけるゲームを思いついて、親友のロウリーの手を骨折させてしまう。学校の安全パトロール隊の立場を利用しておいしい思いをしようとパトロール委員になったときも、グレッグはいたずらせずにはいられない。委員の仕事で近所の幼稚園児を家まで送る途中、子どもたちをミミズでこわがらせてクビになってしまう。

主人公グレッグは、何をやってもダメダメだが、作者のジェフ・キニーはち

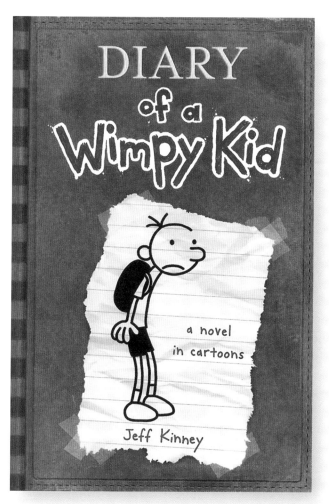

ひと目見たら忘れられない、「棒人間」のようなジェフ・キニーのイラストが、
この主人公のダメっぷりを際立たせている。
グレッグ・ヘフリーには、最新のおしゃれな靴も必要なさそうだ。

がった。自身をモデルにしたというグレッグからはまったく想像ができないほど、キニーは『グレッグのダメ日記』で大成功を収めた。本として出版される前から、オンライン上での連載は閲覧数2000万回を超えていた。それどころか、このシリーズは現在14作目まで出版され、世界中でこれまでに2億冊以上が売れている。

スピンオフ作品もいくつか作られている。製作された4本の映画は、すべて大ヒット。公開されるたびに、映画のメイキング・ブックもジェフ・キニーが描いている。そして2019年には、いつもひどい目にあわされてきたロウリーがついに主人公となり、『ロウリーのいい子日記 親友グレッグの伝記』が出版された。〈グレッグのダメ日記〉シリーズは、ニコロデオン・キッズ・チョイス・アワードの「お気に入りの本部門」に、2008年から2016年までの9年間毎年ノミネートされ、7回受賞している。

このシリーズは、なんと60か国語近くに翻訳されている。これは、どこからどうみてもアメリカ的なグレッグ・ヘフリーが、国を問わず親近感の持てるキャラクターとして受け入れられているなによりの証拠だ。ドイツでは、『Greg's Tagebuch グレッグの日記』という味気ないタイトルで出版されているが、ほかの国のタイトルをみると、原題にある「wimpy kid（弱虫。邦訳では、ダメダメ）」を表す言葉がどの言語にもあることがわかる。たとえば、フランス語では「dégonflé」、ウェールズ語では「drisyn」、イタリア語では「schiappa」、ロシア語では「slabaka」、スコットランド語では「wimpy wean」、ポーランド語では「cwaniaczka」、スペイン語では「renacuajo」、ラテン語では「ineptus puer」、オランダ語では「loser」と訳されている。

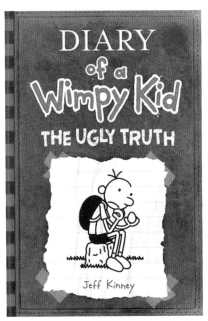

シリーズ5冊目の『グレッグのダメ日記 なんとか、やっていくよ』で、グレッグは親友のロウリーと大げんかをしてしまう。

❖ジェフ・キニーの作品

『グレッグ公認 きみだけのダメ日記帳』（2008年）、『The Wimpy Kid Movie Diary グレッグのダメ映画日記』（2010年）、『ロウリーのいい子日記 親友グレッグの伝記』（2019年）。

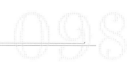

『ハンガー・ゲーム』

The Huger Games (2008)

スーザン・コリンズ

Suzanne Collins (1962–)

『ハンガー・ゲーム』が映画化されるまでの早さが、原作本の大成功を物語っている。原作本は、Kindle版で最もダウンロード数の多い作品となっている。

スーザン・コリンズがパネムと呼ぶ国、世界滅亡後のディストピアと化したアメリカの悪夢のような未来像は、21世紀の若い読者の心を強く揺さぶった。残酷な政府によって行われる野蛮で暴力的な戦いは、ヤングアダルト小説をリアリティ番組の時代に合うようアップデートしたものと考えていい。出場者すなわち「贄（にえ）」は殺されるか、死ぬまで戦い、最後にひとり生き残った者がその年のゲームの勝利者となる。その一方で、定番の三角関係の恋愛模様が描かれ、際立ったコントラストのなかで物語が進行する。

パネムに13あった地区のひとつが反乱の失敗で壊滅し、残りの12地区は毎年行われるハンガー・ゲームに、抽選で選ばれた少年と少女をひとりずつ送り出さねばならない。このゲームでは24人の参加者が死ぬまで戦わなければならず、最後に残るのはひとりだけだ。ゲームは今年で74年目だが、参加者とゲームの勝利者は決まってスターの座に押し上げられる。参加者はめいめい観客、すなわち首都キャピトルに住む富裕層から支援を得ようとする。富裕層は12の地区を支配下に置き、このゲームを年に一度の楽しみと思っている。贄は観客の心に訴えるように自分のイメージを作り上げ、キャピトルの人々のなかからスポンサーを獲得し、貴重な品々を手に入れようとする。

ゲーム自体は、競技者が生き残りをかけて戦わねばならないわけで、いうまでもなく冷酷で暴力的だ。競技者はまた、ゲーム・オーガナイザーに振りまわされる。ゲーム・オーガナイザーは闘技場のあらゆる状況をコントロールし、観客を喜ばせるため文字通り死の罠を作り出す。贄たちは有利になるよう同盟を結ぶが、不利になると思えば同盟を破る。第12地区のふたりの贄、ピータ・メラークと本書の語り手であるカットニス・エヴァディーンの間のロマンスさえ疑わしくなる。

『ハンガー・ゲーム』はテレビ時代の小説だ。リアリティ番組を皮肉っているものの、実際はそこからも着想を得たとコリンズはいう。テレビカメラの前に突然立たされたら、自分はどんな行動を取るだろう、と一度くらい思ったことはないだろうか。だが、架空の国パネムは、テレビに映し出されている貧困や抑圧、飢餓などの現実の映像によっても作られて

いる。それは戦争によって引き起こされたもので、わたしたちが毎日テレビのニュース速報で目にするのと同じ光景だ。

コリンズは、ニコロデオン・テレビチャンネルの子ども向け番組の作家としてキャリアをスタートし、『ハンガー・ゲーム』映画版の脚本も共同執筆している。初めて出版した5冊からなる〈The

スーザン・コリンズは、この3部作にギリシャ神話とローマ神話から影響を受けたことを明かし、なかでもテーセウス(アテーナイの王)とミノタウロスの物語を挙げている。この古い物語では、アテネ(アテーナイ)からクレタ島へ送られる7人の若者と7人の乙女が、生け贄として迷宮に放りこまれ、ミノタウロスにむさぼり食われる。ハンガー・ゲームという首都キャピトルの娯楽には、大衆娯楽のひとつの形態として、古代ローマの剣闘士たちの非情な戦い(ゲーム)が同じように反映されている。

Underland Chronicles アンダーランド年代記〉シリーズでも成功を収めている。これは地下世界を舞台にしている。『*Gregor the Overlander* 放浪者グレゴール』（2003年）から始まるこの物語では、兄妹のグレゴールとブーツが偶然地下の世界に入りこみ、予言や戦争に巻きこまれていく。コリンズが〈The Underland Chronicles アンダーランド年代記〉を書く気になったのは『不思議の国のアリス』に関して、今はウサギの穴よりマンホールに落ちる可能性のほうがずっと高いだろうし、「いかれ帽子屋」のお茶会以外にも何かみつかるかもしれないと考えたからだった。

ふたつの続編に加え、2020年に出版される『ハンガー・ゲーム』の前日譚は、このゲームを強いられる原因となった第13地区の反乱にかかわる話らしい。この続編は、若者たちの期待を集めている。彼らは本シリーズのコアなファン層だ。そして現在、若者はすべてのメディアにおいて、消費者層としての商業価値が急速に高まっている。コリンズはこのメディア革命の最前線にいるといっていい。ちょうどパネム全土に革命を呼びかけるカットニスのシンボル「マネシカケス」のように。

❖スーザン・コリンズの作品

『*Fireproof* シェルビー・ウーの事件ファイル #11──ファイアプルーフ』（1999年）、〈*The Underland Chronicles* アンダーランド年代記〉（2003–2007年）、『*When Charlie McButton Lost Power* チャーリー・マクボタン、でんきがこなくておおさわぎ』（2005年）、『*Year of the Jungle* ジャングルにいったパパ』（2013年）。

『大好き! クサイさん』

Mr Stink(2009)

デイヴィッド・ウォリアムズ

David Walliams(1971–)

デイヴィッド・ウォリアムズはロアルド・ダールの再来といわれて久しいが、それは児童文学の枠を軽やかに打ち破った作風を評価してのこと。デビューからたった11年で判断するのはまだ早いかもしれないが、2作目『大好き! クサイさん』はたしかにヒットし、その期待にみごとこたえた。

「クサイさんはくさかった。まえからずっとくさかった。くさいという言葉ではとうてい言い表せないくらい、どこで会ってもくさかった」と始まるこの本は、人が普通嫌がるものが大好きな子どもが喜びそうな、すごいにおいのホームレスが主人公の話だ。幼いクロエは親のよしとする価値観にさからい、この人と友だちになる。物語は、このクサイさんをユーモアたっぷりに描写するところから始まる。やがて、下院議員になろうと立候補していたクロエの母親は、クサイさんがきっかけで世間に良いイメージを与え、注目を集める。ところが全国ネットのテレビ番組で、ホームレスは大嫌いという本音をもらしてしまい、母と娘の間に深い溝ができる。

しんみりとした展開になるのは、このクサイさんはもともと貴族の出身で、ダーリントン卿という人物だったことが明かされるところからだ。家が火事で焼け落ち、妻が亡くなり、失意の日々を送った末に、ホームレスになった過去が明かされる。クサイさんのおかげでクロエと母は仲直りをし、エンディングではクサイさんがまたホームレスにもどり、去っていく――出会ったすべての人々の人生に希望を残して。この作品のテーマは、忍耐、そして、人を見かけ(やにおい)で判断しないこと。先ほど紹介した冒頭の一節でもわかるように、「くさい人」を形容する言葉はたくさんある。同じものを指すのに、みんないろいろな言い方をするが、それでもかまわない。意味さえきちんと伝われば。話し方にも、服装にも、においにも、たったひとつの正解なんてないのだ。

デイヴィッド・ウォリアムズは子どもの本の世界に突然現れたわけではない。最初はコメディコントに出演したり脚本を書いたりしていたが、やがて俳優やテレビ司会者として本格的に活躍するよう

デイヴィッド・ウォリアムズの作品に登場する奇抜なキャラクターやできごとは、ウォリアムズが（マット・ルーカスとコンビを組んで）出演していた人気テレビシリーズ『リトル・ブリテン』のおなじみの登場人物と重なる。ウォリアムズはひるむことなく絶妙なユーモアといえるボーダーラインのぎりぎりまでいくが、その手前で踏みとどまる。どたんばのところで、理性を失わずにいるのだ。

になった。イギリスのブリストル大学で演劇を学び、デイヴィッド・ウィリアムズという本名で活動を始めたのだが、俳優の労働組合に入ろうとしたときに同姓同名の登録者がすでにいたため、姓を「ウォリアムズ」に変えたといういきさつがある。

　コメディコント番組『リトル・ブリテン』に出演すると、辛辣で独特のユーモアが幅広い世代に受けた。この番組は4シーズン続き、特別番組は何度も作られた。最後の特番は2009年。奇しくもウォリアムズはこの年『大好き！ クサイさん』を出版しており、作家としてのキャリアが開けたことが明らかになった。もちろん、『リトル・ブリテン』も彼の書く児童書も、人々をあっといわせるお下劣な悪ふざけ満載という点は変わらない。

人をみかけで判断しない、というメッセージは4作目の『おばあちゃんは大どろぼう?!』(2011年)でも取り上げられている。主人公のベンは、ぱっとしない祖母がかつて世紀の大泥棒を夢見た、宝石泥棒だったことを知る。一方、『世にもおそろしいフクロウおばさん』(2014年)のアルバータおばさんは見た目も性格もとにかく悪く、幼いステラが受け継いだ遺産をなんとかして手に入れようと必死になるがなかなかうまくいかない。『おじいちゃんの大脱走』(2015年)では、主人公のジャックの祖父はアルツハイマー病を患っているが、秘密の過去がある。ジャックはその過去の思い出を味わわせてあげようとなんと、祖父が老人ホームから逃げ出すのを手助けする。

ウォリアムズの作品はどれも1作で完結するが、ひとつを除いてどの作品にも必ず出てくる人物がいる。やさしく、頭のいい新聞屋のラジさんだ。またどの話でも子どもの行いは立派なのに、大人は他人にひどいことをして争う。ストーリーはコミカルでユーモアたっぷり。しかしそこにはたいがい善悪の基準がしっかりとあり、心温まる結末が用意されている。ただし、必ずしもすべてがめでたしめでたし、とはいかない。こういう特徴をみる限り、ウォリアムズはロアルド・ダールの系譜を受け継ぐ作家といっていい。

❖ デイヴィッド・ウォリアムズのそのほかの作品
『ドレスを着た男子』(2008年)、『おばあちゃんは大どろぼう?!』(2011年)、『Ratburger ネズミバーガー』(2012年)、『世にもおそろしいフクロウおばさん』(2014年)、『おじいちゃんの大脱走』(2015年)。

『怪物はささやく』
A Monster Calls(2011)

パトリック・ネス
Patrick Ness(1971–)

だれよりもそばにいたい人を失う哀しみを描いたファンタジーの傑作。『怪物はささやく』は、読み終えた人の心をつかんだままいつまでも放さないだろう。この作品が生まれた背景も一度きいたら忘れられない。

1 3歳の主人公コナー・オマリーの母親は、末期がんで死の瀬戸際にいる。父親は再婚相手の家族と暮らしている。コナーは学校でいじめられ、孤立している。いっしょに暮らし始めた祖母とは気が合わない。孤独なコナーはくり返し悪夢をみていたが、ある夜、窓の外に怪物が現れ、目を覚ます。コナーは無意識のうちに怪物を呼び寄せていたのだ。教会の墓地にそびえ立つイチイの大木が、いつの間にかコナーの家の裏庭に立っていて、巨大な怪物に姿を変えた。

怪物は、コナーにこういう。わたしが昔、歩く決意をしたときの物語を3つ話すから、その3つを語り終えたら次はおまえが4つ目の物語を話せ。いいか、人間とは、じつに複雑な生き物だ。ときに自らをだますことすら厭わない。自分ではどうにもできない試練に見舞われたとき、自分の信念を捨てて他者の救いを求めずにはいられないのも人間だ。だれからもみえない存在であることに価値はあ

ると思うか。だれからもみられるようになったとして、それに価値はあると思うか。「人間が甘い嘘を信じたがるのは、そういう嘘を必要とする苦い真実を知っているからだ。そして、その嘘も真実も信じてしまうと、苦しむしかなくなる」

4つ目の物語は、コナーがみる悪夢だ。その悪夢の中で、コナーは母親が崖の下の漆黒の闇に引きずりこまれないよう、その手をしっかりとつかんでいる。悪夢と物語の結末は、心が痛むが避けることはできない。コナーと読者が、そうでなければいいのにとどんなに願おうとも、受けいれなければならないのだ。『怪物はささやく』はあらゆる年代の読者の涙を誘う。

この物語の原案を考えたのはパトリック・ネスではなく、シヴォーン・ダウドだ。ダウドはティーンエイジャー向けの少年少女を主人公にした力強い作品を4作書いている。『*A Swift Pure Cry* わきおこる汚れのない叫び』(2006年)、『*The*

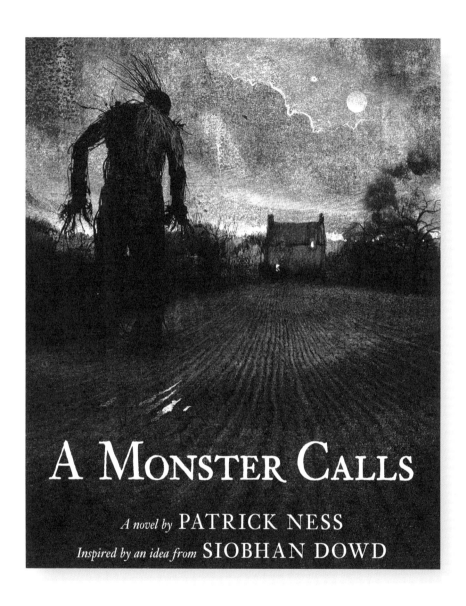

A MONSTER CALLS

A novel by PATRICK NESS

Inspired by an idea from SIOBHAN DOWD

パトリック・ネスとシヴォーン・ダウドは担当編集者が同じだったが、ネスがダウドに会う機会はなかった。
ネスは「イラストレーターのジム・ケイはこの本の制作過程においてきわめて重要な第3の表現者であり、
ケイの絵のおかげで想像の世界のやさしくも恐ろしい怪物に命が吹きこまれた」と語っている。

『怪物はささやく』

London Eye Mystery 観覧車ロンドン・アイの謎』(2007年)、『ボグ・チャイルド』(2008年)、『サラスの旅』(2009年)。このうちの最初の2作はカーネギー賞にノミネートされ、3作目はカーネギー賞を受賞した。

　3、4作目はダウドの死後に刊行された。『怪物はささやく』のアイディアは、2007年、ダウドががんで病床に伏せているときに生まれた。ネスは、ストーリーはすべて自分の思いどおりに書くという条件で未完の遺作を引き継ぐことに同意。それを執筆していたときのことをネスはこう語っている。「まるでダウドとふたりきりで会話をしているようだったが、話していたのはほとんどぼくだ。『なんだか、ふたりで悪いことをしてるみたいだよね』と」

　『怪物はささやく』のイラストを描いたのはイラストレーターのジム・ケイで、ケイは後に、〈ハリー・ポッター〉シリーズのフルカラーイラスト版のイラストも手がけている。『怪物はささやく』は刊行の翌年の2012年、快挙を成し遂げる。1956年にイギリス図書館協会によってケイト・グリーナウェイ賞が設立されて以来初めて、ケイト・グリーナウェイ賞（イラストレーターに贈られる）と、カーネギー賞（同協会から作家に贈られる）をダブル受賞したのだ。

❖パトリック・ネスのヤングアダルト作品
『心のナイフ——混沌の叫び1』(2008年)、『問う者、答える者——混沌の叫び2』(2009年)、『人という怪物——混沌の叫び3』(2010年)、『まだなにかある』(2013年)、『*The Rest of Us Just Live Here* ぼくらはここで生きていく』(2015年)、『*Release* 解き放たれて』(2017年)、『*And the Ocean Was Our Sky* 海はわれらが空』(2018年)。

まだまだある
名作50冊

この50冊のほかにも、〈But Not the Armadillo〉シリーズなど、
素晴らしい作品がまだまだあった。

＊──タイトルや著者名の表記がいくつかあるものもある。
また、日本では翻訳出版されていない本は原著名と著者名を表示している。

『千夜一夜物語』
アントワーヌ・ガラン
The Thousand and One Nights (1704)
Antoine Galland
アラビア語の写本をフランス語に翻訳した写本をヨー
ロッパで初めて出版

『スイスのロビンソン』
ヨハン＝デイヴィッド＝ウィース
Swiss Family Robinson (1812)
Johan David Wyss

『トム・ブラウンの学校生活』
トマス・ヒューズ
Tom Brown's School Days (1857)
Thomas Hughes

トマス・ヒューズの代表作である物語の表紙2種類。
同じ作品でもここまで違う。どちらも、ストーリーの
鍵をにぎる「ラグビーへ」という立札が使われている。
とはいえ、右の表紙イラストは「ザルツブルグへ」とい
う立札にしたほうがよさそうな雰囲気だ。

『水の子』
チャールズ・キングスレー
The Water Babies (1863)
Rev. Charles Kingsley

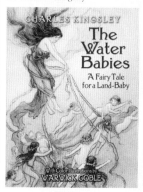

『ピノキオの冒険』
カルロ・コッローディ
The Adventures of Pinnochio (1883)
Carlo Collodi

『オズの魔法使い』
ライマン・フランク・ボーム
The Wonderful Wizard of Oz (1900)
L. Frank Baum

『ミリー・モリー・マンデーのおはな
し』〈ミリー・モリー・マンデー〉シリーズ）
ジョイス・L・ブリスリー
Milly-Molly-Mandy stories (1928)

Joyce Lankester Brisley

Mostly Mary（1930）
Gwynedd Rae（Mary Plain）

『ちびっこきかんしゃくん』
ワッティ・パイパー
The Little Engine that Could（1930）
Watty Piper

『大草原の小さな家』
ローラ・インガルス
Little House on the Prairie（1935）
Laura Ingalls

『喜びの箱』
ジョン・メイスフィールド
The Box of Delights（1935）
John Masefield

『はなのすきなうし』
マンロー・リーフ［文］、ロバート・ローソン［絵］
The Story of Ferdinand（1936）
by Munro Leaf and Robert Lawson

『ねこのオーランドー』（〈ねこのオーランドー〉シリーズ）
キャスリーン・ヘイル
Orlando the Marmalade Cat（1938）
Kathleen Hale

『ねこのオーランドー』は、児童文学でもめずらしい、ギター弾きのネコ。『*The owl and the Pussycat* フクロウくんとネコちゃん』というエドワード・リアのナンセンス詩では、海辺でギターを弾いたのはネコではなくフクロウのほうだった。

The Sword in the Stone（1938）
T. H. White

『名犬ラッシー』
エリック・ナイト
Lassie Come-Home（1940）
Eric Knight

Lone Pine series（1943）
Malcolm Saville

Hurrah for St. Trinian's Story（1948）
Ronald Searle

Tiptoes the Mischievous Kitten (1949)
Noel Barr

『蠅の王』
ウィリアム・ゴールディング
Lord of the Flies (1954)
William Golding

『アステリックスの冒険』
（〈アステリックスの冒険〉シリーズ）
ルネ・ゴシニ［文］、アルベール・ユデルゾ［絵］
The Adventures of Asterix (1959)
René Goscinny and Albert Uderzo

『五次元世界のぼうけん』
マデレイン・ラングル
A Wrinkle in Time (1962)
Madeleine L'Engle

Berenstain Bears series (1962)
Stan and Jan Berenstain

『スパイになりたいハリエットのいじめ解決法』
ルイーズ・フィッツヒュー
Harriet the Spy (1964)
Louise Fitzhugh

『おおきな木』
シェル・シルヴァスタイン
The Giving Tree (1964)
Shel Silverstein

『熊と少年』
ウォルト・モーレー
Gentle Ben (1965)
Walt Morey

『影との戦い』（〈ゲド戦記〉シリーズ）
アーシュラ・K・ル＝グウィン
A Wizard of Earthsea (1968)
Ursula K. Le Guin

『ガンピーさんのふなあそび』
ジョン・バーニンガム
Mr Gumpy's Outing (1970)
John Burningham

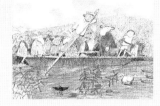

『はえをのんだおばあさん』
（マザー・グース）
パム・アダムス［絵］
There Was an Old Lady Who Swallowed a Fly
(1972)
Pam Adams

『魔女学校の一年生』
（〈ミルドレッドの魔女学校〉シリーズ）
ジル・マーフィ
The Worst Witch(1974)
Jill Murphy

『テラビシアにかける橋』
キャサリン・パターソン
Bridge to Terabithia(1977)
Katherine Paterson

『おやすみなさいトムさん』

ミシェル・マゴリアン
Goodnight Mister(1981)
Tom Michelle Magorian

Moo, Baa, La La La!(1982)
Sandra Boynton

『モール君のおとなはわかってくれない——13 3/4歳の秘密の日記 part 1』（〈モール君のおとなはわかってくれない〉シリーズ）
スー・タウンゼント
The Secret Diary of Adrian Mole, Aged 13 3/4(1982)
Sue Townsend

『すきです ゴリラ』
アンソニー・ブラウン
Gorilla(1983)
Anthony Browne

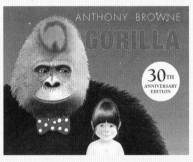

The Magic Key(1985)

Roderick Hunt and Alex Brychta (Biff and Chip)

『おまるがない！』
トニー・ロス
I Want My Potty! (1986)
Tony Ross

『ウォーリーをさがせ！』
（〈ウォーリーをさがせ！〉シリーズ）
マーティン・ハンドフォード
Where's Wally? (1987)
Martin Handford

『ソフィーの世界』
ヨースタイン・ゴルデル
Sophie's World (1991)
Jostein Gaarder

『フラワー・ベイビー』
アン・ファイン
Flour Babies (1992)
Anne Fine

『よるのおるすばん』
マーティン・ワッデル［文］、**パトリック・ベンソン**［絵］
Owl Babies (1992)

Martin Waddell and Patrick Benson

『どんなにきみがすきだかあててごらん』（〈どんなにきみがすきだかあててごらん〉シリーズ）
サム・マクブラットニィ［文］、**アニタ・ジェラーム**［絵］
Guess How Much I Love You (1994)
Sam McBratney and Anita Jeram

Horrid Henry series (1994)
Francesca Simon

『ぜったいたべないからね』
（〈チャーリーとローラ〉シリーズ）
ローレン・チャイルド
I Will Not Ever Never Eat a Tomato (2000)
Lauren Child (Charlie and Lola)

Noughts and Crosses (2001)
Malorie Blackman

『魔法の声』（〈フンケの魔法〉シリーズ）
コルネーリア・フンケ
Inkheart (2003)
Cornelia Funke

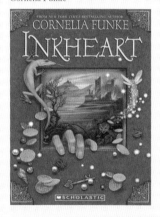

〈レインボー・マジック〉シリーズ
「**デイジー・メドウズ**」
Rainbow Magic series (2003)
"Daisy Meadows"

『**えらぶえほん**』
ピッパ・グッドハート［文］、ニック・シャラット
［絵］
You Choose (2003)

Nick Sharratt and Pippa Goodhart

〈英国情報局秘密組織 CHERUB
（チェラブ）〉シリーズ
ロバート・マカモア
The CHERUB series (2004)
Robert Muchamore

『**縞模様のパジャマの少年**』
ジョン・ボイン
The Boy in the Striped Pajamas (2006)
John Boyne

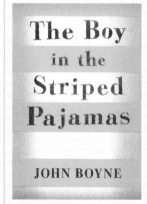

『**ワンダー**』
R・J・パラシオ
Wonder (2012)
R. J. Palacio

訳者あとがき

この手のガイドブックは大好きで、日本のものも海外のものも手元にたくさんあるし、自分でも〈12歳からの読書案内〉や〈10代のためのYAブックガイド〉のシリーズや、『13歳からの絵本ガイド』などの監修をしてきた。しかし、本書はそういう児童書のブックガイドとはちょっと違う。

そもそも各作品を紹介するスタンスが違う。それで前書き(「はじめに」)を読んで、納得してしまった。なんと、取り上げる作品を著者が選んでいないのだ。

お褒めの言葉(あるいはクレーム)はすべて、パヴィリオンブックス社のスタッフにお伝えいただきたい。幼少時代に読んだ本のリストを作ったのは彼らだから。

この手のブックガイドでは、まずあり得ない。つまり、著者は児童書の研究者でもなければ、マニアックな愛好家でもないのだ。そう、コリン・ソルターはライターなのだ。パヴィリオンブックス社のプロフィールでは、a history and science writer と紹介されている。ヒストリー・ライターやサイエンス・ライターは日本ではあまり知られていないが、英語圏ではとても人気のある文筆業だ。歴史や科学の研究者ではないが、それについて非常に広い知識と深い関心を持ち、一般の人が興味を持ちそうなテーマを取り上げ、一般の人にもわかるように、おもしろく書くのが仕事だ。コリン・ソルターは最近、英語圏で大人気のライターで、日本でも、『世界を変えた100のスピーチ』『歴史を変えた100冊の本』『世界で一番美しい植物のミクロ図

鑑』などが翻訳されている。どれも、おもしろい。つまり、客観的、科学的な部分をきっちり押さえたうえで、読み物としておもしろく書かれているのだ。

この『世界で読み継がれる子どもの本100』も、そこが楽しい。児童書のガイドブックというと、紹介を書いた人の個人的な思い入ればかりが先だって、読むのがつらいものがあるかと思えば、歴史的な事実や資料ばかりで、研究者にはありがたいが一般の読者には無用なものもある。本書は、取り上げられた本の児童書としての価値（もちろん、時代によって変わってくる）、歴史的な背景、きわだった特徴、後の児童書への影響などがバランスよく書かれているだけでなく、紹介のひとつひとつが一編のエッセイのように仕上がっているのだ。よくこれだけの情報を詰めこんで、こんなにうまくまとめ

られるものだと思う。

だから作品によって紹介のスタイルがそれぞれに異なっている。

たとえば、『トム・ソーヤーの冒険』だと、作品そのものの紹介より作者、マーク・トウェインの生涯やその文学的な影響力についての説明のほうが多い。じつに的確な判断だと思う。また、『マイク・マリガンとスチーム・ショベル』では、18世紀に発明され、20世紀初めまで建築機械として大活躍したスチーム・ショベルの歴史が最初に語られる。それから、1930年代、ディーゼル・エンジンの登場によって使われなくなっていくショベルカーを主人公にした話へと続く。『風にのってきたメアリー・ポピンズ』の映画化権をめぐっての、作者とウォルト・ディズニーのやりとりも興味深い。「ウォルト・ディズニーがP・L・

トラヴァースを説得し、映画『メリー・ポピンズ』制作の許可を得るまでに費やした年月は20年」とのこと。『ホビットの冒険』の項でも、作者トールキンが第一次世界大戦で熾烈なソンムの戦いを経験したこと、そのときのことが作品に影響を与えたのかもしれないことなどが記されている。

　また、『アンデルセン童話集』の項では、案外と知られていないチャールズ・ディケンズとの交友に関するエピソードが紹介されている。

　　アンデルセンとディケンズは、ふたりとも社会の貧しく目立たない人々を書いていたので、お互いに尊敬の念を抱いていた。だが、2度目の訪問のとき、アンデルセンはディケンズの家に長居して嫌がられ、滞在して5週間目

に出ていってくれといわれた。それ以来、ディケンズがアンデルセンからの手紙に返事をすることはなかった。

歴史的な裏付けや、最新の情報なども盛りこまれている。

・シリーズ本のなかで、R・L・スタインの〈グースバンプス〉シリーズ全62巻は、J・K・ローリングの〈ハリー・ポッター〉シリーズに次いで世界の売り上げ第2位である。
・ある朝、地面から顔を出したとたん頭にうんちを落とされたモグラの話が、刊行から30年で300万部を売り上げている。現在までのところ33か国の言語に翻訳され、世界中の子どもたちがモグラのちょっとした不幸なできごとを読んで笑っているのだ。

取り上げられている作品はシャルル・ペローやグリム兄弟のものから、『グレッグのダメ日記』、『ハンガー・ゲーム』、『怪物はささやく』といった最近の作品まで。なかでも、アルベール・ラモリスの『赤い風船』やマーク・ハッドンの『夜中に犬に起こった奇妙な事件』が取り上げられているのはうれしい。ただ、これはコリン・ソルターではなく、パヴィリオンブックス社のスタッフのお手柄だが。

　もちろん、各作品の魅力や、長い間読み継がれている理由などについても、簡潔に、的確に書かれているので、それは本文を読んで確認していただきたい。

　さて、本書を訳すにあたっては調べられることは調べて確認し、原書で明らか

に違っているところは訂正し、日本人になじみのないことについては補足的な説明を加えたりしてあります。ただ、膨大な量の情報がふくまれているので、調べきれていないこともあれば、作者や訳者の事実誤認もあるかと思われます。お気づきの点などあれば、どうぞ、編集部までお知らせください。

　また、本書は、安納令奈、池本尚美、市村かほ、佐々木早苗、笹山裕子、中西史子、中野眞由美が訳し、それを金原がまとめたもので、最終的な責任は金原にあります。

二〇二〇年九月二日
金原瑞人

主な邦訳書・関連書

001 | *Tales of Mother Goose* (1967)
シャルル・ペロー／ペロー童話集
- ❖『シンデレラ姫 ペロー名作集』（なかよし絵文庫48）、三木澄子訳、偕成社、1960年
- ❖『完訳ペロー童話集』（岩波文庫）新倉朗子訳、岩波書店、1982年
- ❖『ペロー童話集』（岩波少年文庫）天沢退二郎訳、岩波書店、2003年
- ❖『マザー・グース 1–4』（講談社文庫）谷川俊太郎訳、講談社、1981年、ほか

002 | *Grimm's Fairy Tales* (1812–1857)
ヤーコプ・グリム＋ヴィルヘルム・グリム／グリム童話集
- ❖『完訳グリム童話集 1–3』（岩波文庫）金田鬼一訳、岩波書店、1979年
- ❖『初版グリム童話集 1–5』吉原素子訳、吉原高志訳、白水社、2007年
- ❖『ラプンツェル』相良守峯訳、岩波書店、1985年
- ❖『こびととくつや グリム兄弟の童話から』藤本朝巳訳、平凡社、2002年
- ❖『しらゆきひめ（いわさきちひろ名作絵本）』立原えりか文、講談社、2018年
- ❖『ヘンゼルとグレーテルのおはなし グリム絵本』福本友美子訳、BL出版、2006年
- ❖『グリム兄弟往復書簡集 ヤーコプとヴィルヘルムの青年時代 全5巻』山田好司訳、本の風景社、2002–2007年、ほか多数

003 | *Hans Christian Andelsen's Fairy Tales* (1835–1872)
ハンス・クリスチャン・アンデルセン／アンデルセン童話
- ❖『アンデルセン童話全集 I–III』天沼春樹訳、西村書店、2011年
- ❖『アンデルセン童話全集 1–7』大畑末吉訳、岩波文庫、2003年、ほか

004 | *The Complete Nonsense of Edward Lear* (1846)
エドワード・リア／エドワード・リアのナンセンス詩集成
- ❖『ノンセンスの絵本』高橋康也訳、河出書房新社、1976年
- ❖『ナンセンスの絵本』（ちくま文庫）柳瀬尚紀訳、筑摩書房、1988年
- ❖『完訳ナンセンスの絵本』柳瀬尚紀訳、岩波書店、2003
- ❖『カングル・ワングルのぼうし』新倉俊一訳、ほるぷ出版、1975年
- ❖『リアさんって人、とっても愉快！』柳瀬尚紀訳、西村書店、2012年、リアの生誕200年に出版された絵本で、本文中で紹介されている『The Owl and the Pussycat』の詩が収められている。

005 | *Alice's Adventure in Wonderland* (1865)
ルイス・キャロル／ふしぎの国のアリスの冒険
- ❖『不思議の国のアリス』高橋康也＋高橋迪訳、新書館、2005年

- ❖『不思議の国のアリス』(角川文庫)河合祥一郎訳、KADOKAWA、2010年、ほか多数
- ❖『ルイス・キャロルの論理ゲーム』鈴木瑠璃子、長島富太郎編訳、大修館、1987年
- ❖『鏡の国のアリス』高山宏訳、東京図書、1980年
- ❖『地下の国のアリス』安井泉訳・解説、新書館、2005年
- ❖『スナーク狩り』高橋康也訳、新書館、2007年
- ❖『シルヴィーとブルーノ』(ちくま文庫)柳瀬尚紀訳、筑摩書房、1987年

006 | *Little Women* (1868)
ルイザ・メイ・オルコット／若草物語

- ❖『若草物語』谷口由美子訳、講談社、2019年
- ❖『若草物語』(光文社古典新訳文庫)麻生九美訳、光文社、2017年
- ❖『若草物語』(講談社文庫)掛川恭子訳、講談社、1993年
- ❖『8人のいとこ』(講談社青い鳥文庫)谷口由美子訳、講談社、2019年
- ❖『ライラックの花の下』(角川文庫)松原至大訳、角川書店、1958年
- ❖『続若草物語』(講談社文庫)掛川恭子訳、講談社、1995年
- ❖『若草物語第4 ジョーの少年たち』(角川文庫)吉田勝江訳、角川書店、1963年

007 | *What Katy Did* (1872)
スーザン・クーリッジ／すてきなケティ

- ❖『すてきなケティ』山主敏子訳、ポプラ社、1986年
- ❖『ケティ物語』(少年少女世界名作全集13)山下喬子訳・文、ぎょうせい、1983年、ほか
- ❖『すてきなケティの寮生活』山主敏子訳、ポプラ社、1987年
- ❖『すてきなケティのすてきな旅行』山主敏子訳、ポプラ社、1987年

008 | *The Adventure of Tom Sawyer* (1876)
マーク・トウェイン／トム・ソーヤーの冒険

- ❖『トム・ソーヤーの冒険』(新潮文庫)柴田元幸訳、新潮社、2012年
- ❖『トム・ソーヤーの冒険』(光文社古典新訳文庫)土屋京子訳、光文社、2012年
- ❖『トム・ソーヤーの冒険 トウェイン完訳コレクション』(角川文庫)大久保博訳、角川書店、2005年
- ❖『トム・ソーヤーの冒険 上・下』(岩波少年文庫)石井桃子訳、岩波書店、2001年、ほか
- ❖『ハックルベリー・フィンの冒険 上・下』(光文社古典新訳文庫)土屋京子訳、光文社、2014年
- ❖『ハックルベリー・フィンの冒けん』柴田元幸訳、研究社、2017年
- ❖『ジム・スマイリーの跳び蛙 マーク・トウェイン傑作選』(新潮文庫)柴田元幸訳、新潮社、2014年
- ❖『王子と乞食』大久保博訳、角川書店、2003年
- ❖『マーク・トウェインコレクション1 まぬけのウィルソンとかの異形の双生児』村川武彦訳、彩流社、1994年
- ❖『アーサー王宮廷のヤンキー トウェイン完訳コレクション 改訂版』(角川文庫)大久保博訳、角川書店、2009年
- ❖『マーク・トウェインコレクション19A・19B 金メッキ時代 上下』柿沼孝子・錦織裕之訳、彩流社、2001年
- ❖『トム・ソーヤーの探偵・探検』(新潮文庫)大久保康雄訳、新潮社、1955年

❖『トム＝ソーヤーの探偵』(講談社青い鳥文庫)斉藤健一訳、講談社、1995年

009 | *Black Beauty* (1877)
シュウェル／黒馬物語
❖『黒馬物語』(岩波少年文庫)土井すぎの訳、岩波書店、1953年
❖『黒馬物語』(岩波文庫)山田昌司訳、岩波書店、1950年
❖『黒馬物語』(ハヤカワ文庫NV)、辺美里訳、早川書房、1974年、ほか

010 | *Heidi* (1881)
ヨハンナ・スピリ／アルプスの少女ハイジ
❖『ハイジ』矢川澄子訳、福音館書店、1974年
❖『アルプスの山の娘 ハイジ』野上弥生子訳、岩波書店、1991年
❖『アルプスの少女ハイジ』(角川文庫)関泰祐・阿部賀隆訳、KADOKAWA、2006年、ほか

011 | *Treasure Island* (1883)
ロバート・ルイス・スティーブンソン／宝島
❖『宝島』(偕成社文庫)金原瑞人訳、偕成社、1994年
❖『宝島』(岩波少年文庫)海保眞夫訳、岩波書店、2000年
❖『宝島』(福音館文庫)坂井晴彦訳、福音館書店、2002年
❖『引き潮』駒月雅子訳、国書刊行会、2017年
❖『誘拐されて』(角川文庫)大場正史訳、角川書店、1953年
❖『さらわれたデービッド』坂井晴彦訳、福音館書店、1972年

012 | *Just So Stories* (1902)
ラドヤード・キプリング／ゾウの鼻が長いわけ
❖『ゾウの鼻が長いわけ』藤松玲子訳、岩波書店、2014年
❖『ジャングル・ブック』金原瑞人監訳、文藝春秋、2016年
❖『戦うオオカミ少年 續ジャングルブック』カバヤ児童文化研究所、1953年
❖『少年キム』(岩波少年文庫)三辺律子訳、岩波書店、2015年

013 | *The Tale of Peter Rabbit* (1902)
ビアトリクス・ポター／ピーターラビットのおはなし
❖『ピーターラビットのおはなし』いしいももこ訳、福音館書店、1971年
❖『ベンジャミンバニーのおはなし』いしいももこ訳、福音館書店、1971年

014 | *The Railway Children* (1906)
イーディス・ネズビット／鉄道きょうだい
❖『鉄道きょうだい』中村妙子訳、教文館、2011年
❖『若草の祈り』藤井基精注釈、泰文堂、1971年
❖『宝さがしの子どもたち』吉田新一訳、福音館書店、1974年
❖『砂の妖精』石井桃子訳、福音館書店、1991年

❖『アーデン城の宝物』井辻朱美訳、東京創元社、2014年

015 | *Anne of Green Gables*(1908)
L・M・モンゴメリ／赤毛のアン

❖『赤毛のアン』(新潮文庫)村岡花子訳、新潮社、1954年
❖『赤毛のアン』(講談社文庫)村岡花子訳、講談社、1964年、ほか多数
❖『アンの青春 第二赤毛のアン』(新潮文庫)村岡花子訳、新潮社、1955年、ほか多数
❖『アンの夢の家』(角川文庫)中村佐喜子訳、角川書店、1962年
❖『可愛いエミリー』(新潮文庫)村岡花子訳、新潮社、1964年
❖『銀の森のパット』(角川文庫)谷口由美子訳、KADOKAWA、2012年

016 | *The Wind in the Willows*(1908)
ケネス・グレアム／たのしい川べ

❖『たのしい川べ 新装版』石井桃子訳、岩波書店、2003年
❖『楽しい川辺』杉田七重、西村書店東京出版編集部、2017年
❖『川べのゆかいな仲間たち：The wind in the willows』鈴木悦夫文、鈴木まもる絵、講談社、1993年
❖『おさわがせなパーティくん』中川千尋訳、徳間書店、2000年
❖『のんきなりゅう』中川千尋訳、徳間書店、2006年
❖『黄金時代』三宅興子＋松下宏子編訳、翰林書房、2018年

017 | *Peter and Wendy*(1911)
ジェームズ・M・バリー／ピーター・パンとウェンディ

❖『ピーター・パンとウェンディ』石井桃子訳、福音館書店、1972年
❖『ピーター・パンとウェンディ』(新潮文庫)大久保寛訳、新潮社、2015年
❖『ピーター・パン』(岩波少年文庫)厨川圭子訳、岩波書店、2000年、ほか
❖『小さな白い鳥』鈴木重敏訳、パロル舎、2003年
❖『ケンジントン公園のピーター・パン』(光文社古典新訳文庫)南條竹則訳、光文社、2017年

018 | *The Secret Garden*(1911)
フランシス・ホジソン・バーネット／秘密の花園

❖『秘密の花園』(新潮文庫)畔柳和代訳、新潮社、2016年
❖『秘密の花園』猪熊葉子訳、福音館書店、2003年
❖『小公子』(岩波少年文庫)脇明子訳、岩波書店、2011年
❖『小公女』(岩波少年文庫)脇明子訳、岩波書店、2012年
❖『消えた王子 上・下』(岩波少年文庫)中村妙子訳、岩波書店、2010年

019 | *Just—William*(1922)
リッチマル・クロンプトン／ジャスト・ウィリアム

❖『先生に夢中 うわさのウイリアム』若林三江子訳、ポプラ社、1987年

020 | *The Velveteen Rabbit* (1922)
マージェリィ・ウィリアムズ／ビロードのうさぎ

✣『ビロードうさぎのなみだ』谷口由美子訳、文研出版、1981年
✣『ビロードのうさぎ』酒井駒子訳、ブロンズ新社、2007年
✣『ビロードうさぎ』いしいももこ訳、童話館出版、2002年
✣『ベルベットうさぎのなみだ』成沢栄里子訳、BL出版、2004年、ほか

021 | *Winnie the Pooh* (1926)
A・A・ミルン／くまのプーさん

✣『クマのプーさん　新版』(岩波少年文庫)石井桃子訳、岩波書店、2000年
✣『クマのプー』森絵都訳、角川文庫、2017年、ほか
✣『プー横丁にたった家　新版』(岩波少年文庫)石井桃子訳、岩波書店、2000年
✣『クリストファー・ロビンのうた』小田島雄志・小田島若子訳、河出書房新社、2018年
✣『クマのプーさんとぼく』小田島雄志＋小田島若子訳、河出書房新社、2018年

022 | *Emil and the Detectives* (1928)
エーリヒ・ケストナー／エーミールと探偵たち

✣『エーミールと探偵たち』(岩波少年文庫)池田香代子訳、岩波書店、2000年
✣『エーミールと探偵たち』高橋健二訳、岩波書店、1962年
✣『五月三十五日』高橋健二訳、岩波書店、1962年
✣『点子ちゃんとアントン』(岩波少年文庫)高橋健二訳、岩波書店、1962年
✣『エーミールと三人のふたご』(岩波少年文庫)高橋健二訳、岩波書店、1962年
✣『ふたりのロッテ』(岩波少年文庫)高橋健二訳、岩波書店、1962年
✣『わたしが子どもだったころ』高橋健二訳、岩波書店、1962年
✣『サーカスの小びと』高橋健二訳、岩波書店、1964年

023 | *The aAdventures of Tintin* (1929–1976)
エルジェ／タンタンの冒険

✣『黒い島のひみつ』川口恵子訳、福音館書店、1983年
✣『レッド・ラッカムの宝』川口恵子訳、福音館書店、1983年
✣『タンタン　チベットをゆく』川口恵子訳、福音館書店、1983年
✣『太陽の神殿』川口恵子訳、福音館書店、1985年
✣『ファラオの葉巻』川口恵子訳、福音館書店、1987年
✣『めざすは月』川口恵子訳、福音館書店、1991年
✣『月世界探険』川口恵子訳、福音館書店、1991、ほか
＊2011年のシリーズリニューアルに伴い、福音館書店はシリーズ名を〈タンタンの冒険旅行〉から〈タンタンの冒険〉に変更。

024 | *Swallows and Amazons* (1930)
アーサー・ランサム／ツバメ号とアマゾン号

✣『ツバメ号とアマゾン号』岩田欣三＋神宮輝夫訳、岩波書店、1967年

‡『ツバメ号とアマゾン号 上・下』(岩波少年文庫)神宮輝夫訳、岩波書店、2010年
‡『シロクマ号となぞの鳥 上・下』(岩波少年文庫)神宮輝夫訳、岩波書店、2016年
‡『ツバメの谷 上・下』(岩波少年文庫)神宮輝夫訳、岩波書店、2011年
‡『ヤマネコ号の冒険 上・下』(岩波少年文庫)神宮輝夫訳、岩波書店、2012年
‡『オオバンクラブ物語 上・下』(岩波少年文庫)岩田欣三訳、岩波書店、2011年
‡『ツバメ号の伝書バト 上・下』(岩波少年文庫)神宮輝夫訳、岩波書店、2012年
‡『ひみつの海 上・下』(岩波少年文庫)神宮輝夫訳、岩波書店、2013年

025 | *The Story of Babar*(1931)
ジャン・ド・ブリュノフ／ぞうのババール

‡『ぞうのババール こどものころのおはなし(ぞうのババール1)』やがわすみこ訳、評論社、1978年
‡『ババールのしんこんりょこう(ぞうのババール2)』やがわすみこ訳、評論社、1974年
‡『おうさまババール(ぞうのババール3)』やがわすみこ訳、評論社、1974年
‡『ババールのこどもたち(ぞうのババール4)』やがわすみこ訳、評論社、1975年
‡『ババールとサンタクロース(ぞうのババール5)』やがわすみこ訳、評論社、1975年
‡『ババールといたずらアルチュール(ぞうのババール6)』やがわすみこ訳、評論社、1975年
‡『ババールとりのしまへ(ぞうのババール7)』やがわすみこ訳、評論社、1975年
‡『ババールのはくらんかい(ぞうのババール8)』やがわすみこ訳、評論社、1975年
‡『ババールとグリファトンきょうじゅ(ぞうのババール9)』やがわすみこ訳、評論社、1975年
‡『ババールのひっこし(ぞうのババール10)』やがわすみこ訳、評論社、1975年
‡『さるのゼフィール なつやすみのぼうけん』やがわすみこ訳、評論社、1988年
‡『ババールのこどもたち』やがわすみこ訳、評論社、1988年

026 | *The Camels are Coming*(1932)

邦訳書なし

027 | *Mary Poppins*(1934)
P・L・トラヴァース／風にのってきたメリー・ポピンズ

‡『風にのってきたメアリー・ポピンズ』林容吉訳、岩波書店、1975年
‡『風にのってきたメアリー・ポピンズ 新版』(岩波少年文庫)林容吉訳、岩波書店、2000年
‡『メアリー・ポピンズ』富安陽子訳、ポプラ社、2015年
‡『帰ってきたメアリー・ポピンズ 新版』(岩波少年文庫)林容吉訳、岩波書店、2001年
‡『とびらをあけるメアリー・ポピンズ 新版』(岩波少年文庫)林容吉訳、岩波書店、2002年
‡『公園のメアリー・ポピンズ 新版』(岩波少年文庫)林容吉訳、岩波書店、2003年
‡『メアリー・ポピンズ AからZ』小池三子男訳、復刊ドットコム、2014年
‡『台所のメアリー・ポピンズ おはなしとお料理ノート』小宮由＋アンダーソン夏代訳、アノニマ・スタジオ、2014年
‡『さくら通りのメアリー・ポピンズ』小池三子男訳、復刊ドットコム、2014年
‡『メアリー・ポピンズとお隣さん』小池三子男訳、復刊ドットコム、2014年

028 | *Ballet Shoe* (1936)
ノエル・ストレトフィールド／バレエシューズ

✣『バレエ・シューズ』朽木祥訳、福音館書店、2019年
✣『バレエ・シューズ』中村妙子訳、教文館、2018年
✣『ファミリー・シューズ』中村妙子訳、すぐ書房、1983年
✣『愛のテニスシューズ』大野芳枝文、塩谷篤子訳、ポプラ社、1980年
✣『白いスケートぐつ』(講談社マスコット文庫)榎林哲訳、講談社、1967年
✣『大きくなったら』中村妙子訳、すぐ書房、1988年
✣『ふたりのエアリエル』中村妙子訳、教文館、2014年
✣『サーカスきたる』中村妙子訳、すぐ書房、1986年

029 | *Little Tim and the Brave Sea Captain* (1936)
エドワード・アーディゾーニ／チムとゆうかんなせんちょうさん

✣『チムとゆうかんなせんちょうさん』瀬田貞二訳、福音館書店、1963年
✣『時計つくりのジョニー』あべきみこ訳、こぐま社、1998年
✣『ダイアナと大きなサイ』あべきみこ訳、こぐま社、2001年
✣『あかいえのぐ』津森優子訳、瑞雲舎、2014年
✣『ぼくと原始人スティッグ』(福音館文庫)クライブ・キング文、上條由美子訳、福音館書店、2006年
✣『ふしぎなマチルダばあや』クリスチアナ・ブランド文、矢川澄子訳、学習研究社、1970年
✣『まいごになったおにんぎょう』エインゲルダ・アーディゾーニ文、石井桃子訳、岩波書店、1983年
✣『つきよのぼうけん』エインゲルダ・アーディゾーニ文、なかがわちひろ訳、徳間書店、2004年

030 | *The Hobbit* (1937)
J・R・R・トールキン／ホビットの冒険

✣『ホビットの冒険 上・下』(岩波少年文庫)瀬田貞二訳、岩波書店、1979年、ほか
✣『新版 指輪物語 1–10』瀬田貞二訳、評論社、1992–2003年
✣『新版 シルマリルの物語』田中明子訳、評論社、2003年

031 | *Madeline* (1937)
ルドウィッヒ・ベーメルマンス／げんきなマドレーヌ

✣『げんきなマドレーヌ』瀬田貞二訳、福音館書店、1972年
✣『マドレーヌといぬ』瀬田貞二訳、福音館書店、1973年
✣『マドレーヌといたずらっこ』瀬田貞二訳、福音館書店、1973年
✣『マドレーヌとジプシー』瀬田貞二訳、福音館書店、1973年
✣『マドレーヌのクリスマス』江國香織訳、BL出版、2000年
✣『ロンドンのマドレーヌ』江國香織訳、BL出版、2000年
＊ほかにも孫のジョン・ベーメルマンス・マルシアーノによるシリーズ続編が出版されている。

032 | *Mike Mulligan and his Steam Shovel* (1939)
ヴァージニア・リー・バートン／マイク・マリガンとスチーム・ショベル

✣『マイク・マリガンとスチーム・ショベル』いしいももこ訳、福音館書店、1978年

❖『マイク・マリガンとスチーム・ショベル』いしいももこ訳、童話館、1995年

❖『いたずらきかんしゃ ちゅうちゅう』むらおかはなこ訳、福音館書店、1961年

❖『ちいさいおうち』いしいももこ訳、岩波書店、1979年

❖『せいめいのれきし 改訂版』いしいももこ訳、岩波書店、2015年

033 | *The Famous Five* (1942–1963)
エニード・ブライトン／フェイマス・ファイブ

❖『フェイマス・ファイブ 宝島への大冒険』眞方陽子訳、実業之日本社、2003年

❖『フェイマス・ファイブ 島にいるのはだれだ！』眞方陽子＋真方忠道訳、実業之日本社、2004年

❖『フェイマス・ファイブ サーカス団の秘密』眞方陽子＋真方忠道訳、実業之日本社、2004年

034 | *Le Petit Prince* (1943)
アントワーヌ・ド・サン＝テグジュペリ／星の王子さま

❖『星の王子さま』内藤濯訳、岩波書店、1962年

❖『星の王子さま』(新潮文庫)河野万里子訳、新潮社、2006年

❖『星の王子さま』浅岡夢二訳、ゴマブックス、2008年

❖『星の王子さま』(集英社文庫)池澤夏樹訳、集英社、2005年、ほか多数

❖『人間の土地』(新潮文庫)堀口大學訳、新潮社、1970年

❖『人間の大地』(光文社古典新訳文庫)渋谷豊訳、光文社、2015年

❖『夜間飛行』(光文社古典新訳文庫)二木麻里訳、光文社、2010年

035 | *Pippi Longstocking* (1945)
アストリッド・リンドグレーン／長くつ下のピッピ

❖『長くつ下のピッピ』(岩波少年文庫)大塚勇三訳、岩波書店、2000年

❖『長くつ下のピッピ』菱木晃子訳、岩波書店、2018年

❖『ピッピ船にのる』(岩波少年文庫)大塚勇三訳、岩波書店、2000年

❖『ピッピ南の島へ』(岩波少年文庫)大塚勇三訳、岩波書店、2000年

❖『名探偵カッレくん』(岩波少年文庫)尾崎義訳、岩波書店、2005年

❖『ミオよ わたしのミオ』(岩波少年文庫)大塚勇三訳、岩波書店、1967年

❖『山賊のむすめローニャ』(岩波少年文庫)大塚勇三訳、岩波書店、2001年

❖『やかまし村の子どもたち』大塚勇三訳、岩波書店、2005年

❖『やねの上のカールソン』大塚勇三訳、岩波書店、1965年

❖『ちいさいロッタちゃん』山室静訳、偕成社、1985年

❖『ひみつのいもうと』石井登志子訳、岩波書店、2016年

❖『リンドグレーンの戦争日記 1939–1945』石井登志子訳、岩波書店、2017

036 | *Thomas the Tank Engine* (1946)
ウィルバート・オードリー牧師／機関車トーマス

❖『機関車トーマス(汽車のえほん2)』桑原三郎＋清水周裕訳、ポプラ社、1976年

❖『機関車トーマス(汽車のえほん2)』(新装改訂版)桑原三郎＋清水周裕訳、ポプラ社、2005年　＊日
　本では、〈汽車のえほん〉シリーズとして全26巻が出版されており、「機関車トーマス」はシリーズ

2冊目。邦訳は、2005年に新装改訂版としてシリーズ全作同時出版され、2010年には同じくポプラ
社からミニ新装版も出版されている。

✢『3だいの機関車』(新装改訂版)桑原三郎・清水周裕訳、ポプラ社、2005年　＊1976年に出版された際
　のタイトルは、『三だいの機関車』
✢『汽車のえほんコレクション』桑原三郎・清水周裕訳、ポプラ社、2013年(シリーズ全26巻が一冊に
　収められている)

037 | *Goodnight Moon* (1947)
マーガレット・ワイズ・ブラウン／おやすみなさいおつきさま

✢『おやすみなさいおつきさま』せたていじ訳、評論社、1979年
✢『ぼくにげちゃうよ』岩田みみ訳、ほるぷ出版、1976年
✢『ぼくのせかいをひとまわり』おがわひとみ訳、評論社、2001年
✢『ぶんぶんむしとぞう　おおきいものとちいさいもの』中川李枝子訳、福音館書店、2009年

038 | *The Diary of a Young Girl* (1947)
アンネ・フランク／アンネの日記

✢『光ほのかに　アンネの日記』皆藤幸蔵訳、文藝春秋新社、1952年
✢『アンネの日記 増補新訂版』深町真理子訳、文藝春秋、2003年

039 | *Finn Family Moontroll* (1948)
トーベ・ヤンソン／たのしいムーミン一家

✢『たのしいムーミン一家 新装版』(講談社文庫)山室静訳、講談社、2014年
✢『ムーミン谷の彗星 新装版』(講談社文庫)下村隆一訳、講談社、2014年
✢『ムーミンパパの思い出 新装版』(講談社文庫)小野寺百合子訳、講談社、2014年
✢『ムーミン谷の夏まつり 新装版』(講談社文庫)下村隆一訳、講談社、2013年
✢『ムーミン谷の冬 新装版』(講談社文庫)山室静訳、講談社、2014年
✢『ムーミン谷の仲間たち』(講談社文庫)山室静訳、講談社、2013年
✢『ムーミンパパ海へいく 新装版』(講談社文庫)小野寺百合子訳、講談社、2014年
✢『ムーミン谷の十一月 新装版』(講談社文庫)鈴木徹郎訳、講談社、2014年
✢『それからどうなるの？ 新版』渡部翠訳、講談社、2019年

040 | *I Capture the Castle* (1949)
ドディー・スミス／カサンドラの城

✢『カサンドラの城』石田栄子訳、朔北社、2002年
✢『ダルメシアン　100と1ぴきの犬の物語』熊谷鉱司訳、1997年、文渓堂
✢『続・ダルメシアン　100と1ぴきの犬の冒険』熊谷鉱司訳、1997年、文渓堂

041 | *The Lion, the Witch and the Wardrobe* (1950)
C・S・ルイス／ライオンと魔女

✢『ライオンと魔女 ナルニア国ものがたり1』瀬田貞二訳、岩波書店、1966年
✢『ライオンと魔女と衣装だんす』(光文社古典新訳文庫)土屋京子訳、光文社、2016年

✢『ナルニア国物語1 ライオンと魔女と洋服だんす』河合祥一郎訳、角川書店、2017年、ほか
✢『カスピアン王子のつのぶえ ナルニア国物語2』瀬田貞二訳、岩波書店、1966年
✢『朝びらき丸 東の海へ ナルニア国ものがたり3』瀬田貞二訳、岩波書店、1966年
✢『銀のいす ナルニア国ものがたり4』瀬田貞二訳、岩波書店、1966年
✢『馬と少年 ナルニア国ものがたり5』瀬田貞二訳、岩波書店、1966年
✢『魔術師のおい ナルニア国ものがたり6』瀬田貞二訳、岩波書店、1966年
✢『さいごの戦い ナルニア国ものがたり7』瀬田貞二訳、岩波書店、1966年
✢『マラカンドラ 沈黙の惑星を離れて』(ちくま文庫)中村妙子訳、筑摩書房、1987年
✢『ペレランドラ 金星への旅』(ちくま文庫)中村妙子訳、筑摩書房、1987年
✢『サルカンドラ かの忌まわしき砦』(ちくま文庫)中村妙子訳、筑摩書房、1987年

042 | *Charlotte's Web*(1952)
E・B・ホワイト／シャーロットのおくりもの

✢『シャーロットのおくりもの』さくまゆみこ訳、あすなろ書房、2001年
✢『スチュアートの大ぼうけん』さくまゆみこ訳、あすなろ書房、2000年

043 | *The Borrowers*(1952)
メアリー・ノートン／床下の小人たち

✢『床下の小人たち 新版』(岩波少年文庫)林容吉、岩波書店、2000年
✢『野に出た小人たち 新版』(岩波少年文庫)林容吉、岩波書店、2000年
✢『川をくだる小人たち 新版』(岩波少年文庫)林容吉、岩波書店、2005年
✢『空をとぶ小人たち 新版』(岩波少年文庫)林容吉、岩波書店、2006年
✢『小人たちの新しい家 新版』(岩波少年文庫)林容吉、岩波書店、2007年
✢『魔法のベッド南の島へ』猪熊葉子訳、赤坂三好画、学習研究社、1976年
✢『魔法のベッド過去の国へ』猪熊葉子訳、赤坂三好画、学習研究社、1968年
✢『どっこい巨人は生きていた』猪熊葉子訳、岩波書店、1999年

044 | *Miffy*(1955)
ディック・ブルーナ／ちいさなうさこちゃん

✢『ちいさなうさこちゃん』いしいももこ、福音館書店、1964年
✢『ちいさなうさこちゃん 改版』いしいももこ訳、福音館書店、2010年 ＊新ブルーナ・カラーで印
　刷、新しい書体ウサコズフォントを使用した改版。
✢『まる、しかく、さんかく』まつおかきょうこ訳、福音館書店、1984年
✢『こいぬのくんくん』まつおかきょうこ訳、福音館書店、1972年
✢『かぞえてみよう』福音館書店、2018年
✢『ようちえん』いしいももこ訳、福音館書店、1968年
✢『うさこちゃんのだいすきなおばあちゃん』まつおかきょうこ訳、福音館書店、2008年

045 | *My Family and Other Animals*(1956)
ジェラルド・ダレル／虫とけものと家族たち

✢『虫とけものと家族たち』(集英社文庫)池澤夏樹訳、集英社、1974年

❖『虫とけものと家族たち』(中公文庫)池澤夏樹訳、中央公論新社、2014年
❖『積みすぎた箱舟』(福音館文庫)羽田節子訳、福音館書店、2006年
❖『西アフリカの狩人 アフリカ原野に珍獣を獲える』竜岡豊訳、池田書店、1966年
❖『私の動物園』小野章訳、評論社、1977年
❖『動物の館』鈴木主税訳、至誠堂、1968年
❖『鳥とけものと親類たち』(集英社文庫)池沢夏樹訳、集英社、1985年
❖『風とけものと友人たち』(集英社文庫)池沢夏樹訳、集英社、1984年

046 | *The Red Balloon* (1957)
アルベール・ラモリス／赤い風船
❖『あかい ふうせん』岸田衿子文、いわさきちひろ絵、偕成社、1968年

047 | *A Bear Called Paddington* (1958)
マイケル・ボンド／くまのパディントン
❖『くまのパディントン』松岡享子訳、福音館書店、1967年
❖『パディントンのクリスマス』松岡享子訳、福音館書店、1968年
❖『パディントンの一周年記念』松岡享子訳、福音館書店、1969年、ほか
❖〈オルガ・ダ・ポルガ物語〉シリーズ、山崎淑子＋牧田松子訳、冨山房、1976年
❖〈パンプルムース氏〉シリーズ、木村博江訳、東京創元社、2001–2007年

048 | *Green Eggs and Ham* (1960)
ドクター・スース／みどりいろした たまごとハム
邦訳書なし
❖『ぼくがサーカスやったなら』渡辺茂男訳、日本パブリッシング、1970年
❖『ぞうのホートンひとだすけ 新装版』わたなべしげお訳、偕成社、2008年
❖『キャットインザハット ぼうしをかぶったへんなねこ』いとうひろみ訳、河出書房新社、2001年

049 | *The Phantom Tollbooth* (1961)
ノートン・ジャスター／マイロのふしぎな冒険
❖『マイロのふしぎな冒険』斉藤健一訳、PHP研究所、1998年
❖『こんにちは さようならのまど』石津ちひろ訳、BL出版、2007年
❖『ネビルってよんでみた』石津ちひろ訳、BL出版、2012年

050 | *The Wolves of Willoughby Chase* (1962)
ジョーン・エイキン／ウィロビー・チェースのおおかみ
❖『ウィロビー・チェースのおおかみ』大橋善恵訳、冨山房、1975年
❖『ウィロビー館のオオカミ』(講談社青い鳥文庫)三木由記子訳、講談社、1992年
❖『ウィロビー・チェースのオオカミ』こだまともこ訳、冨山房、2008年、ほか
❖『バタシー城の悪者たち』こだまともこ訳、冨山房、2011年
❖『ナンタケットの夜鳥』こだまともこ訳、冨山房、2016年

051 *Stig of the Dump* (1963)
クライブ・キング／ぼくと原始人とステッグ

✣『ぼくと原始人ステッグ』(福音館文庫)上條由美子訳、福音館書店、2006年
✣『ごみすて場の原始人』河野一郎訳、旺文社、1980年
✣『南へ行った町』河野一郎訳、旺文社、1982年

052 *Where the Wild Things Are* (1963)
モーリス・センダック／かいじゅうたちのいるところ

✣『かいじゅうたちのいるところ』じんぐうてるお訳、冨山房、1975年
✣『ケニーのまど』じんぐうてるお訳、冨山房、1975年
✣『まよなかのだいどころ』じんぐうてるお訳、冨山房、1982年
✣『まどのそとのそのまたむこう』わきあきこ訳、福音館書店、1983年
✣『父さんがかえる日まで』アーサー・ビナード訳、偕成社、2019年
✣『7ひきのいたずらかいじゅう』中川健蔵訳、好学社、1980年
✣『バンブルアーディ』さくまゆみこ訳、偕成社、2016年

053 *Charlie and the Chocolate Factory* (1964)
ロアルド・ダール／チョコレート工場の秘密

✣『チョコレート工場の秘密』柳瀬尚樹訳、評論社、2005年、ほか
✣『魔女がいっぱい』清水達也＋鶴見敏訳、評論社、2006年
✣『オ・ヤサシ・巨人BFG』中村妙子訳、評論社、2006年

054 *The Tiger Who Came to Tea* (1968)
ジュディス・カー／おちゃのじかんにきたとら

✣『おちゃのじかんにきたとら』晴海耕平訳、童話館、1994年
✣『わすれんぼうのねこモグ』斉藤倫子訳、あすなろ書房、2007年
✣『ヒトラーにぬすまれたももいろうさぎ』松岡享子訳、評論社、1980年

055 *The Wombles* (1968)
エリザベス・ベレスフォード／ウオンブル大かつやく

✣『ウオンブル大かつやく』(講談社青い鳥文庫)八木田宜子、講談社、1985年

056 *What Do People Do All Day?* (1968)
リチャード・スキャリー／みんないちにち、なにしてる?

✣『スキャリーおじさんのとってもたのしいえいごえじてん』ふしみみさを訳、BL出版、2019年
✣『かぞえてみよう スカーリーおじさんのかずの本』いながきこうすけ訳、評論社、1978年
✣『スキャリーおじさんのおおきなことばえほん えいごもいっぱい! たのしいビジータウン』BL
　出版編集部訳、BL出版、2010年
✣『おなかがすいたよジョーンズさん!』木坂涼訳、好学社、2019年、ほか多数

057 | *The Very Hungry Caterpillar* (1969)
| エリック・カール／はらぺこ あおむし
- ❖『はらぺこ あおむし』もりひさし訳、偕成社、1976年、ほか
- ❖『ゆっくりが いっぱい！』くどうなおこ訳、偕成社、2003年
- ❖『だんまり コオロギ』くどうなおこ訳、偕成社、1990年
- ❖『くもさん おへんじ どうしたの』もりひさし訳、偕成社、1985年

058 | *Are You There God? It's Me, Margaret.* (1970)
| ジュディ・ブルーム／神さま、わたしマーガレットです
- ❖『神さま、わたしマーガレットです』長田敏子、偕成社、1982年
- ❖『イギーの家』長田敏子、偕成社、1978年
- ❖『いじめっ子』長田敏子、偕成社、1980年
- ❖『ぼくはみどりのカンガルー』吉田純子、偕成社、1983年
- ❖『ひみつのそばかすジュース』清水奈緒子訳、沢田あきこ絵、金の星社、1991年
- ❖『一緒にいようよ！ ステファニーとふたりの親友』中山利野、バベル・プレス、2006年
- ❖『ピーターとファッジのどたばた日記』滝宮ルリ訳、西田登監訳、金の星社、2016年

059 | *Frog and Toad are Friends* (1970)
| アーノルド・ローベル／ふたりはともだち
- ❖『ふたりはともだち』三木卓訳、文化出版局、1972年
- ❖『ふくろうくん』三木卓訳、文化出版局、1976年
- ❖『おはなしばんざい』三木卓訳、文化出版局、1977年
- ❖『ローベルおじさんのどうぶつものがたり』三木卓訳、文化出版局、1981年

060 | *Mr. Tickle* (1971)
| ロジャー・ハーグリーヴス／ミスター・ティックル（コチョコチョくん）
- ❖『くすぐりくん』たむらりゅういち訳、評論社、1976年

061 | *Meg and Mog* (1972)
| ヘレン・ニコル＋ジャン・ピエンコフスキー／メグとモグ
- ❖『メグとモグ』ふしみみさを訳、偕成社、2007年
- ❖『メグとふしぎなたまご』ふしみみさを訳、偕成社、2007年
- ❖『メグむじんとうにいく』ふしみみさを訳、偕成社、2007年
- ❖『メグつきにいく』ふしみみさを訳、偕成社、2007年

062 | *Watership Down* (1972)
| リチャード・アダムズ／ウォーターシップ・ダウンのうさぎたち
- ❖『ウォーターシップ・ダウンのうさぎたち』神宮輝夫訳、評論社、2006年
- ❖『女王陛下の船乗り猫』田中末知訳、角川書店、1986年
- ❖『リチャード・アダムズ疫病犬と呼ばれて』中村妙子訳、評論社、1979年

063 | *Charrie's War* (1973)
ニーナ・ボーデン／帰ってきたキャリー

✤『帰ってきたキャリー』松本享子訳、評論社、1977年
✤『ペパーミント・ピッグのジョニー』松本享子訳、評論社、1978年

064 | *The Butterfly Ball and the Grasshopper's Feast* (1977–2006)
アラン・オールドリッジ＋ウィリアム・プルーマー／ちょうちょうの舞踏会とバッタの宴会

✤『復刻 世界の絵本館 オズボーン・コレクション』石井桃子編集委員代表、ほるぷ出版、1983年

065 | *Chrestomanci series* (1977)
ダイアナ・ウィン・ジョーンズ／大魔法使いクレストマンシー

✤『魔女と暮らせば 大魔法使いクレストマンシー』田中薫子訳、徳間書店、2001年
✤『クリストファーの魔法の旅 大魔法使いクレストマンシー』田中薫子訳、徳間書店、2001年
✤『トニーノの歌う魔法 大魔法使いクレストマンシー』野口絵美訳、徳間書店、2002年
✤『魔法使いはだれだ 大魔法使いクレストマンシー』野口絵美訳、徳間書店、2001年
✤『魔法がいっぱい 大魔法使いクレストマンシー外伝』田中薫子＋野口絵美訳、徳間書店、2003年
✤『魔法の館にやとわれて 大魔法使いクレストマンシー』田中薫子訳、徳間書店、2009年
✤『キャットと魔法の卵 大魔法使いクレストマンシー』田中薫子訳、徳間書店、2009年ほか
✤『ダークホルムの闇の君』(創元推理文庫)浅羽英子訳、東京創元社、2002年
✤『グリフィンの年』(創元推理文庫)浅羽英子訳、東京創元社、2003年

066 | *Dodger* (1978)
シャーリー・ヒューズ／ぼくのワンちゃん

✤『ぼくのワンちゃん』あらいゆうこ訳、偕成社、1981年

067 | *The Snowman* (1979)
レイモンド・ブリッグズ／スノーマン

✤『ゆきだるま』評論社、1978年
✤『スノーマン』評論社、1998年
✤『いたずらボギーのファンガスくん』かたやまあつし訳、篠崎書林、1979年
✤『さむがりやのサンタ』すがはらひろくに訳、福音館書店、1974年
✤『サンタのたのしいなつやすみ』こばやしただお訳、篠崎書林、1976年
✤『サンタのなつやすみ』さくまゆみこ訳、あすなろ書房、1998年
✤『ジェントルマンジム』小林忠夫訳、篠崎書林、1987年
✤『風が吹くとき』小林忠夫訳、篠崎書林、1982年
✤『エセルとアーネスト ほんとうの物語』さくまゆみこ訳、小学館、2007年
✤『エセルとアーネスト ふたりの物語』きたがわしずえ訳、バベルプレス、2019年
✤『THE MAN おぢさん』林望訳、小学館、2003年
✤『くまさん』角野栄子訳、小学館、1994年

068 │ *Haunted House* (1980)
ジャン・ピエンコフスキー／おばけやしき

✤『おばけやしき』でんでんむし訳、大日本絵画、2001年
✤『おばけやしき 新装版』(大型しかけえほん)でんでんむし訳、大日本絵画、2005年
✤『ファースト・クリスマス』きたむらまさお訳、大日本絵画、2004年
✤『ロボット』でんでんむし訳、大日本絵画、1988年
✤『ごちそうさま』きたむらまさお訳、大日本絵画、1990年
✤『みんなあつまれ！ ノアのはこぶねより』かがわけいこ訳、大日本絵画、2004年

069 │ *Not Now, Bernard* (1980)
デイヴィッド・マッキー／いまは だめ

✤『いまは だめ』はらしょう、アリス館、1983年
✤『ぞうのエルマー』安西徹雄、アリス館牧新社、1976年
✤『六にんの男たち なぜ戦争をするのか？』なかむらこうぞう、偕成社、1975年
✤『ミスター・ベンとあかいよろい』朔北社、2008年
✤『じろりじろり どうしてけんかになるの？』はらしょう、アリス館、1986年
✤『ロロ王さまとあそぼうよ』山口文生、評論社、1985年

070 │ *Where's Spot?* (1982)
エリック・ヒル／コロちゃんはどこ？

✤『コロちゃんはどこ？』まつかわまゆみ訳、評論社、2004年
✤『コロちゃんのたんじょうび』まつかわまゆみ訳、評論社、2005年
✤『コロちゃんのかいすいよく』まつかわまゆみ訳、評論社、2005年
✤『コロちゃんののうじょう』まつかわまゆみ訳、評論社、2004年
✤『コロちゃんのこんにちはおじいちゃん』まつかわまゆみ訳、評論社、1997年、ほか多数

071 │ *War Horse* (1983)
マイケル・モーパーゴ／戦火の馬

✤『戦火の馬』佐藤見果夢訳、評論社、2012年
✤『子ギツネたちのゆくえ』沢登君恵訳、ぬぷん児童図書出版、1988年
✤『アーニャは、きっと来る』佐藤見果夢訳、評論社、2020年
✤『ケンスケの王国』佐藤見果夢訳、評論社、2002年
✤『兵士ピースフル』佐藤見果夢訳、評論社、2007年
✤『希望の海へ』佐藤見果夢訳、評論社、2014年

072 │ *The Sheep-Pig* (1984–1998)
ディック・キング＝スミス／子ブタ シープピッグ

✤『子ブタ シープピッグ』木原悦子訳、評論社、1991年
✤『トラねこマーチン ねずみをかう』津尾美智子訳、あかね書房、1996年
✤『歌うねずみウルフ』杉田比呂美訳、偕成社、2002年

073 | *Sweet Valley High* (1986)
フランシーン・パスカル／スイート・ヴァレー・ハイ

✣『恋はおまかせ（スイート・ヴァレー・ハイ1）』井辻朱美訳、早川書房、1986年
✣『涙のシークレット・ラブ（スイート・ヴァレー・ハイ2）』井辻朱美訳、早川書房、1986年
✣『ハートに火をつけて（スイート・ヴァレー・ハイ3）』羽田詩津子訳、早川書房、1986年
✣『その気になれば，どこまでも（スイート・ヴァレー・ハイ4）』羽田詩津子訳、早川書房、1986年
✣『恋のお手並み拝見（スイート・ヴァレー・ハイ5）』赤尾秀子訳、早川書房、1986年、ほか

074 | *The Jolly Postman* (1986)
**ジャネット・アルバーグ＋アラン・アルバーグ／
ゆかいな ゆうびんやさん おとぎかいどう 自転車にのって**

✣『ゆかいな ゆうびんやさん おとぎかいどう 自転車にのって』佐野洋子訳、文化出版局、1987年
✣『ゆかいな ゆうびんやさんのクリスマス』佐野洋子訳、文化出版局、1992年
✣『ゆかいな ゆうびんやさんの だいぼうけん』佐野洋子訳、文化出版局、1996年
✣『ドロボービルのものがたり』佐野洋子訳、文化出版局、1997年
✣『それは、あらしの夜だった』佐野洋子訳、文化出版局、1994年
✣『もものき なしのき プラムのき』佐藤凉子訳、評論社
✣『不思議な文通 グリフィンとサビーヌ』小梨直訳、河出書房新社、1992年

075 | *Uncle Remus: The Complete Tales* (1987)
ジュリアス レスター／アンクル・リーマ

邦訳書なし
✣『おしゃれなサムとバターになったトラ』さくまゆみこ訳、ブルース・インターアクションズ、1997年

076 | *The Story of the Little Mole Who Knew It Was None of His Business* (1989)
ヴェルナー・ホルツヴァルト＋ヴォルフ・エールブルッフ／ウンチしたのはだれよ！

✣『うんちしたのはだれよ！』関口裕昭訳、偕成社、1993年
✣『レオナルド』うえのようこ訳、ブックローン出版、1996年
✣『死神さんとアヒルさん』三浦美紀子訳、草土文化、2008年

077 | *Truckers* (1989)
テリー プラチェット／トラッカーズ

✣『トラッカーズ（遠い星からきたノーム1）』鴻巣友季子訳、講談社、1992年
✣『ディガーズ（遠い星からきたノーム2）』鴻巣友季子訳、講談社、1992年
✣『ウィングス（遠い星からきたノーム3）』鴻巣友季子訳、講談社、1992年
✣『ゴースト・パラダイス』鴻巣友季子訳、講談社、1994年
✣『天才ネコモーリスとその仲間たち』冨永星訳、あすなろ書房、2004年
✣『ディスクワールド騒動記1』（角川文庫）安田均訳、角川書店、1991年
✣『魔道士エスカリナ』久賀宣人訳、三友社出版、1997年、ほか

078 | *We're Going on a Bear Hunt* (1989)
マイケル・ローゼン／きょうはみんなで クマがりだ

✤『きょうは みんなで クマがりだ』山口文生訳、評論社、1991年

✤『悲しい本』谷川俊太郎訳、あかね書房、2004年

✤『ペットのきんぎょが おならをしたら……？』ないとうふみこ訳、徳間書店、2016年

✤『移民や難民ってだれのこと？ 国際化の時代に生きるためのQ&A 1)』小島亜佳莉訳、創元社、2018年

079 | *The Story of Tracy Beaker* (1991)
ジャクリーン・ウィルソン／おとぎばなしはだいきらい

✤『おとぎばなしはだいきらい』稲岡和美訳、偕成社、2000年

✤『おとぎ話はだいきらい（トレイシー・ビーカー物語1)』稲岡和美訳、偕成社、2010年

✤『舞台の上からママへ（トレイシー・ビーカー物語2)』小竹由美子訳、偕成社、2010年

✤『わが家がいちばん！（トレイシー・ビーカー物語3)』小竹由美子訳、偕成社、2010年

✤『バイバイわたしのおうち』小竹由美子訳、偕成社、2000年

✤『マイ・ベスト・フレンド』小竹由美子訳、偕成社、2002年

✤『ガールズ イン ラブ』尾高薫訳、理論社、2002年

✤『ダストビン・ベイビー』小竹由美子訳、偕成社、2004年

080 | *Goosebumps* (1992–1997)
R・L・スタイン／グースバンプス

✤『死の館へようこそ グースバンプス #1』豊岡まみ訳、ソニー・マガジンズ、1995年

✤『地下室には近づくな グースバンプス #2』豊岡まみ訳、ソニー・マガジンズ、1995年

✤『モンスターブラッド グースバンプス #3』豊岡まみ訳、ソニー・マガジンズ、1995年

✤『死を招くカメラ グースバンプス #4』豊岡まみ訳、ソニー・マガジンズ、1995年

✤『ミイラの呪い グースバンプス #5』豊岡まみ訳、ソニー・マガジンズ、1995年

✤『透明人間になろう！ グースバンプス #6』豊岡まみ訳、ソニー・マガジンズ、1995年

✤『人形は生きている グースバンプス #7)』豊岡まみ訳、ソニー・マガジンズ、1995年

✤『図書館の怪人 グースバンプス #8』豊岡まみ訳、ソニー・マガジンズ、1995年

✤『悪夢のキャンプにようこそ グースバンプス #9』豊岡まみ訳、ソニー・マガジンズ、1996年

✤『ゴーストビーチ グースバンプス #10』豊岡まみ訳、ソニー・マガジンズ、1996年

✤『グースバンプス 世界がふるえた恐い話 全10』津森優子訳、岩崎書店、2007年

081 | *Horrible Histories* (1993–2013)
テリー・ディアリー／ホリブル・ヒストリーズ（邦訳書なし）

082 | *Where Oh Where is Kipper's Bear?* (1994)
ミック・インクペン／キッパーのくまちゃんさがし

✤『キッパーのくまちゃんさがし』角野栄子訳、小学館、1995年

✤『こぶた いたらいいな』角野栄子訳、小学館、1992年

✤『ひつじ いたらいいな』角野栄子訳、小学館、1992年

083 | *His Dark Materials* (1995–2000)
フィリップ・プルマン／ライラの冒険

+ 『黄金の羅針盤 ライラの冒険シリーズ1』大久保寛訳、新潮社、1991年
+ 『神秘の短剣 ライラの冒険シリーズ2』大久保寛訳、新潮社、2000年
+ 『琥珀の望遠鏡 ライラの冒険シリーズ3』大久保寛訳、新潮社、2002年
+ 『かかしと召し使い』金原瑞人訳、理論社、2006年
+ 『マハラジャのルビー』山田順子訳、東京創元社、2008年

084 | *Harry Potter* (1997–2007)
J・K・ローリング／ハリー・ポッター

+ 『ハリー・ポッターと賢者の石』松岡佑子訳、静山社、1999年
+ 『ハリー・ポッターと秘密の部屋』松岡佑子訳、静山社、2000年
+ 『ハリー・ポッターとアズカバンの囚人』松岡佑子訳、静山社、2001年
+ 『ハリー・ポッターと炎のゴブレット』松岡佑子訳、静山社、2002年
+ 『ハリー・ポッターと不死鳥の騎士団』松岡佑子訳、静山社、2004年
+ 『ハリー・ポッターと謎のプリンス』松岡佑子訳、静山社、2006年
+ 『ハリー・ポッターと死の秘宝』松岡佑子訳、静山社、2008年
+ 『吟遊詩人ビードルの物語』松岡佑子訳、静山社、2013年
+ 『クィディッチ今昔』松岡佑子訳、静山社、2014年

085 | *Holes* (1998)
ルイス・サッカー／穴 HOLES

+ 『穴 HOLES』(講談社文庫)幸田敦子、講談社、2006年
+ 『ぼくって女の子??』はらるい訳、むかいながまさ絵、文研出版、2011年
+ 『トイレまちがえちゃった!』唐沢則幸訳、矢島眞澄絵、講談社、1998年
+ 『ウェイサイド・スクールはきょうもへんてこ』野の水生訳、きたむらさとし絵、偕成社、2010年
+ 『顔をなくした少年』松井光代訳、新風舎、2005年
+ 『歩く』金原瑞人＋西田登訳、講談社、2007年

086 | *Skelling* (1998)
オリヴァー・ジェファーズ／肩甲骨は翼のなごり

+ 『まいごのペンギン』三辺律子訳、ソニー・マガジンズ、2005年
+ 『ほら、ここにいるよ このちきゅうでくらすためのメモ』tupera tupera訳、ほるぷ出版、2019年
+ 『みつけたよ、ぼくだけのほし』三辺律子訳、ソニー・マガジンズ、2004年
+ 『心をビンにとじこめて』三辺律子訳、あすなろ書房、ソニー・マガジンズ、2010年

087 | *A Series of Unfortunate Events* (1999–2006)
レモニー・スニケット／世にも不幸なできごと

+ 〈世にも不幸なできごと〉シリーズ全13巻、宇佐川晶子訳、草思社、2008年

088 | *Angus, Thongs and Full-Frontal Snogging* (1999)
ルイーズ・レニソン／ゴーゴー・ジョージア

✤『ジョージアの青春日記1–4』田中奈津子訳、講談社、2001–2003年
✤『ゴーゴー・ジョージア1 運命の恋のはじまり⁉』尾高薫訳、理論社、2009年
✤『ゴーゴー・ジョージア2 男の子ってわかんない‼』尾高薫訳、理論社、2009年

089 | *The Guffalo* (1999)
ジュリア・ドナルドソン＋アクセル・シェフラー／もりでいちばんつよいのは？

✤『もりでいちばんつよいのは？』久山太市訳、評論社、2001年
✤『きつきつぎゅうぎゅう』永窪玲子訳、ほるぷ出版、1995年
✤『まじょとねこどん ほうきでゆくよ』久山太市訳、評論社、2001年
✤『グラファロのおじょうちゃん』久山太市訳、評論社、2018年）
✤『こえだのとうさん』いとうさゆり訳、パベルプレス、2015年

090 | *Stormbreaker* (2000)
アンソニー・ホロヴィッツ／ストームブレイカー

✤『ストームブレイカー』竜村風也訳、集英社、2002年
✤『ポイントブランク』竜村風也訳、集英社、2002年
✤『スケルトンキー』森嶋マリ訳、集英社、2003年
✤『イーグルストライク』森嶋マリ訳、集英社、2003年
✤『スコルピア』森嶋マリ訳、集英社、2004年
✤『アークエンジェル』佐宗鈴夫訳、集英社、2007年
✤『ダイヤモンドブラザーズ ケース1 危険なチョコボール』金原瑞人訳、文溪堂、2008年

091 | *Artemis Fowl* (2001)
オーエン・コルファー／アルテミス・ファウル

✤『アルテミス・ファウル 妖精の身代金』大久保寛訳、角川書店、2007年
✤『アルテミス・ファウル 北極の事件簿』大久保寛訳、角川書店、2007年
✤『アルテミス・ファウル 永遠の暗号』大久保寛訳、角川書店、2008年
✤『アルテミス・ファウル オパールの策略』大久保寛訳、角川書店、2007年
✤『アルテミス・ファウル 失われし島』大久保寛訳、角川書店、2010年
✤『ウィッシュリスト』種田紫訳、理論社、2004年
✤『エアーマン』茅野美ど里訳、偕成社、2011年

092 | *Journey to the River Sea* (2001)
エヴァ・イボットソン／夢の彼方への旅

✤『夢の彼方への旅』三辺律子訳、偕成社、2008年
✤『ガンプ 魔法の島への扉』三辺律子訳、偕成社、2004年

093 | *Coraline*（2002）
ニール・ゲイマン／コララインとボタンの魔女

✤『コララインとボタンの魔女』（角川文庫）金原瑞人＋中村浩美訳訳、角川書店、2010年
✤『グッド・オーメンズ 上・下』（角川文庫）金原瑞人＋石田文子訳、KADOKAWA、2019年
✤『墓場の少年 ノーボディ・オーエンズの奇妙な生活』（角川文庫）金原瑞人訳、KADOKAWA、
　2019年

094 | *How to Train Your Dragon*（2003）
クレシッダ・コーウェル／ヒックとドラゴン

✤『ヒックとドラゴン1 伝説の怪物』相良倫子＋陶浪亜希訳、小峰書店、2009年
✤『ヒックとドラゴン2 深海の秘宝』相良倫子＋陶浪亜希訳、小峰書店、2009年
✤『ヒックとドラゴン3 天牢の女海賊』相良倫子＋陶浪亜希訳、小峰書店、2010年
✤『ヒックとドラゴン4 氷海の呪い』相良倫子＋陶浪亜希訳、小峰書店、2010年
✤『ヒックとドラゴン5 灼熱の予言』相良倫子＋陶浪亜希訳、小峰書店、2010年
✤『ヒックとドラゴン6 迷宮の図書館』相良倫子＋陶浪亜希訳、小峰書店、2010年
✤『ヒックとドラゴン7 復讐の航海』相良倫子＋陶浪亜希訳、小峰書店、2010年
✤『ヒックとドラゴン8 樹海の決戦』相良倫子＋陶浪亜希訳、小峰書店、2011年
✤『ヒックとドラゴン9 運命の秘剣』相良倫子＋陶浪亜希訳、小峰書店、2012年
✤『ヒックとドラゴン10 砂漠の宝石』相良倫子＋陶浪亜希訳、小峰書店、2013年
✤『ヒックとドラゴン11 孤独な英雄』相良倫子＋陶浪亜希訳、小峰書店、2014年
✤『ヒックとドラゴン12 最後の決闘』相良倫子＋陶浪亜希訳、小峰書店、2016年
✤『そのウサギはエミリー・ブラウンのっ！』まつかわまゆみ訳、評論社、2008年
✤『マジックウッズ戦記1 闇の魔法』相良倫子・陶浪亜希訳、小峰書店、2018年

095 | *The Curious Incindent of the Dog in the Nighttime*（2003）
マーク・ハッドン／夜中に犬に起こった奇妙な事件

✤『夜中に犬に起こった奇妙な事件』（ハヤカワepi文庫））小尾芙佐訳、早川書房、2003年

096 | *Lost and Found*（2005）
オリヴァー・ジェファーズ／まいごのペンギン

✤『まいごのペンギン』三辺律子訳、ソニー・マガジンズ、2005年
✤『ほら、ここにいるよ このちきゅうでくらすためのメモ』tupera tupera訳、ほるぷ出版、2019年
✤『みつけたよ、ぼくだけのほし』三辺律子訳、ソニー・マガジンズ、2004年
✤『心をビンにとじこめて』三辺律子訳、あすなろ書房、ソニー・マガジンズ、2010年

097 | *Diary of a Wimpy Kid*（2007）
ジェフ・キニー／グレッグのダメ日記

✤〈グレッグのダメ日記シリーズ〉中井はるの訳、ポプラ社
　第1巻『グレッグのダメ日記』（2008年）
　第2巻『グレッグのダメ日記 ボクの日記があぶない！』（2008年）
　第3巻『グレッグのダメ日記 もう、がまんできない！』（2009年）

第4巻『グレッグのダメ日記 あ〜あ、どうしてこうなるの！？』（2009年）

第5巻『グレッグのダメ日記 なんとか、やっていくよ』（2010年）

第6巻『グレッグのダメ日記 どうかしてるよ！』（2011年）

第7巻『グレッグのダメ日記 どんどん、ひどくなるよ』（2012年）

第8巻『グレッグのダメ日記 わけがわからないよ！』（2013年）

第9巻『グレッグのダメ日記 とんでもないよ』（2014年）

第10巻『グレッグのダメ日記 やっぱり、むいてないよ』（2015年）

第11巻『グレッグのダメ日記 いちかばちか、やるしかないね！』（2016年）

第12巻『グレッグのダメ日記 にげだしたいよ！』（2017年）

第13巻『グレッグのダメ日記 さすがに、へとへとだよ』（2018年）

第14巻『グレッグのダメ日記 ぶっこわしちゃえ』（2019年）

✛ジェフ・キニー『グレッグ公認 きみだけのダメ日記帳』中井はるの訳、ポプラ社、2012年

✛ジェフ・キニー『ロウリーのいい子日記 親友グレッグの伝記』中井はるの訳、ポプラ社、2020年

098 | *The Hunger Games*（2008）
スーザン・コリンズ／ハンガー・ゲーム

✛『ハンガー・ゲーム』河井直子訳、KADOKAWA／メディアファクトリー、2009年

✛『ハンガー・ゲーム2 燃え広がる炎』上下巻、河井直子訳、KADOKAWA／メディアファクトリー、2012年

✛『ハンガー・ゲーム3 マネシカケスの少女 上・下』河井直子訳、KADOKAWA／メディアファクトリー、2012年

099 | *Mr. Stink*（2009）
デイヴィッド・ウォリアムズ／大好き！ クサイさん

✛『大好き！ クサイさん』久山太市訳、評論社、2015年

✛『ドレスを着た男子』鹿田昌美訳、福音館書店、2012年

✛『おばあちゃんは大どろぼう?!』三辺律子訳、小学館、2013年

✛『おじいちゃんの大脱走』三辺律子訳、小学館、2018年

✛『世にもおそろしいフクロウおばさん』三辺律子訳、小学館、2018年

100 | *A Monster Calls*（2011）
パトリック・ネス／怪物はささやく

✛『怪物はささやく』池田真紀子訳、あすなろ書房、2011年

✛『まだなにかある』三辺律子訳、辰巳出版、2015年

索引

『007 カジノ・ロワイヤル』283
『007 ゴールドフィンガー』207
〈007〉シリーズ 147, 283
『007 ドクター・ノオ』283
『3だいの機関車』121
『3びきのくまとおんなのこ ゆかいなもりでおおさわぎ』237
『7ひきのいたずらかいじゅう』171
『8人のいとこ』033
〈10代のための YA ブックガイド〉323
〈12歳からの読書案内〉323
『13歳からの絵本ガイド』323

SFX 231
『Tales of Mother Goose』016
U2 302

アーサー王 265
『アーサー王宮廷のヤンキー』039
アーツ・アンド・クラフツ運動 021, 110
アーディゾーニ，エドワード 100, 102
『アーデン城の宝物』057
『アーニャは、きっとくる』228
アーモンド，デイヴィッド 012, 271, 273
『愛のテニスシューズ』099
『アエネイド』199
『青い蓮』084
「青ひげ」017, 018
『あかいえのぐ』102
『赤い風船』006, 151, 153, 326
『赤い館の秘密』078
『赤毛のアン』005, 058, 059, 060, 250
「赤ずきん」017, 018
『あかちゃんうさぎとパパ』183
アカデミー・フランセーズ 016

『悪魔の手紙』138
アシモフ，アイザック 245
『アステリックスの冒険』318
『明日へジャンプ！』279
アダムス，パム 319
アダムズ，リチャード 199, 200, 201, 207
アッテンボロー，デイヴィッド 301
『アッホ夫婦』174
『穴 HOLES』008, 268
『アメリカン・ゴッズ』294
『アラバマ物語』298
『アラビアのロレンス』092
『歩く』270
〈アルテミス・ファウル〉008, 012, 286
『アルテミス・ファウル』286
〈アルテミス・ファウル〉シリーズ 008, 286
アルバーグ，アラン 235, 236, 237
アルバーグ，ジャネット 235, 236, 237
『アルプスの少女ハイジ』005, 043, 044, 045
『アレックスとゆうれいたち』291
『アンデルセン童話集』022, 023, 024, 325
アンデルセン，ハンス・クリスチャン 005, 016, 018, 022, 023, 024, 081, 120, 132, 139, 273, 325
『アンネの日記』006, 127, 128, 129
『アンの愛の家庭』060
『アンの幸福』060
『アンの青春』060
『アンの夢の家』060
アンブラー，エリック 283
『アンをめぐる人々』060

『イギーの家』187, 189
『いじめっ子』189
イソップの寓話 017
『いたずらきかんしゃちゅうちゅう』109, 110, 111

『いたずらボギーのファンガスくん』216
『一緒にいようよ！ ステファニーとふたりの親友』189
『一杯の珈琲から』081
イボットソン，エヴァ 013, 289, 291
『いまは だめ』220
『移民や難民ってだれのこと？(国際化の時代に生きるためのQ&Aシリーズ1巻)』249
イラストレーター 013, 085, 087, 114, 174, 183, 193, 211, 219, 237, 241, 242, 245, 275, 285, 294, 314, 315
インガルス，ローラ 317
インクペン，ミック 259, 260, 261

う

『ウィッシュリスト 願い、かなえます』288
ウィットブレッド賞 290, 298
ウィランズ，ジェフリー 277
ウィリアムズ，トゥルー・W 039
ウィリアムズ，マージェリィ 012, 073, 074, 075
ウィルソン，アレクサンダー 283
ウィルソン，ジャクリーン 013, 250, 251, 252
『ウィロビー・チェースのおおかみ』006, 163, 164
『ウィングズ』244
『ウェイサイド・スクールはきょうもへんてこ』270
ウエルズ，H・G 245
ウェルズ，オーソン 043
ヴェルヌ，ジュール 112
『ウォーターシップ・ダウンのウサギたち』199
ウォーターストーンズ児童文学賞 296
『ウォーリーをさがせ！』320
ウォリアムズ，デイヴィッド 310, 311, 312
『ウォルト・ディズニーの約束』096
〈ウォンブル〉シリーズ 007, 178
『ウォンブル大かつやく』007, 178, 179, 180
『ウサギどんキツネどん――リーマスじいやのした話』240
〈うさこちゃんの絵本〉シリーズ 006, 012, 145, 146
『うさこちゃんのだいすきなおばあちゃん』147
『歌うねずみウルフ』231
ウッド，デイヴィッド 198
ウッドハウス，P・G 245, 265
『海の王国』165
『うんちしたのはだれよ！』007, 171, 241, 242

え

『エアーマン』288
エイキン，ジョーン 163, 165, 174, 197, 219
英国アカデミー賞 302
〈英国情報局秘密組織CHERUB(チェラブ)〉シリーズ 321
〈エーミール〉シリーズ 120
『エーミールと大どろぼう』120
『エーミールと三人のふたご』080, 081
『エーミールと探偵たち』005, 013, 079, 080, 081
エールブルッフ，ヴォルフ 241, 242, 243
『疫病犬と呼ばれて』201
『エセルとアーネスト ほんとうの物語』216
『エドワード・リアのナンセンス詩集成』025
『エドワード・リアのナンセンス詩集成』026, 027
絵本 006, 010, 025, 026, 100, 102, 106, 109, 110, 121, 122, 124, 130, 145, 146, 147, 151, 153, 157, 169, 170, 171, 174, 175, 176, 181, 183, 184, 185, 186, 193, 194, 195, 197, 201, 211, 212, 215, 217, 219, 220, 222, 223, 235, 236, 237, 241, 242, 247, 248, 249, 259, 260, 261, 282, 300, 301, 302, 303, 323
エマーソン，ラルフ・ウォルドー 031
〈エミリー・ブラウン〉シリーズ 297
「エミリー・ブラウン」シリーズ 297
『えらぶえほん』321
エリソン，ヴァージニア・H 077
エルンスト，マックス 030
『円卓の騎士』265
「エンドウマメの上に寝たお姫さま」023

お

『黄金時代』063
『黄金の羅針盤』250, 263
『おうさまババール』090
『王子と乞食』037, 039
オーエン・コルファー 012, 286, 288
〈おおかみ年代記〉シリーズ 164
『おおきくなったら』147
『大きくなったら』099
『おおきな木』318

オースティン，ジェイン 133
オーデン，W・H 103
オードリー，ウィルバート 014, 121, 122, 123
オードリー，クリストファー 123
『オオバンクラブの無法者』087
『おさわがせなバーティくん』063
『おじいちゃんの大脱走』312
『オズの魔法使い』237, 316
『おちゃのじかんにきたとら』007, 013, 175, 176
『オックスフォード英語辞典』027
『オデッセイア』199
『オトカル王の杖』084
おとぎ話 018, 019, 021, 022, 124, 174, 235, 236, 240, 268, 274
『おとぎばなしはだいきらい』007, 250, 251, 252
『おばあちゃんは大どろぼう?!』312
『おばけ桃が行く』174
『おばけやしき』007, 010, 197, 217, 218, 219, 224
『おはなしばんざい』192
オバマ，バラク 171
『おふろのなかからモンスター』231
『おふろばをそらいろにぬりたいな』171
『おまるがない！』320
おもちゃ 010, 012, 073, 074, 075, 102, 114, 121, 147, 190, 195, 211, 220, 254, 258, 259, 282, 292, 300
〈おもちゃの国のノディ〉シリーズ 114
『オ・ヤサシ巨人BFG』174
『おやすみなさいおつきさま』006, 124, 125
『おやすみなさいトムさん』319
『おやゆびこぞう』021
「親指姫」024
『オリバー・ツイスト』246
〈オルガ・ダ・ポルガ〉シリーズ 156
オルコット，ルイザ・メイ 031, 032, 033, 036, 068
オルドリッジ，アラン 201, 205, 206, 207
『女はつらいよ』279

カー，ケティ 034, 035
カー，ジュディス 013, 175, 176, 177, 291
「ガーディアン」紙 085
カーネギー賞 099, 246, 263, 273, 288, 290, 294, 315

カール，エリック 184, 185, 186
『かいじゅうたちのいるところ』006, 169, 170, 171
ガイゼル，セオドア 157
海賊 011, 046, 047, 048, 064, 085, 086, 201
外伝 262, 286, 297
怪物 008, 011, 072, 282, 313, 314, 315, 326
「かいぶつたち」012
『怪物はささやく』008, 313, 315, 326
『帰ってきたキャリー』007, 013, 202, 203, 204, 250
『かかしと召し使い』264
『鏡の国のアリス』030, 205
『影との戦い』318
『カサンドラの城』006, 133, 134, 135
『風が吹くとき』216
『風とけものと友人たち』148, 150
『風にのってきたメアリー・ポピンズ』094
『かぞえてみよう』147
『かぞえてみよう スカーリーおじさんのかずの本』183
『がちょうおばさんの話』005, 016, 017, 018
『かってなカラスおおてがら』165
『悲しい本』249
〈がまくんとかえるくん〉シリーズ 007, 190, 191, 192
『がまんづよいスズの兵隊』024
『神さま、わたしマーガレットです』007, 187, 188
ガラン，アントワーヌ 316
『ガリヴァー旅行記』020
〈可愛いエミリー〉シリーズ 060
『川をくだる小人たち』144
『カングル・ワングルのぼうし』027
『ガンピーさんのふなあそび』318
『ガンプ——魔法の島への扉』291

『消えた王子』069
『機関車トーマス』006, 109, 121
『きかんぼの ちいちゃい いもうと』211
〈汽車のえほん〉シリーズ 014, 121, 123
奇想天外 011, 028, 120, 174, 284
『きつきつぎゅうぎゅう』282
〈キッパー〉シリーズ 008, 010, 259
『キッパーと1・2・3』259
『キッパーとあか・あお・きいろ』259

『キッパーとはれ・あめ・ゆき』259

『キッパーのおもちゃばこ』259

『キッパーのくまちゃんさがし』008, 259, 260, 261

キニー，ジェフ 013, 304, 305, 306

キプリング，ラドヤード 049, 050, 051, 122, 283

『希望の海へ』228

『キャット インザ ハット』159

キャロル，ルイス 028, 029, 030, 180, 206, 292

『キャンディ いそいで お帰り』171

キャンベル，ジョアンナ 234

『吸血鬼ドラキュラ』285

『きょうは みんなで クマがりだ』007, 247

「巨大な翼を持つひどく年老いた男」271

キリスト教 018, 044, 105, 136, 138, 151, 187, 264, 267,
　　288

キング，クライブ 102, 166, 167, 168

キング＝スミス，ディック 229, 231

キングズリー，ヘンリー 029

キングスレー，チャールズ 316

『金のはさみのカニ』083, 084, 115

〈銀の森のパット〉シリーズ 060

『吟遊詩人ビードルの物語』267

『クィディッチ今昔』267

〈グースバンプス〉シリーズ 008, 253, 254, 325

クーリッジ，スーザン 012, 034, 035, 036

『くじゃく家の祝宴』207

『グッド・オーメンズ』293, 294

グッドハート，ピッパ 321

『くまさん』216

『くまさん くまさん なに みてるの？』185, 186

『熊と少年』318

『くまのパディントン』006, 154, 156, 179

『クマのプーさん』005, 012, 063, 076, 078

『クマのプーさんとぼく』078

クラーク，アーサー・C 245

『クラーケンの島』291

クラウス，ルース 171

「グラファロ」012

『グラファロのおじょうちゃん』282

グラフィックノベル 286, 292, 293

グリーン，ロジャー・ランセリン 105

クリスティ，アガサ 112

『クリストファー・ロビンのうた』076, 077, 078

『グリフィンの年』210

グリム，ヴィルヘルム 019

グリム兄弟 016, 018, 019, 020, 021, 022, 120, 326

『グリム・ドイツ語辞典』019

『グリム童話集』005, 019, 020, 021

グリム，ヤーコプ 019

『グリンチ』159

クリントン，ヒラリー 129

グレアム，ケネス 061, 062, 063

『クレイ』273

クレイン，ウォルター 021

クレスウェル，ヘレン 282

〈クレストマンシー〉シリーズ 012, 208

『グレッグのダメ日記』008, 304, 306, 326

〈グレッグのダメ日記〉シリーズ 008, 013, 304, 306

『黒馬物語』005, 040, 041, 042

『黒魔女コンテスト』291

クロンプトン，リッチマル 070, 071, 072

ケイ，ジム 314, 315

ケイト・グリーナウェイ賞 102, 165, 211, 219, 237,
　　247, 315

ゲイマン，ニール 208, 210, 292, 294

『ゲーム・オブ・スローンズ』138

ケストナー，エーリヒ 013, 079, 080, 081

ゲッベルス，ヨーゼフ 079

〈ケティ〉シリーズ 005, 034

〈ゲド戦記〉シリーズ 318

『ケニーのまど』169, 171

『げんきなマドレーヌ』006, 106, 107

『肩甲骨は翼のなごり』008, 271, 273

『ケンスケの王国』228

『こいぬのくんくん』147

〈こいぬのくんくん〉シリーズ 147

『恋はおまかせ』232

『恋はミステリー』279

『高慢と偏見』298

『こえだのとうさん』282

コーウェル，クレシッダ 295, 296, 297

『ゴーゴー・ジョージア』008, 277, 278

〈ゴーゴー・ジョージア〉シリーズ 277

『ゴースト・パラダイス』246

ゴードン，マーガレット 179

『ゴーメンガースト』030

ゴールディング，ウィリアム 318

『ゴールデン・バスケットホテル』108

『五月三十五日』079, 081

『子ギツネたちのゆくえ』228

国際アンデルセン賞 081, 132, 139, 273

〈こぐまのくまくん〉171

『心のナイフ──混沌の叫び1』315

『心をビンにとじこめて』303

『五次元世界のぼうけん』318

ゴシック 032, 087, 100, 163, 218, 254, 265, 274

ゴシックホラー 100, 163, 274

ゴシニ，ルネ 318

『ごちそうさま』219

ごっこ遊び 085, 087

ゴッホ，フィンセント・ファン 146

コッローディ，カルロ 316

古典 012, 016, 018, 033, 067, 069, 086, 088, 171, 280

『ことっとスタート』173

子どもの本 010, 011, 014, 018, 021, 029, 039, 076, 108,
112, 124, 125, 157, 169, 181, 211, 310, 324

『小人たちの新しい家』143, 144

『こびととくつや』021

〈小人の冒険〉シリーズ 006, 142, 143

『子ブタ シープピッグ』007, 229

コメディ 072, 081, 083, 160, 162, 179, 198, 245, 274,
277, 278, 279, 285, 293, 310, 311

『コララインとボタンの魔女』008, 292, 293, 294

コリンズ，スーザン 012, 307, 308, 309

ゴルデル，ヨースタイン 320

コルファー，オーエン 012, 286, 288

〈コロちゃん〉シリーズ 010, 222, 225

『コロちゃんのかいすいよく』225

『コロちゃんのこんにちはおじいちゃん』225

『コロちゃんのたんじょうび』225

『コロちゃんののうじょう』225

『コロちゃんはどこ？』223

『こんにちは さようならのまど』162

『サーカスきたる』099

『サーカスの小びと』081

『最悪のはじまり』274

『最後の決闘』297

『サウンド・オブ・ミュージック』177

挿絵 020, 030, 062, 063, 097, 196, 214, 265

挿絵画家 020, 030, 063, 097, 196, 214

サッカー，ルイス 268, 270

『さびしがりやの ほたる』185, 186

『さむがりやのサンタ』214

『サルカンドラ──かの忌まわしき砦』(138

『さるのゼフィール なつやすみのぼうけん』090

『山賊のむすめローニャ』120

『サンタのたのしいなつやすみ』214

サン＝テグジュペリ，アントワーヌ・ド 009, 115,
116, 117

〈サンドマン〉シリーズ 293, 294

シークレット・セブン〉シリーズ 114

シェイクスピア，ウィリアム 112

ジェイクス，フェイス 174

『ジェイン・エア』298

シェパード，E・H 062, 063, 069, 077, 078

ジェファーズ，オリヴァー 012, 301, 302, 303

ジェファーソン・エアプレーン 030

シェフラー，アクセル 280, 282

ジェラーム，アニタ 320

シェリー，メアリー 292

『ジェントルマンジム』216

しかけ絵本 223, 242, 259

思春期 031, 127, 187, 189, 267

『しずくの首飾り』165

『失楽園』262, 263

『死神さんとアヒルさん』242, 243

シブソープ，レッチャー 272

『縞模様のパジャマの少年』321

シムノン，ジョルジュ 146

ジャービス，ルース 097

シャープ，トム 245

『シャーロットのおくりもの』006, 139, 141

ジャスター，ノートン 160, 162

『ジャスト・ウィリアム』 005, 070

『ジャッカノーリ』 155

ジャックス，フェイス 203

シャラット，ニック 251, 321

『ジャングル・ブック』 051

シュウエル，アンナ 040, 041, 042

シュピリ，ヨハンナ 043, 044, 045

『小公子』 069

『小公女』 069

『少年キム』 050, 051, 283

『女王の鼻』 231

「女王陛下の船乗り猫」 201

〈ジョージアの青春日記〉シリーズ 277

『ジョーの少年たち』 033

ジョーンズ，ダイアナ・ウィン 012, 208, 210

植民地 049, 084, 090

〈ジョニー・マックスウェル〉3部作 246

ジョン，エルトン 206, 207

ジョンズ，W・E 091, 092, 093

ジョンソン，エイミー 093

『白雪姫』 021

シルヴァスタイン，シェル 318

『シルヴィーとブルーノ』 030

『シルマリルの物語』 105

『白いスケートぐつ』 099

『しろくまくん なにがきこえる？』 185, 186

『じろりじろり　どうしてけんかになるの？』 222

シンデルマン，ジョゼフ 174

「シンデレラ」 017, 021

〈スイート・ヴァレー・ハイ〉シリーズ 232

『スイスのロビンソン』 316

『すきです ゴリラ』 319

『スキャリーおじさんのおおきなことばえほん』 183

『スキャリーおじさんのとってもたのしいえいごえじてん』 183

スキャリー，リチャード 181

「スクール・ライブラリアン」 259

「スクール・ライブラリー・ジャーナル」 269

「スケリグ」 012, 272

スコット，ウィリアム・ルーファス 125

スコット，ウォルター 046

『スターダスト』 294

スタイン，R・L 253, 255, 325

『スチュアートの大ぼうけん』 141

スチュワート，マイケル 232

スティーヴンソン，ロバート・ルイス 011, 046, 047, 048, 086

『すてきなケティ』 005, 012, 034, 035, 036

『すてきなケティのすてきな妹』 034

『すてきなケティのすてきな旅行』 034, 036

『すてきなケティの寮生活』 034

ステッドマン，ラルフ 030

『ストームブレイカー』 008, 011, 283, 284

ストレトフィールド，ノエル 097, 098, 099, 211

『スナーク狩り』 030, 180

『砂の妖精』 057

スニケット，レモニー 013, 274, 276

『スノーマン』 007, 214, 215, 216

『スパイになりたいハリエットのいじめ解決法』 318

スマーティーズ賞 290

スミス，ドディー 133, 134, 135

『せいめいのれきし』 109, 111

〈セイント〉シリーズ 146

『世界はまるい』 125

『ぜったいたべないからね』 320

善悪 011, 019, 046, 103, 131, 136, 243, 265, 275, 276, 286, 312

『戦火の馬』 007, 011, 144, 226, 227, 228

先住民 090, 238

センダック，ジャック 169, 171

センダック，モーリス 012, 169, 170, 171

『千夜一夜物語』 022, 316

挿画 020, 021, 023, 024, 026, 027, 029, 030, 053, 054, 064, 068, 069, 075, 077, 078, 097, 100, 102, 111, 124, 125, 126, 169, 173, 174, 175, 179, 204, 205, 206, 207, 211, 212, 240, 245, 247, 251, 260, 275, 280, 282

『ぞうのエルマー』 222

『ゾウの鼻が長いわけ』 049, 050, 051

『ゾウの鼻が長いわけキプリングのなぜなぜ話』 049

『ぞうのババール』005, 088, 224

〈ぞうのババール〉シリーズ 005, 088, 089

『ぞうのホートンたまごをかえす』157

『ぞうのホートンひとだすけ』159

『続ジャングル・ブック』051

『続・ダルメシアン──100と1ぴきの犬の冒険』135

『続若草物語』033

『即興詩人』023

『そのウサギはエミリー・ブラウンのっ！』297

〈ソフィー〉シリーズ 231

『ソフィーの世界』320

『空をとぶ小人たち』144

『それから どうなるの？』132

『それは、あらしの夜だった』237

ソロー、ヘンリー・デイヴィッド 031

た

『ダークホルムの闇の君』210

ダール、ロアルド 011, 172, 173, 174, 310, 312

『ダイアナ・ウィン・ジョーンズのファンタジーランド観光ガイド』210

『ダイアナと大きなサイ』102

『第三の男』043

『大好き！ クサイさん』310

『大草原の小さな家』317

『台所のメアリー・ポピンズ おはなしとお料理ノート』096

タイナー、ハンス 023

『ダイ・ハード』286

〈大魔法使いクレストマンシー〉シリーズ 208

『ダイヤモンドブラザーズ 危険なチョコボール』285

〈ダイヤモンドブラザーズ〉シリーズ 285

〈タウザー〉シリーズ 222

ダウド、シヴォーン 313, 314

タウンゼント、スー 319

『宝さがしの子どもたち』057

『宝島』005, 011, 046, 047, 048, 080, 087, 250

ダックワース、ロビンソン 029

『たのしい川べ』005, 055, 061, 062, 063

『たのしいムーミン一家』006, 130, 131, 132

『楽しいムーミン一家』132

ダノ、セルジュ 179

ダリ、サルヴァドール 030

『ダルメシアン──100と1ぴきの犬の物語』134, 135

ダレル、ジェラルド 148, 149, 150

『タンタン アメリカへ』090

『タンタン ソビエトへ』082, 083

『タンタン チベットをゆく』083, 084

『タンタンとピカロたち』084

『タンタンのコンゴ探検』083, 084

『タンタンのコンゴ探検』090

〈タンタンの冒険〉シリーズ 005, 082, 084, 090

「タンタン・マガジン」082

『だんまり こおろぎ』185, 186

ち

『ちいさいおうち』111

『ちいさいケーブルカーのメーベル』111

『ちいさいロッタちゃん』120

〈ちいさいロッタちゃん〉シリーズ 120

『小さき人々』033

『ちいさなうさこちゃん』006, 145, 146, 224

『小さなトロールと大きな洪水』132

チェスタトン、G・K 245

『チェロキー・アドボケイト』238

『ちびっこきかんしゃくん』317

『チム ききいっぱつ』100

〈チム〉シリーズ 006, 100, 101, 102

『チム、ジンジャーをたすける』100

『チムとシャーロット』100

『チムとゆうかんなせんちょうさん』006, 100, 102

『チムとルーシーとかいぞく』100

チャータリス、レスリー 146

チャーチル、ウィンストン 075

〈チャーリーとローラ〉シリーズ 320

チャイルド、ローレン 320

チャンドラー、レイモンド 146

『ちょうちょうの舞踏会とバッタの宴会』205

『チョコレート工場の秘密』172

チョンジェン、チャン 084

つ

『つきよのぼうけん』102

『ツバメ号とアマゾン号』057, 085, 086, 087

〈ツバメ号とアマゾン号〉シリーズ 005, 085, 087

『ツバメ号の伝書バト』087
『ツバメの谷』087
『積みすぎた箱舟』150

て

ディアリー, テリー 256, 257, 258
ディープ・パープル 205, 207
『ディガーズ』244
ディケンズ, チャールズ 024, 246, 325
「デイジー・メドウズ」321
〈ディスクワールド〉シリーズ 105, 244, 246
ディストピア 307
ディズニー 019, 021, 066, 076, 081, 094, 095, 096, 132, 134, 135, 144, 145, 169, 254, 324
ディズニー, ウォルト 021, 066, 076, 094, 096, 144, 145, 169, 324
テイラー, トーマス 266
デイ゠ルイス, セシル 178
〈デイルマーク王国史〉シリーズ 209
デ・ステイル 146
鉄道 005, 055, 056, 057, 109, 121, 122, 123, 142, 154
『鉄道きょうだい』005, 055, 056, 057
テニエル, ジョン 028, 029, 030, 205
テニスン, アルフレッド 026
デュ・モーリア, ダフネ 298
デュラン・デュラン 293
『テラビシアにかける橋』319
デ・ラ・メア, ウォルター 073, 074, 178
デリー・ダウン・デリー 026
『点子ちゃんとアントン』081
『天才ネコモーリスとその仲間たち』246
天使 271, 272, 273
『天路歴程』105

と

トウェイン, マーク 037, 038, 039, 239, 245, 324
『塔の上のラプンツェル』021
『動物会議』081
『動物の館』150
『問う者、答える者──混沌の叫び2』315
童謡 010, 028, 030, 219
〈遠い星からきたノーム〉シリーズ 244
トールキン, J・R・R 011, 103, 104, 105, 121, 136,

138, 208, 292, 325
ドクター・スース 157, 158, 159, 174, 247
『時計つくりのジョニー』102
『時計はとまらない』264
ドジソン, チャールズ・ラトウッジ 029
図書館 017, 076, 099, 125, 188, 210, 211, 217, 252, 257, 315
『どっこい巨人は生きていた』144
『とてもとてもサーカスなフロラ』171
ドナルドソン, ジュリア 012, 280, 281, 282
トニー・ロス 320
『飛ぶ教室』080
『トム・ソーヤーの冒険』005, 037, 038, 039, 324
『トム・ブラウンの学校生活』316
トラヴァース, P・L 057, 094, 096, 144, 324
ドラゴン 008, 103, 231, 295, 296, 297
『ドラゴンの育て方』295
『トラッカーズ』007, 244, 246
『トラねこマーチン ねずみをかう』231
『鳥とけものと親類たち』148, 150
〈トレイシー・ビーカー物語〉シリーズ 007, 250
『ドレスを着た男子』312
『ドロボービルのものがたり』237
『どんなにきみがすきだかあててごらん』320

な

『ナイチンゲール』024
ナイト, エリック 317
『長くつ下のピッピ』006, 118, 120
「長ぐつをはいたねこ」017
ナチス 079, 080, 082, 128, 175, 176, 177
『なに みてる?』237
〈ナルニア国物語〉シリーズ 057, 105, 121
ナンセンス 005, 025, 026, 027, 028, 030, 162, 249
『ナンセンスの絵本』025, 026
『ナンタケットの夜鳥』164

に

ニコルソン, ウィリアム 075
ニコルソン, ジョージア 014, 277, 279
ニコル, ヘレン 014, 075, 196, 197, 198, 219, 277, 279
ニコロデオン・キッズ・チョイス・アワード 306
『西アフリカの狩人 アフリカ原野に珍獣を獲える』

150

「ニューヨーカー」139

「ニューヨークタイムズ」紙 153, 184, 267

『人魚姫』024

ぬいぐるみ 012, 073, 075, 076, 078, 145, 154, 211, 259, 261

『ねこのオーランドー』317

ネス，パトリック 313, 314, 315

ネズビット，イーディス 055, 056, 057, 079, 138, 179

『ネバーウェア』294

『ネビルってよんでみた』162

「眠れる森の美女」017, 018, 021

『野に出た小人たち』143, 144

ハーグリーブス，ロジャー 193, 194, 195

ハーディ，ポール 035

「ハート・アンド・ホーム」035

ハード，クレメント 124, 125

ハード，サッチャー 124, 125

バートン，ヴァージニア・リー 109, 110, 111

バーナード，A・M 032

バーニンガム，ジョン 318

バーンズ，ジュリアン 134

パイパー，ワッティ 317

『バイバイわたしのおうち』252

バウハウス 146, 242

『ハウルの動く城』210

『蠅の王』318

『はえをのんだおばあさん』319

『墓場の少年 ノーボディ・オーエンズの奇妙な生活』294

バカリッジ，アントニー 070, 265

バカン，ジョン 283

「白銀号事件」298

『白鳥のトランペット』141

「はじまり物語」049

パスカル，ジョン 232

パスカル，フランシーン 232, 234

『パセリともみの木』108

パターソン，キャサリン 319

「裸の王さま」022, 024

『バタシー城の患者たち』164

『はたらきもののじょせつしゃ けいてぃー』111

『ハックルベリー・フィンの冒険』039

『ハットしてキャット』159

バット，マイク 179, 180

ハッドン，マーク 298, 300

ハッピーエンド 024, 100, 133, 246, 298

『パディントン』156

パディントン 006, 012, 154, 155, 156, 179, 205, 207

『パディントン2』156

〈パディントン〉シリーズ 006, 012, 154, 155, 156, 179, 205, 207

『パディントンの煙突掃除』156

『はなのすきなうし』317

バニヤン，ジョン 105

『ババールのこどもたち』090

パラシオ，R・J 321

『はらぺこ あおむし』007, 184

パラレルワールド 208, 209, 262, 264, 292

バリー，J・M 015, 030, 064, 065, 066, 233, 247, 249

ハリー・ポッター 008, 009, 012, 197, 250, 253, 265, 267, 276, 285, 315, 325

〈ハリー・ポッター〉シリーズ 008, 009, 012, 048, 197, 253, 265, 315, 325

『ハリーポッターと賢者の石』266

『ハリー・ポッターと死の秘宝』265

『はりきりダレルは新入生──マロリータワーズ学園シリーズ』114

ハリス，ジョエル・チャンドラー 238, 239

パルチザン 213

『バレエシューズ』006, 097, 098, 099, 250

ハローキティ 147

パロディ 090, 210, 283, 285

〈ハンガー・ゲーム〉シリーズ 012

『パンダくん パンダくん なに みているの?』185, 186

パンダくん パンダくん なに みているの?』185, 186

「パンチ」029, 076, 220

ハント、E・ハワード 283
バントック、ニック 236
「ハンニバル・ジャーナル」紙 039
『バンブルアーディ』171
〈パンプルムース氏〉シリーズ 156

ビアトリクス 053
『ビーカー教授事件』084
ビーカー、トレイシー 007, 014, 250
ピーク、マーヴィン 030
『ピーターとファッジのどたばた日記』189
ピーター・パン 005, 015, 064, 065, 066, 075
『ピーター・パン2 ネバーランドの秘密』066
『ピーター・パンとウェンディ』005, 015, 064, 065,
　066, 075
『ピーターラビットのおはなし』005, 052, 053, 054
ビーチ、マーク 245
ビートルズ 030, 201, 207, 267
ヒーロー 082, 093, 213, 216, 295
ピエンコフスキー、ジャン 010, 165, 196, 197, 217,
　219, 224, 260
『ヒキガエル館のヒキガエル』063
〈ビグルズ〉シリーズ 091, 092, 093
飛行機 091, 092, 115, 117, 144, 189, 288
〈ヒックとドラゴン〉シリーズ 008, 295, 297
『ヒックとドラゴン ドラゴン大図鑑』297
『ピッピ船にのる』120
『ピッピ南の島へ』120
『人という怪物──混沌の叫び3』315
ヒトラー、アドルフ 020, 079, 128, 175, 177, 213, 291
『ヒトラーにぬすまれたももいろうさぎ』177
『ピノキオの冒険』316
『火の鳥と魔法のじゅうたん』057, 179
『ひみつクラブとなかまたち──シークレット・セブ
　ン1』114
『ひみつのいもうと』120
『ひみつの海』087
『秘密の花園』005, 067, 069
ヒューズ、シャリー 010
ヒューズ、トマス 316
『ビリー・バンター』250
ヒル、エリック 222, 223, 225, 235, 259

『ビロードのうさぎ』005, 012, 073, 074, 075
『火を喰う者たち』273
ピンクニー、ジェリー 239, 240

『ファースト・クリスマス』219
ファイファー、ジュールズ 162
ファイン、アン 015, 320
『ファラオの葉巻』083
『ファンタジア』169
ファンタジー 011, 028, 064, 079, 081, 103, 105, 136,
　166, 179, 199, 205, 208, 209, 210, 244, 245, 262, 288,
　292, 293, 294, 297, 313
ファン・デ・フェンデル、エドワルド 243
〈フィア・ストリート〉シリーズ 254
〈フィアレス〉シリーズ 234
フィッツヒュー、ルイーズ 318
〈フィリップ・マーロウ〉シリーズ 146
『プー横丁にたった家』076, 078
〈フェイマス・ファイブ〉シリーズ 006, 079, 112, 283
『フェイマス・ファイブ──宝島への大冒険』079,
　112, 113
〈フォリーコーブ・デザイナーズ〉111
『ふくろうくん』192
〈不思議な文通〉シリーズ 236
『不思議の国のアリス』028, 029, 030, 032, 055, 160,
　205, 237, 292, 309
不条理 028, 103, 210, 274
『ふたりのエアリアル』099
『ふたりのロッテ』081
『ふたりはともだち』007, 190, 192
「プチ20世紀」紙 082
ブッシュ、ジョージ・W 184
フライ、スティーヴン 197
ブライトン、エニード 011, 099, 112, 113, 114, 120,
　240, 283
ブラウン、アンソニー 260, 319
ブラウン、ウィリアム 070, 071
ブラウン、マーガレット・ワイズ 124, 125, 126
プラチェット、テリー 105, 208, 244, 245, 246, 293
『フラワー・ベイビー』320
フランク、アンネ 127, 128, 129
フランク、オットー 128, 129

『フランケンシュタイン』285
ブランコに乗った少女 012
『ブリキの王女』262
ブリスリー，ジョイス・L 316
ブリッグズ，レイモンド 214, 216
ブリュノフ，ジャン・ド 088, 089, 090, 224
『プリンセスと魔法のキス』021
ブルーナ，ディック 012, 145, 147, 224
ブルー・ピーター・ブック賞 290
プルーマー，ウィリアム 205, 207
ブルーム，ジュディ 187, 188, 189
ブルーム，ジュディー 014
プルマン，フィリップ 208, 262, 264
ブレア・ラビット 238, 240
ブレイク，ウィリアム 273
ブレイク，クェンティン 011, 165, 173, 174
ブレイク，ピーター 030
フレミング，イアン 147, 207, 283, 284
フンケ，コルネーリア 321
〈フンケの魔法〉シリーズ 321
『ぶんぶんむしとぞう──おおきいものとちいさいもの』126

『兵士ピースフル』228
ヘイズ，ラザフォード・B 171
ベイブ 229, 230, 231
ヘイル，キャスリーン 317
ペイン，レジナルド 123
『ベーオウルフ』103
ペーパーエンジニアリング 218
ベーメルマンス，ルドウィッヒ 106, 107, 108
〈別世界物語〉シリーズ 138
『ペットのきんぎょがおならをしたら？』249
ベネット，アラン 155, 198
『ペパーミント・ピッグのジョニー』204
ヘミングウェイ，アーネスト 039
『ペレランドラ──金星への旅』138
ベレスフォード，エリザベス 178, 179, 180
ペロー，シャルル 016, 017, 018, 326
『ベンジャミンバニーのおはなし』054
『ヘンゼルとグレーテル』019, 021
ベンソン，パトリック 320

「ベントリーズ・ミセラニー」024
ペンフィールド，エドワード 035

ホイートリー，デニス 283, 292
ボイン，ジョン 321
『ポイントブランク』284
ポー，エドガー・アラン 292
ボーデン，ニーナ 013, 202, 203, 204
『ホーム・アローン』250
ホームズ，シャーロック 267, 283, 284, 298
「ホームマガジン」誌 071
ボーム，ライマン・フランク 316
北欧伝説 136, 174, 280
『ぼくがサーカスやったなら』159
『ぼくキッパー』259
『ぼくって女の子??』270
『ぼくと原始人ステッグ』006, 102, 166, 167, 168
『ぼくにげちゃうよ』124, 126
『ぼく、ネズミだったの！──もう一つのシンデレラ物語』264
『ぼくのせかいをひとまわり』124
『ぼくのつくった魔法のくすり』173
『ぼくのワンちゃん』007, 010, 204, 211, 213
『ぼくはみどりのカンガルー』187
『ホグワーツ不完全＆非確実』267
『星の王子さま』006, 009, 115, 116, 117
『星を数えて』273
『ポストマン・パット』179
ポター，ビアトリクス 052, 053, 054
〈ホビットの冒険〉シリーズ 006, 011, 103, 105, 121, 136
『ほら、ここにいるよ このちきゅうでくらすためのメモ』303
〈ホリブル・ヒストリーズ〉シリーズ 008, 256, 257, 258
ホルツヴァルト，ヴェルナー 241, 243
ホロヴィッツ，アンソニー 011, 283, 284, 285
ホワイト，E・B 139, 140, 141
ボンド，ジェームズ 011, 267, 283, 284
ボンド，マイケル 012, 154, 155, 156, 179

マーチン，ビル 184, 186
マーフィ，ジル 319

『マイク・マリガンと
スチーム・ショベル』109
『まいごになったおにんぎょう』102
『まいごのペンギン』008, 012, 301, 302, 303
『マイ・ベスト・フレンド』252
『マイロのふしぎな冒険』006, 160, 162
マカモア, ロバート 321
マクドナルド, ジョージ 029, 105
マクブラットニィ, サム 320
マゴリアン, ミシェル 319
「マザー・グース」319
「マザーグース」016, 237
〈マジックウッズ戦記〉297
魔女 006, 008, 011, 079, 136, 138, 144, 160, 174, 196,
　204, 208, 209, 235, 250, 262, 267, 291, 292, 293, 294,
　319
『魔女がいっぱい』174
『魔女学校の一年生』319
『魔女と暮らせば』208, 209
『まじょとねこどんほうきでゆくよ』282
〈マチルダばあや〉シリーズ 102
『マチルダは小さな大天才』174
マッキー, デイヴィッド 220, 222
マッキネス, ヘレン 283
マッケンジー, コンプトン 283
マティス, アンリ 145
『まどのそとのそのまたむこう』170, 171
『マハラジャのルビー』262, 264
魔法使い 007, 011, 103, 130, 132, 208, 210, 237, 265,
　267, 285, 289, 297, 316
『魔法使いハウルと火の悪魔』210
『魔法の声』321
『魔法のベッド過去の国へ』144
〈魔法のベッドかざり〉シリーズ 144
『魔法のベッド南の島へ』144
『幻の動物とその生息地』267
『魔よけ物語』057
『まよなかのだいどころ』170, 171
『真夜中の子ネコ』135
『マラカンドラ──沈黙の惑星を離れて』138
『マリーナ』108
マルクス兄弟 160, 162
マルケス, ガブリエル・ガルシア 271

マルシアーノ, ジョン・ベーメルマンス 107
『まる, しかく, さんかく』146
『マルベリーどおりの不思議な出来事』157
〈マロリータワーズ学園〉シリーズ 113, 114, 250
「マンチェスター・ガーディアン」紙 087
マンデラ, ネルソン 129

『ミオよわたしのミオ』120
『ミスター・ティックル(コチョコチョくん)』007, 193
『ミスター・ベンとあかいよろい』222
〈ミスターメン〉シリーズ 193
『水の子』316
『水の子どもたち』055
『みつけたよ, ぼくだけのほし』303
ミッフィー 145, 146, 147
『みどりいろした たまごとハム』006, 157
『みどりいろした たまごとハムのクックブック』158
『ミナの物語』273
ミナリック, E・H 171
『みにくいアヒルの子』024
『ミリー・モリー・マンデーのおはなし』316
〈ミルドレッドの魔女学校〉シリーズ 319
ミルトン, ジョン 262, 264
ミルン, A・A 012, 063, 076, 077, 078
ミルン, クリストファー・ロビン 076
『みんなあつまれ! ノアのはこぶねより』219
『みんないちにち, なにしてる?』007, 181
民話 011, 016, 019, 020, 021, 022, 023, 165, 174, 196,
　238, 240

ムーア, アン 053, 054
〈ムーミン〉シリーズ 006, 030, 130, 131, 132
『ムーミン谷の十一月』132
『ムーミン谷の仲間たち』132
『ムーミン谷の彗星』132
『ムーミン谷の夏まつり』132
昔話 010, 016, 017, 021, 238, 248, 264
『虫とけものと家族たち』006, 148, 149, 150
ムッソリーニ, ベニート 213
『村は大きなパイつくり』282

『メアリー・ポピンズ』144, 324

〈メアリー・ポピンズ〉シリーズ 006, 057, 094, 095, 096, 144, 324

『名犬ラッシー』317

メイスフィールド, ジョン 317

『名探偵カッレくん』120

『メグとモグ』007, 196, 198

〈メグとモグ〉シリーズ 007, 176, 196, 198, 219

〈メグレ警部〉シリーズ 146

『めざすは月／月世界探険』084

メタフィクション 275

『メリー・ポピンズ リターンズ』096

マイケル・モーパーゴ 011, 144, 226, 228

モーム, W・サマセット 283

モーム, サマセット 178, 283

『モール君のおとなはわかってくれない──13 3/4歳の秘密の日記 part 1』319

モーレー, ウォルト 318

〈モグ〉シリーズ 176, 177

『もものき なしのき プラムのき』237

モリス, ウィリアム 110

『もりでいちばんつよいのは?』008, 280, 281, 282

モンゴメリ, L・M 058, 059, 060

モンドリアン, ピエト 146

〈やかまし村〉シリーズ 120

『やかまし村の子どもたち』120

『夜間飛行』115

『やねの上のカールソン』120

〈やねの上のカールソン〉シリーズ 120

『ヤマネコ号の冒険』087

『山のクリスマス』108

『闇の底のシルキー』273

ヤングアダルト(YA) 010, 011, 075, 177, 180, 188, 213, 234, 262, 268, 283, 285, 291, 294, 307, 315, 323

ヤング, アンネマリー 249

「ヤング・フォークス」誌 048

ヤンソン, トーベ 030, 130, 132

『雪の女王』024

ユーモア 010, 049, 076, 133, 148, 156, 157, 174, 195, 242, 245, 253, 254, 277, 278, 289, 303, 310, 311, 312

幽霊 217, 219, 246, 255, 289, 291

『幽霊派遣会社』291

『ゆかいな ゆうびんやさん おとぎかいどう 自転車にのって』235

〈ゆかいな ゆうびんやさん〉シリーズ 007, 235

『ゆかいな ゆうびんやさんのクリスマス』237

『ゆかいな ゆうびんやさんのだいぼうけん』236, 237

『床下の小人たち』006, 142, 143, 144

ユダヤ人 116, 128, 129, 169, 175, 187, 189, 240, 291

ユデルゾ, アルベール 318

『指輪物語』105

『夢の彼方への旅』008, 013, 289, 290, 291

妖精 011, 057, 064, 066, 114, 166, 242, 286, 287

『ようちえん』147

『夜中に犬に起こった奇妙な事件』008, 298, 300, 326

『世にもおそろしいフクロウおばさん』312

〈世にも不幸なできごと〉シリーズ 008, 013, 274, 276

『よにもふしぎな本をたべるおとこのこのはなし』303

『よるのおるすばん』320

『喜びの箱』317

『ライオンと魔女』006, 011, 079, 136, 138, 250

『ライラの冒険』262, 264

〈ライラの冒険〉3部作 008, 262

ラクヴィグ, トーア 217, 218

『ラクダ飛行部隊がやってくる』005, 091, 092

ラッカム, アーサー 020, 021, 030, 063, 064, 211

『ラプンツェル』021

ラモリス, アルベール 151, 152, 153, 326

ラングル, マデレイン 318

ランサム, アーサー 057, 085, 086, 087

リア, エドワード 005, 025, 026, 027, 249

「リーダーズ・ダイジェスト」220

リートフェルト，ヘリット 146
リーフ，マンロー 317
『リーマスじいやの話 完全版』007, 238
リチャーズ，フランク 070, 250
リデル，アリス 028, 029, 030
『リトル・ブリテン』311
リメリック 025
リンド，イェンニー 024
リンドグレーン，アストリッド 118, 119, 120
『リンドグレーンの戦争日記 1939–1945』120
リンドバーグ，チャールズ 117

ルイス，C・S 011, 057, 079, 104, 105, 121, 136, 137, 138, 208, 292
ル＝グウィン，アーシュラ・K 318
「ル・ソワール」紙 082

〈レインボー・マジック〉シリーズ 321
『レオナルド』242
〈レジェンド〉シリーズ 288
レスター，ジュリアス 238
『レッド・ラッカムの宝』083, 084
レニソン，ルイーズ 014, 277
レ・ファニュ，シェリダン 100
『レベッカ』298
レミ，ジョルジュ・プロスペル 082

『ロウリーのいい子日記 親友グレッグの伝記』306

ローズベルト，エレノア 129
ローゼン，マイケル 175, 247, 248, 249
ローソン，ロバート 317
ローベル，アーノルド 190, 192
ローベル，アニタ 190, 320
ローベル，エイドリアン 192
『ローベルおじさんのどうぶつものがたり』192
『ローリィんとこの娘っこ』068
ローリング，J・K 009, 012, 197, 208, 209, 253, 265, 267, 276, 325
ローレンス・オリヴィエ賞 300
『六にんの男たち なぜ戦争をするのか？』222
ロスコー，ウィリアム 205, 207
ロス，トニー 222, 285, 320
ロビンソン，W・ヒース 211
『ロボット』219
ロボット 219, 231
ロレンス，T・E 092
「ロロ王さまとパン」222

『若草の祈り』055
『若草物語』005, 031, 032, 033, 036
『わすれんぼうのねこ モグ』177
『わたしが子どもだったころ』081
『私の動物園』150
ワッデル，マーティン 320
『罠にかかったパパとママ』081
『ワビシーネ農場のふしぎなガチョウ』231
『ワンダー』321

謝辞

人々に読み継がれる児童文学をレビューした本書に取り上げた本の、すべての出版社(とくにパフィンブックス社)に、感謝をお伝えしたい。パヴィリオンブックスのスタッフにはとびきりの感謝を。彼らは、お気に入りの児童文学のリスト作りに協力してくれた。ここで、ポリー・パウエルにはお詫びをしなければならない。アンジェラ・バナーの『Ant and Bee アリとハチ』が選にもれてしまったから。しかしこれで、よくおわかりいただけたと思う。大企業の会長になったからといって、お気に入りの本をリストにねじこむことはできないのだ。

また、写真をご提供くださった以下の関係者の方々にも感謝する。

Rostrum camera images Margo Stagliano
Alamy images, pages 11, 20, 117
Anne Frank Museum, Amsterdam, page 89
Shutterstock, page 122

著者 | コリン・ソルター
Colin Salter

歴史作家。マンチェスターメトロポリタン大学（イギリス）とクイーン・マーガレット大学（スコットランド・エディンバラ）で学位を取得。近著に『Remarkable Road Trips（素晴らしきロードトリップ）』、『The Moon Landings: One Giant Leap（月面着陸——人類にとって大きな飛躍）』、『歴史を変えた100冊の本』（エクスナレッジ）、『世界を変えた100のスピーチ 上・下』（原書房）、『100 Letters That Changed the World（歴史を変えた100通の手紙）』がある。現在は、200年以上前にさかのぼり、自身の祖先がやり取りをしていた書簡を入手し、それをもとに一族のメモワール（回顧録）を執筆している。

訳者 | 金原瑞人
かねはら・みずひと

1954年岡山市生まれ。法政大学教授・翻訳家。訳書は550点以上。訳書に『豚の死なない日』（白水社）、『青空のむこう』（求龍堂）、『国のない男』（中央公論新社）、『不思議を売る男』（偕成社）、『さよならを待つふたりのために』（岩波書店）、『月と六ペンス』（新潮社）など。エッセイ集に『サリンジャーにマティーニを教わった』（潮出版社）など。http://www.kanehara.jp/

訳者 | 安納令奈
あんのう・れいな

大学卒業後、アメリカン・エキスプレス日本支社や国際NGOなどで、広報・ブランディング・マーケティングにたずさわる。2003年からフリーランス翻訳者。訳書に『ラッキー・キャット 招き猫の本』（エクスナレッジ）、『ビジュアルストーリー 世界の陰謀論』、『動物の言葉——驚異のコミュニケーション・パワー』（以上、日経ナショナル ジオグラフィック）などがある。

100 Children's Books That Inspire Our World
by Colin Salter

Copyright © 2020 Pavilion Books
First published in the United Kingdom in 2020 by Pavilion
Books, An imprint of Pavilion Books Company Limited, 43
Great Ormond Street, London WC1N 3HZ
Japanese translation rights arranged with Pavilion Books
Company Limited, London through Tuttle-Mori Agency,
Inc., Tokyo

世界で読み継がれる子どもの本100

2020年10月31日　初版第一刷発行

著者————————コリン・ソルター
訳者————————金原瑞人＋安納令奈
発行者———————成瀬雅人
発行所———————株式会社原書房
　　　　　　　　〒160-0022
　　　　　　　　東京都新宿区新宿1-25-13
　　　　　　　　電話・代表 03(3354)0685
　　　　　　　　http://www.harashobo.co.jp
　　　　　　　　振替・00150-6-151594
ブックデザイン——小沼宏之[Gibbon]
印刷————————シナノ印刷株式会社
製本————————東京美術紙工協業組合